성과를 만드는 통제와 책임의 힘

바운더리

헨리 클라우드 지음 | 정성묵 옮김

성과를 만드는 통제와 책임의 힘

바운더리

B O U N D A R Y

연암사

책을 읽기 전에

B O U N D A R I E S

바운더리Boundary는 영역, 울타리, 경계의 뜻으로 소유권과 통제권이 미치는 범위를 나타낸다. 소유권과 통제권에는 권한과 책임이 따르고, 소유와 권한에 속한 통제와 책임 요소는 바운더리를 이해하는 핵심이다.

사람들은 바운더리를 심리학에 적용하지만 『바운더리, 성과를 만드는 소유와 통제의 힘』에서는 '결과와 성과를 만드는 힘'의 관점에서 다룬다. 바운더리의 '힘'을 이해하고 활용하는 과정을 체득하는 것이 책의 주제다. 우리는 이제부터 자신의 삶을 이끄는 주체이자 조직의 팀을 이끄는 리더로서 바운더리의 소유권과 통제권을 발견하고 권한과 책임을 분명히 하는 작업을 할 것이다.

자신의 바운더리에서 소유와 통제, 권한과 책임을 확인하고 사용하는 법을 알면 일과 관계에도 힘이 생긴다. 그래서 바운더리를 힘의 경계로 정의하기도 한다. 우리가 바운더리를 힘으로 이해하면 인생의 전 분야에 걸쳐 큰 변화를 경험할 수 있다.

그런데 자신의 바운더리를 발견하고 소유와 통제, 권한과 책임을 확인하는 작업이 쉽지 않다. 적절한 바운더리를 설정하고 바운더리의 힘을 최적화하는 과정은 더 어렵다. 『바운더리, 성과를 만드는 소유와 통제의 힘』을 읽어야 하는 이유가 여기에 있다. 이 책에는 바운더리에 대해 알아야 할 내용과 바운더리를 통해 힘을 정의하고 활용하는 노하우가 풍부한 사례들, 특히 업무 현장에서 흔히 경험하는 실제 이야기와 함께 담겨 있다.

리더십 관점에서 바운더리는 리더가 지닌 권력의 본질이다. 리더는 바운더리 설정을 통해 자신이 지닌 권력의 구조와 힘을 정의하고, 이 권력으로 구성원들과 함께 '성과'라는 공동의 목표를 달성해간다.

하지만 바운더리 개념을 잘못 이해하면 바운더리가 사람을 조종하는 얄팍한 기술로 치부될 수 있다. 그런 까닭에 바운더리에서도 신뢰와 성과를 만드는 통합된 성품, 인테그리티Integrity가 중요하다. 바운더리가 리더십의 힘이라면 인테그리티는 리더십의 뿌리다. 바운더리가 리더십의 활용이라면 인테그리티는 리더십의 실체다. 바운더리는 통합된 성품인 인테그리티 안에서 비로소 올바른 방향으로 힘을 발휘한다.

인테그리티는 정직을 넘어 사람의 마음을 움직이는 성품의 힘이며, 상황의 변화에 상관없이 타인의 이익을 지켜줌으로써 신뢰를 확보하는 성품의 일관성이다. 리더가 인테그리티를 지니지 않으면 신뢰를 얻을 수 없고, 신뢰가 없는 리더의 바운더리는 대인관계를 가로막는 높은 울타리에 불과하다.

우리는 이 책을 읽으며 바운더리를 효과적으로 구축하는 몇 가지 기술을 배울 것이다. 그중에서도 뇌의 집행 기능이라고 하는 3단계 프로세스는 바운더리를 이해하는 핵심 중 핵심이다. 3단계 프로세스는 다음과 같다. 주의 집중Attention, 억제Inhibition, 작업 기억Working Memory. 이 프로세스를 온전히 이해하고 활용할 수 있다면 일과 사람, 인생의 모든 면에서 성과를 만드는 단단한 바운더리를 구축할 수 있을 것이다.

자, 이제 바운더리와 함께 통제와 책임의 힘을 발견하고 활용하는 긴 여행을 떠나 보자. 그리고 바운더리를 통해 어떤 상황에서든 성과를 이끌어내는 리더로 성장하자.

머리말

BOUNDARIES

조직이 성과를 거두려면 리더십이 중요하다. 리더십은 조직 전체의 차원에서도 중요하고, 팀이나 부서 같은 작은 단위에서도 중요하다. 그래서 너도 나도 업무 성과를 내는 데 필요한 리더십 원칙과 역량을 이야기한다. 리더십은 비전과 미래를 구상하고 전략을 개발하며 좋은 인재들을 적재적소에 배치하여 혁신과 실행력을 키우는 리더의 능력이 핵심이다. 리더가 비전을 실현하려면 원칙을 기반으로 리더십 역량을 갖추어야 한다.

하지만 꼭 알아야 할 사실이 하나 더 있다. 리더는 '사람들'을 이끄는 사람이며, 사람들이 성과를 만들어낸다는 점이다. 업무에서 성과를 거두려면 사람들이 실제로 제 역량을 발휘하도록 이끄는 리더십이 필요하다. 말하자면, 사람들의 뇌가 제대로 작동하도록 만들어야한다. 아무리 리더가 멋진 비전을 세우고 뛰어난 인재들을 영입해도 그들의 마음과 뇌가 움직이지 않으면 아무 소용이 없다.

나는 임상심리사로 사회생활을 처음 시작할 때부터 이 점을 배웠다. 첫 번째 직장은 리더십 컨설팅 업체였다. 고객 회사의 리더와 임직원들의 리더십을 향상시켜 사람들을 효과적으로 이끌도록 하는 것이 나의 임무였다. 그러다 보니 리더십의 '사람' 측면에 많은 관심을 갖게 되었고, 사람 중심의 리더십 관점에서 리더들의 말에 귀를 기울이며 팀과 조직을 돕는 일을 30년간 해왔다.

리더와 리더십 관련 일을 하면서 확신하게 된 것이 하나 있다. 리더십에서 원칙이 매우 중요하지만 '대인관계' 또한 비전, 실행, 전략처럼 늘 회자되는 리더십 주제만큼이나 중요하다는 사실이다. 비전이나 전략이 아무리 뛰어나도 결국 리더는 사람들과 함께, 사람들을 통해 그것을 성취해야 한다. 리더십에서 대인관계를 어떻게 다루느냐에 따라 비전과 전략이 빛을 발할 수도 있고, 성과로 가는 길이 막혀버릴 수도 있다.

리더가 어떻게 하느냐에 따라 사람들의 사기가 올라갈 수도 있고 떨어질 수도 있다. 직원들이 의욕적으로 일해 놀라운 결과를 이룰 수도 있고, 혼란에 빠져 우왕좌왕할 수도 있다. 팀원들이 똘똘 뭉쳐 공동의 목표를 향해 일사불란하게 달려갈 수도 있고, 분열해서 아귀다툼을 벌일 수도 있다. 높은 성과와 책임, 성장을 낳는 문화가 형성될 수도 있고, 구성원들이 잠재력을 제대로 발휘하지 못하는 문화가 자리잡을 수도 있다. 이런 문제는 리더의 사업 수완과 별로 관계가 없다. 그보다는 사람들을 이끌고 문화를 형성하는 능력과 관련이 있다.

신경과학을 통해서 보면 이런 상황에는 분명한 이유가 있다. 사람의 뇌와 마음은 일정한 조건 하에서 기능하고 움직인다. 사람들은 조건이 갖추어지면 결과를 만들고 성장할 뿐 아니라 자신의 능력에 맞게 생각하고 행동한다. 반대로, 조건이 갖추어지지 않으면 비전과 계획이 아무리 훌륭해도 제대로 실행할 수 없고, 하려고 하지도 않는다. 그리고 이런 상황을 만드는 조건은 리더의 스타일과 행동에 달려 있다.

일이 진행되게 만드는 리더의 행동에는 여러 측면이 있는데, 그 중 하나가 '바운더리'다. 바운더리는 있어야 할 것과 없어야 할 것을 결정하는 구조다. 1990년대 나는 바운더리의 원칙을 다룬 책 『No라고 말할 줄 아는 그리스도인』을 공동 집필했다. 그 뒤로 수많은 사람들이 바운더리 원칙을 통해 개인적인 삶을 변화시키는 것을 보았다. 나는 기업 경영자들을 도우면서 사람들을 이끄는 방식에도 바운더리 원칙들을 적용하기 시작했다. 결과는 실로 엄청났다. CEO에서 부사장, 팀장, 부장에 이르기까지 구체적인 역할에 상관없이 리더가 설정한 바운더리는 사람들을 일사불란하게 움직이고 비전을 달성하도록 했다.

리더는 있을 것과 없을 것을 결정해야 한다. 이것이 『바운더리, 성과를 만드는 통제와 책임의 힘』의 주제다. '바운더리'라는 개념이 어느새 개인적인 삶 차원에서는 꽤 익숙한 용어로 자리를 잡았지만, 리더십의 영역에서는 그리 많은 저술 활동이 이루어지지 않았다.

내가 이 책을 쓴 이유도 그 때문이다. 앞으로 우리는 리더의 바운더리가 어떻게 리더십의 다른 요소들을 원활하게 만들고 사람들의 뇌를 활발하게 움직이도록 하는지 배울 것이다. 우리가 배우게 될 일곱 가지 리더십 바운더리는 다음과 같다.

- 사람들의 뇌가 원활하게 움직이도록 만든다.
- 성과를 낳는 감정적인 환경을 조성한다.
- 연결을 원활하게 만들어 사람들의 기능을 촉진시킨다.
- 성과를 추구하는 사고 패턴들을 활성화한다.
- 성과를 만드는 행동들에 초점을 맞춘다.
- 원하는 성과를 얻도록 잘 기능하는 팀을 구축한다.
- 비전을 추구하고 유지할 수 있도록 자기 자신에 대한 리더십을 발휘한다.

그리고 이 책에서 앞으로 계속 말하겠지만 리더로서 우리는 언제나 우리가 창출하는 것과 허용하는 것을 얻는다. 이제부터 위대한 리더들이 큰 성장과 성과를 이루는 조직, 팀, 문화를 구축하기 위해 사용하는 강력한 개념들을 살펴보고, 이 개념들을 어떻게 실행할지 함께 고민해보자.

차례 B O U N D A R I E S

1

B O U N D A R I E S

사람이 곧 계획이다

BOUNDARIES

똑똑한 사람들이 뭔가 기발한 생각, 스스로도 놀랄 만한 생각을 떠올렸을 때 짓는 표정이 있다. 2백억 달러 규모의 회사를 운영하는 CEO가 그런 표정으로 나를 쳐다봤다. 그가 실눈을 뜨고서 내 쪽으로 고개를 기울이며 의미심장한 말을 했다.

"이상한 거 있죠."

"뭐가요?"

"하나같이 멋진 '계획'을 알아내려고만 하죠. 목표를 달성하기 위한 계획을 세우겠다고 매일같이 머리를 맞대고 아이디어를 짜냅니다. 그렇게 해서 '네댓 개'의 근사한 계획이 나옵니다. 하지만 정말 중요한 일은 사람들이 그 계획을 달성하도록 만드는 것입니다. 바로 여기서 성패가 갈리지요. 항상 관건은 사람입니다."

맞는 말이었다. 궁극적으로 리더십의 핵심은 비전을 현실로 옮기고 실질적인 결과를 만들어내는 것이다. 그리고 그 일은 사람들을 통해서만 달성할 수 있다. 사람들을 움직여 비전과 결과를 성취하도록 만들어야 한다면, 리더가 어떻게 해야 사람들이 움직일까? 사람들이 결과를 만들어내도록 하려면 리더는 무엇을 해야 할까? 어떻게 해야 팀원들이나 부하직원들, 조직 전체가 일사불란하게 움직여 성과를

17

만들어낼까? 이것이 이 책의 초점이다.

이 책은 사람들이 모여 비전을 실현하려면
리더가 무엇을 해야 하는지를 이야기한다.

대인관계가 제대로 작동하지 않을 때

부서 간 갈등이 심각한 회사의 대표가 도움이 필요하다며 나를 찾아왔다. 그의 팀원들은 서로 분열되어 있었고, 분열은 조직 전체에 어두운 그림자를 드리우기 시작했다. 문제의 뿌리는 본사 영업부서 책임자와 현장 판매부서 책임자 사이의 반목이었다. 언제부터인가 둘 사이의 커뮤니케이션이 단절되면서 성과가 뚝 떨어졌다. 대인관계가 제대로 돌아가지 않고 있다는 것 외에 이렇다 할 다른 이유는 눈에 들어오지 않았다. '계획'은 완벽했지만 팀이 건강한 관계를 바탕으로 목표를 공유하고 있지 않았다. 그런 까닭에 팀원들이 하나의 팀으로서 함께 계획을 실행할 수가 없었다. 기업 문화는 문화대로 위기에 처해 긍정적인 분위기만 넘쳐도 모자랄 판에 부정적인 분위기가 깊이 스며들어 있었다. 계획은 더할 나위 없이 좋고 인재들 한 명한 명은 어디에 내놓아도 손색이 없는데 그들이 서로 협력하지 않으니 리더는 속이 터질 지경이었다.

기업의 리더들을 만나보면 열에 아홉은 훌륭한 계획을 갖고 있으며 하나같이 비즈니스를 잘 안다. 그렇지 않았다면 애초에 리더 자리에 오르지도 못했을 것이다. 그들은 모두 전략적이며, 동시에 재능과

18

경험을 겸비했다. 그들을 현재의 자리까지 끌어올려 준 힘은 '비즈니스' 전문성이었다. 하지만 높은 자리로 오를수록 비즈니스 전문성 외에 더 많은 능력이 필요하다. 무엇보다도 사람들이 성과를 내도록 이끌 수 있어야 한다.

기업의 리더 자리에 오르기 위해 필요한 역량은 '계획'을 구상하고 실행하는 비즈니스 능력이지만, 일단 리더 자리에 오른 뒤에는 사람들이 계획을 달성하도록 만드는 또 다른 능력이 필요하다. 리더는 '적절한 사람들'이 '적절한 일'을 찾아서 '적시에' '적절한 방법으로' 실행하도록 해야 한다. 그럴 때 비로소 계획이 실질적인 결과로 이어진다.

한 리더는 내게 이런 말을 했다.

"나는 모험과 전략, 승리를 워낙 좋아해서 이 자리를 원했습니다. 언제나 전략을 짜서 실행하는 데 집중하는 편이죠. 하지만 시간이 지날수록 업무보다는 대인관계에 점점 더 많은 시간을 쏟게 됩니다. 우리 조직에는 뛰어난 인재들이 즐비하지만 그들의 힘을 하나로 모아 협력하게 하려면 생각보다 훨씬 더 많은 시간과 노력이 들어갑니다. 어떨 때는 내가 비즈니스 리더가 아니라 심리학자가 아닌가 하는 생각마저 들 정도입니다."

얼마나 많은 시간과 노력을 쏟아야 할지에 대해서는 의견이 갈릴 수 있다. 하지만 대인관계에 투자한 시간과 노력은 긍정적인 운동력Momentum을 일으켜 더 나은 성과를 낳아야 한다. 좋은 팀을 이루기 위한 노력이 보람 있는 일이 되어야지, 헛수고가 되어서는 안 된다. 안타깝게도 이 리더의 경우는 그렇지 못했다. 대인관계를 개선하려는 노력은 개인 차원에서나 조직 차원에서나 소모적인 일이 아니라 높은 수익률을 보이는 투자가 되어야 하고, 부정적인 에너지가 아니라 긍정적인 에너지를 발생시켜야 한다.

대부분의 리더들이 이미 대인관계 개선에 많은 시간과 노력을 쏟아붓고 있다. 성과가 바닥일 때는 더 많은 시간과 노력을 집중할 것이다. 리더는 팀과 문화를 구축하여 팀원들을 이끌고 프로젝트를 진두지휘하며, 조직의 변화를 단행하고 혁신과 적응, 민첩성을 추구한다. 이런 노력을 통해 팀원들과 함께 비전을 추구하고 높은 성과를 거두는 것이 모든 리더의 바람이다.

좋은 계획, 뛰어난 사람들, 하지만 형편없는 성과

사람들이 팀이나 팀원으로 잘 기능하지 않아 많은 노력을 쏟아붓고도 결과가 형편없을 수가 있다. 비즈니스에서는 사소해 보이는 문제가 업무 성패를 결정하는 경우가 많다. 개인적인 약점과 잘못된 인간관계가 얽히고설키면 조직의 강점이 약해져 개인들의 똑똑한 머리와 탁월한 기술이 원하는 결과를 만들어내지 못한다. 사람들이 옳은 방향으로 일사불란하게 움직이도록 만들기 위해 더 많은 시간과 노력을 쏟아부어도 오히려 기회가 사라진다. 계획과 인력은 더할 나위 없이 훌륭한데 원하는 성과가 나오지 않는다면 다음과 같은 상황을 점검하라.

- 인재들의 수준에 비해 성과가 턱없이 부족하다.
- 부정적인 생각이 뿌리를 내리고 사람들이 경제 상황이나 다른 사람의 '희

생자'처럼 군다.

- 팀이나 부서에서 한두 사람의 입김이 너무 센 탓에 나머지 팀원들이 제대로 능력을 발휘하지 못한다.
- 의견 일치가 잘 이루어지지 않아 계획이 신속하게 진행되지 못한다.
- 평범한, 심지어 형편없는 성과도 용인하는 문화가 뿌리를 깊이 내리고 있다.
- 사람들과 팀들이 실제로 성과를 만들어내는 것에 초점을 맞추지 않는다.
- 건강한 문제 해결 대신 옹졸함과 남 탓만 가득하다.
- 팀과 부서의 커뮤니케이션이 관계자가 모두 모인 자리에서 이루어지는 것이 아니라 회의가 끝나고 사적인 자리에서 이루어진다.
- 보고해야 할 상사가 있고 주기적인 '성과 평가'가 이루어짐에도 불구하고 자신의 업무에 책임을 지지 않는다.
- 실행이 신속하지 않다. 사업 시행이나 상품 출시가 늦어지는 것이 일상이 되어버렸다.
- '성공'을 축하하는 경우가 드물다.
- 사기가 땅에 떨어져 있다.
- 사업 방향이 하나의 초점을 향하는 직선이 아닌 중구난방으로 뻗어 있는 것처럼 느껴진다.
- 갖가지 의견이 난무하고 좀처럼 하나로 합쳐지지 않는다.
- 조직 내에 좋은 팀을 꾸리는 리더도 있지만 그렇지 못한 리더들이 많아서 전체 조직이 마치 좋은 성과와 나쁜 성과가 정신없이 교차하는 모양새를 하고 있다.

남의 이야기 같지 않은가? 하지만 걱정하지 마라. 당신만 그런 것이 아니다. 위와 같은 상황은 흔히 벌어지고 있다. 심지어 최고의 인재들이 수두룩한 조직의 상황도 별로 다르지 않다. 탁월한 리더도 '사람' 문제로 골머리를 썩을 뿐 아니라 뛰어난 인재와 멋진 계획을 갖추고도 '사람' 문제에 발목이 잡히곤 한다.

크리스(Chris) : 훌륭한 계획이 좌초하다

내가 아는 리더 중 한 명의 이야기를 들어보라. 크리스는 화려한 영업실적을 바탕으로 회사를 창업했다. 전 직장이었던 첨단기술 기업에서 꾸준히 영업왕 자리에 올랐던 그는 성공한 사람들이 으레 그렇듯 남을 위해 일하는 것에서 벗어나 자신의 일을 하기로 결심했다. 그래서 몇몇 투자자들과 함께 새로운 사업을 시작했다.

"직접 할 수 있는데 굳이 남을 대신해서 물건을 팔아줄 필요가 있을까?"

답은 너무도 분명했다.

처음에는 일이 술술 풀렸다. 여러 굵직한 거래처를 확보하고 초기의 성공을 토대로 회사를 키워나갔다. 회사의 장비를 이용하려는 글로벌 업체들과 대형 계약이 속속 성사되면서 회사는 하루가 다르게 성장했다. 직원이 늘어나면서 회사는 곧 완벽한 체제를 갖추었고, 매년 매출이 쑥쑥 늘어나 업계의 진정한 리더로 우뚝 서게 되었다. 미래는 온통 장밋빛이었다. 조만간에 기업 공개를 할 것이 확실해 보였다.

하지만 몇 년 뒤 회사 내부가 곪기 시작했다. 크리스의 강한 열정과 뭐든 할 수 있다는 자세를 보고서 합류했던 창업 공신들은 혹사당하는 기분을 느끼고 내부의 '혼돈'으로 인해 심한 스트레스를 받았다. 회사는 처음 세웠던 비전과 성장동력을 잃어버린 듯했다. 초기에 거둔 성공이 워낙 커서 한동안은 곪은 부분이 터지지 않았다. 하지만 내부의 혼란이 처음에는 서서히, 그러다가 점점 더 빠른 속도로 기존의 성공을 잠식했다. 급기야 주요 투자자들로 구성된 이사회에서 긴급하게 내게 전화를 걸어왔다.

이사회의 우려는 몇몇 중역이 했던 말에서 비롯되었다. 인내심이 한계에 이른 중역들은 회사 내부의 혼란과 문제를 더 이상 참을 수 없기 때문에 빠른 시간 내에 이사회에서 뭔가 조치를 취하지 않으면 회사를 떠날 수밖에 없다고 했다. 인재들의 대거 이탈이 우려되는 상황에 이사회는 바짝 긴장했다.

문제의 뿌리를 파악하기 위해 내가 선택한 첫 번째 행동은 모든 중역들과 인터뷰를 하는 것이었다. 어떤 상황이 벌어지고 있는지 내 눈으로 직접 확인하고 싶었다. 처음 발견한 점은 크리스에 대한 중역들의 사랑이었다. 그들은 크리스를 진심으로 존경했다. 사람들을 감동시키는 열정과 기술 개발 과정에서 나타난 창의력을 높이 샀다. 그들은 크리스와 끝까지 함께하기를 원했으며 자신들이 일구어낸 회사가 더 크게 성장하는 모습을 보고 싶어 했다. 무엇보다도 회사에 자신들의 재능을 쏟아 훗날 더 큰 영광에 동참할 수 있기를 원했다.

하지만 상황이 심각해졌다. 중역들은 창업 초기의 열정을 다 잃어버리고 실망감과 좌절감만 가득한 상태였다. 그들은 사방으로 정신없이 내달리는 회사의 상황에 답답함을 느끼고 있었다. 모두가 어느 한 방향으로 달려가고 있을 때면 느닷없이 크리스에게서 새로운 사업에 관한 이메일이 날아왔다. 크리스는 지금까지의 좋은 기회들을 다 잊어버리고 새로운 기회에 회사 역량을 쏟아부을 것을 요구했다. 갑자기 끼어든 새 사업은 혼란과 분열을 일으켰다. 직원들은 오늘까지 하던 일이 언제 뒤엎어지고 새로운 일이 주어질지 몰라 늘 붕 뜬 상태에서 일을 했다.

더 큰 문제는 크리스가 중역들 휘하의 직원들에게 직접 이메일을 보내 혼란을 일으킨다는 사실이었다. 직원들은 CEO와 직속상관 중 누구에게 보고를 해야 할지 몰라 혼란스러웠다. 그들은 두 상사, 두 방향, 갑자기 뚝 떨어진 일과 자신의 본 업무 사이에서 갈팡질팡했다. 기업 문화가 아무리 격식이 없고 편안해도 일개 직원이 CEO에게 "너무 바빠서 이건 할 수 없습니다"라고 말하기는 어려운 법이다. 직원들이 직속상사를 찾아가 답답함을 토로하면 그가 크리스에게 전화를 걸어 불만을 토로하는 상황이 반복되었다.

"'갑자기' 이 프로젝트를 추진할 수는 없습니다. 이미 추진하고 있는 일은 어떻게 하라고요? 그리고 우리 팀원들에게 뭔가를 지시하려면 저를 통하셔야죠. 이건 정말 아닙니다."

크리스는 성숙하게 반응하지 않았다. 불만을 토로하는 관리자에게 '적응력'이 부족하고 부정적이어서 성장의 발목을 잡고 있다거나 자신의 권위에 도전했다는 식으로 화를 내기 일쑤였다. 직접적으로 따지는 성격인지 갈등을 피하는 성격인지에 따라 중역들은 크리스와 핏대를 올려가며 말싸움을 벌이거나 뒤에서 욕을 했다. 겉으로는 모두가 크리스의 결정을 따르는 것처럼 보였지만 삼삼오오 모인 곳에서는 뒷담화가 오갔다. 회사 전체가 일사불란하게 하나의 방향으로 움직이지 않고 여러 방향으로 흩어진 상태였다.

게다가 크리스는 줄곧 방관만 하다가 느닷없이 끼어들어 간섭하는 나쁜 버릇이 있었다. 기분이 내키면 '그냥 돕고 싶어서'라는 명목으로 중역들의 영역을 멋대로 침범해 팀원들의 사기를 떨어뜨렸다. 팀 자체의 결속력도 이미 손상이 되어 크리스의 간섭을 건설적인 방식으로 막을 수가 없었다. 크리스의 리더십에 대해서 모두가 손을 놓아버린 상황이었다. 아무도 그의 리더십을 어떻게 바꿔야 할지 알지 못했다. 크리스가 다른 면에서는 꽤 괜찮은 사람이라 말하기도 곤란했다.

첫 인터뷰에서 크리스는 오히려 억울하다는 투로 말했다. '직원들을 위해서 젖 먹던 힘까지 다하고' 있는데 직원들이 전혀 인정해주지 않는다는 것이었다.

"내가 누굴 위해서 이 모든 기회를 만든 건가요? 왜 다들 그렇게 불만이 많은지 모르겠어요."

그는 직원들의 불만에 그럴 만한 이유가 있다는 점을 전혀 이해하지 못했다. 눈에 들어온 또 다른 사실은 '악당'이 한 명도 없다는 점이었다. 재능과 좋은 의도로 최선을 다하는 사람들만 있었다.

크리스의 리더십에 대한 이사회의 우려는 파국으로 치달았다. 결국 이사들은 크리스에게 회사의 매각 가능성을 내비쳤다. 크리스는 충격을 받았다. 한 이사는 나를 조용히 한쪽으로 불러 이렇게 털어놓았다.

"아무래도 컨설턴트께서 이 상황을 해결하긴 힘들어 보이는군요. 이제 답은 뻔합니다. 새 CEO를 영입하든지 회사를 매각하든지 둘 중 하나뿐입니다."

하지만 둘 중 어떤 선택을 하더라도 회사는 큰 타격을 피할 수 없었다. 다른 CEO가 경영권을 잡는다면 창립자인 동시에 매출을 일으키는 능력에서 타의 추종을 불허하는 크리스가 회사에 남아 있으려고 할 리가 없기 때문이다. 자기 '자식'이 남의 손에 넘어가는 것을 그냥 보고만 있을 사람은 아무도 없다. 크리스의 삶과 운명은 회사와 하나로 묶여 있었다.

새 CEO 영입과 매각 모두 좋은 결정처럼 보이지 않았다. 그렇다면 어떻게 해야 할까? 일단, 문제를 다룰 수는 있다. 이를테면 감당할 수 있는 수준 이상의 계약을 수주하지 않도록 크리스를 설득하거나 조직 내의 커뮤니케이션을 개선할 수 있다. 외부에서 영업 전문가를 영입하여 영업을 전적으로 맡기는 방법도 있다. 이 모두가 좋은 방법일 수 있지만, 내가 볼 때 문제의 뿌리는 훨씬 깊었다. 회사가 비전을 실현하고 계속해서 매출 목표를 달성하려면 새로운 길이 필요했다.

진짜 문제는 무엇이었을까?

바운더리의 필요성

진짜 문제는 크리스와 그의 팀이 조직을 건강하게 유지시키고 조직이 병드는 것을 막아줄 바운더리를 설정하지 않은 점이다. 이사회에서 크리스가 잠재력을 발휘하고 회사에 필요한 리더로 거듭나게 도와주는 바운더리를 설정하는 것이 유일한 해법이었다. 이후 18개월 동안 나는 크리스와 그의 팀이 바운더리 설정을 통해 회사의 강점들을 온전히 활용할 수 있도록 도와주었다. 그 방법은 앞으로 이 책에서 다룰 리더십 바운더리 개념들을 사용하는 것이었다.

크리스와 그의 팀이 직면한 문제뿐 아니라 현재 많은 조직들이 직면한 문제들이 바운더리를 통해 충분히 해결될 수 있다. 사람들의 뇌가 움직이는 방향으로 리더십을 발휘하면 반드시 좋은 결과가 따른다. 지금 조직의 상황에 상관없이 리더가 행동을 바꾸면 성과를 막고 기업 문화를 저해하는 문제들이 대부분 해결될 수 있다는 사실을 기억하라. 사람들이 실제로 따를 수 있는 리더십을 발휘하면 충분히 원하는 결과를 얻을 수 있다.

비즈니스 역량이 뛰어난 크리스처럼 스스로는 높은 성과를 내지만 다른 사람들의 성과를 이끌어내는 능력이 부족해서 큰 벽에 부딪치고 있는가?

크리스의 이사회처럼 리더의 그릇된 리더십 스타일을 바꿔 성과를 거두고 사람들이 성장하도록 만들 방안을 찾고 있는가?

팀의 성공을 오히려 방해하는 리더 밑에서 일하고 있는 중역인가?

회사에서 윗선의 그릇된 리더십 때문에 겪고 있는 불편한 업무 상황을 개선하고 싶지만 말단 부서의 팀원인 자신의 직급으로 무엇을 할 수 있을지 몰라 한숨만 쉬고 있는가?

혹은 위와 같은 상황에 처한 사람의 배우자, 가족, 친구로서 그들의 리더십과 자신감이 회복되도록 돕고 싶은가?

어떤 경우든 원하는 결과가 나타나지 않는 데는 반드시 그럴 만한 이유가 있음을 기억해야 한다. 그리고 언제나 해법은 있다. 하지만 해법을 찾기 전에 먼저 정말 중요한 깨달음 한 가지를 얻어야 한다.

BOUNDARIES

전적으로 나의 책임이다

BOUNDARIES

최근에 또 다른 CEO와도 사람 문제로 이야기를 나눈 적이 있다. 문제가 생긴 원인이 뭐라고 생각하는지 묻자 그는 몇 가지 이유를 댔다. 대부분의 이유가 여러 직원들을 포함한 이해 관계자들의 문제점과 관련이 있었다. 이어서 나는 간단한 질문 하나를 던졌다.

"그래서 이유가 뭘까요?"

그러자 CEO는 고개를 갸웃거렸다.

"무슨 말씀이시죠? 방금 이유를 말씀드렸잖아요."

"그렇지요. 그러니까 그런 이유가 왜 존재할까요?"

"도무지 무슨 말씀이신지……."

"누가 리더인가요? 이 조직의 문화를 누가 책임집니까? 이 조직이 돌아가는 방식과 조직 안의 모든 것을 누가 결정하지요?"

CEO는 나를 뚫어지게 쳐다보더니 이내 고개를 끄덕였다.

"바로 접니다."

"그렇다면 어떤 문화를 좋아하십니까? 어떤 조직 문화가 사업 성장에 도움이 될까요?"

CEO는 잠시 먼 곳을 보며 생각에 잠겼다. 이윽고, 번뜩이는 눈빛을 보니 남을 탓하는 태도에서 벗어나 새로운 문화의 비전을 떠올리고 있는 것을 알 수 있었다. 그는 긍정적이고 에너지가 넘칠 뿐 아니라 강한 책임감을 지닌, 혁신과 성과 중심의 기업 문화를 설명하기 시작했다. 말하는 내내 열정이 느껴졌다.

"자, 그런 문화를 창출하시면 어떨까요?"

CEO는 평소 버릇처럼 그렇게 할 수 없는 이유부터 대려다가 이내 입을 다물었다. 잠시 후 그의 입에서 절대 잊을 수 없는 한마디가 흘러나왔다.

"음, 생각해보니 전적으로 제 책임이군요."

그는 마침내 현재의 조직 문화가 바로 자신이 창출한 문화라는 사실과 자신이 허용하지 않은 문화가 저절로 형성된 것이 아니라는 사실을 깨달았다. 회사의 문화가 어떤 것이든 그것은 그가 창출하거나 허용한 것이었다. 현재의 문화에 대한 책임은 '전적으로' 리더인 그에게 있다. 이것을 깨닫는 순간 그는 책임을 받아들였다. 다른 누군가가 만든 문화가 아니라 자신이 만든 문화였기 때문이다. 조직의 문화가 어떨지는 전적으로 리더에게 달렸다. 기억하라. 리더는 언제나 스스로 창출한 것이나 허용한 것을 얻게 되어 있다.

바운더리 : 우리가 창출하는 것과 허용하는 것

바운더리란 무엇인가? 바운더리는 크게 두 가지로 이루어져 있다. 우리가 창출하는 것, 그리고 허용하는 것이다. '바운더리'는 경계선이다. 경계선은 소유지가 어디서 시작되고 끝나는지를 정해준다. 우리는 자기 땅 안에서 무엇을 하고 무엇을 하지 않을지 결정할 수 있다. 자기 땅과 관련된 비전과 목표, 목적, 출입을 허용할 사람, 그 땅에서 허용되는 행동과 허용되지 않는 행동에 대해 '전적으로' 책임을 진다. 그리고 우리는 그 안에서 문화를 구축하고 허용한다.

우리 땅에서는 모든 것이 우리의 책임이다. 우리가 규칙과 일정을 정한다. 우리 땅 안에 있는 모든 것은 다 우리의 것이다. 우리 땅 안에는 우리가 창출하거나 허용한 것만 존재한다. 간단히 말해, 리더의 바운더리는 리더가 조직 안에 무엇이 있고 무엇이 없는지를 결정하게 한다.

결론적으로,

리더는 항상 자신이 창출한 것과 허용한 것,

이 두 가지의 조합만을 얻게 되어 있다.

얼마 전에 다양한 리더십 문제로 한 의료업체와 컨설팅을 진행했다. 그때 인사 담당자가 중요한 질문을 던졌다.

"리더가 문제인지 팀원이 문제인지 어떻게 알 수 있습니까?"

그는 계속해서 일을 제대로 하지 않거나 다루기가 까다로운 '문제 직원'에 대해 이야기했다.

"정말 답이 없는 직원들이 있어요. 그렇지 않나요?"

그때 나는 정색을 하고 말했다.

"물론입니다. 하지만 직원들이 '누구의' 관리 하에 있고, '누구의' 문화 속에서 일을 하죠? 누가 그런 팀을 만들었죠? 누가 그 '문제' 직원을 이끌고, 그런 식으로 행동하도록 허용하고 있죠? 그 직원이 회사나 팀의 전략이나 방향에 대해 혼동하고 있다면 그 전략과 방향은 누가 정한 거죠? 애플Apple 사의 표현처럼 DRIdirectly responsible individual(직접적인 책임자)는 누구죠?"

누가 책임자인가?

책임, 바로 이것이 바운더리의 핵심 원칙이다.

궁극적으로 '리더'가 책임을 진다. 팀의 정체성, 조직의 문화, 성과의 기준을 정하는 사람은 바로 리더다. 리더가 방향을 정하고 결과에 책임을 진다. 또한 리더는 성과를 거두기 위한 책임 시스템accountability system도 책임을 진다. 모든 책임이 리더와 그가 정한 바운더리로 귀결되는 것이다. 그러므로 리더는 바운더리를 분명하게 정해야 하며, 뛰어난 리더는 다음과 같은 핵심 영역에서 바운더리 문제를 다룬다.

- 리더는 조직이 앞으로 나아가는 비전, 집중, 주의, 활동을 정의한다.
- 리더는 조직의 정서적 분위기와 문화를 창출하고 유지시킨다.
- 리더는 조직 내 팀들 사이의 연합과 연결을 형성하거나 깨뜨린다.
- 리더는 조직의 사고와 신념의 씨앗을 뿌리고 키운다.
- 리더는 사람들에게 어느 정도의 권한을 부여할지 결정한다.
- 리더는 팀원과 관리자의 성과와 성장을 지원한다.
- 리더는 스스로 바운더리를 정하고 스스로를 관리하는 자기 리더십을 발휘한다.

리더는 몇 가지 중요한 바운더리를 설정함으로써 어떤 일들은 일어나고 어떤 일들은 일어나지 않도록 하며 조직 전체가 꾸준히 앞으로 나아가게 해야 한다. 앞으로 우리는 사람들의 뇌가 제대로 기능하여 성과를 만들어내도록 돕는 바운더리를 어떻게 설정할지 구체적으로 살펴볼 것이다. 아울러 바운더리의 중요한 요소인 '억제하는' 기능, 즉 리더가 '허용하지 말아야' 할 것에 대해서도 살펴볼 것이다.

리더는 무엇을 거부해야 하며, 거부했던 것이 조직 내에 존재하지 않도록 어떻게 막아야 할까? 나중에 자세히 살펴보겠지만 리더는 바운더리를 통해 좋은 것은 권장하고 나쁜 것은 억제시켜야 하며, 무엇에 찬성하고 반대하는지를 명확히 밝혀야 한다.

바운더리 개념을 이해하는 리더는 허용의 바운더리 측면에서 원하는 것을 성취하기 위한 구조, 가치, 기준, 관행, 원칙을 정하고 비전을 현실로 옮겨줄 방법을 찾아 관리한다. 나아가, 조직 전체가 목표에 집중하고 엉뚱한 것들에 시간과 노력을 낭비하지 않도록 하며, 낙관적이고 열정적인 조직 문화를 지켜낸다. 그리고 사람들이 어떤 권한을 갖고 있는지 분명히 파악하고 그 권한을 적극적으로 활용하여 성과에 기여하도록 만들며, 성과에 도움이 되는 가치와 행동을 중심으로 건강하고 일사불란한 팀을 구축한다.

억제의 바운더리 측면에서도 바운더리 개념을 이해하는 리더는 부정적인 행동과 감정이 성과를 방해하기 때문에 혼란을 주거나 방해가 되는 요인들을 제한하고 어떤 식으로든 부정적인 분위기를 조성하는 관행과 행동을 금한다. 그리고 사람들이 각자 받은 권한을 활용하고 책임감을 갖도록 하기 위해 부정적인 태도나 무기력함, 희생자처럼 구는 태도를 허용하지 않는다. 서로에게 담을 쌓는 분열적인 행동도 마찬가지다. 바운더리 통제를 통해 리더는 팀의 전진을 막고 실패를 낳는 그릇된 행동 패턴을 억제하며, 비전과 성과 혹은 사람들의 발전을 방해하는 것들이 조직 문화 내에 존재하지 않도록 차단한다.

집중과 노력

물론 허용의 바운더리와 억제의 바운더리는 저절로 생기지 않으며 집중과 노력이 필요하다. 큰 성공을 이룬 한 기업의 창업자는 내게 이렇게 설명했다.

> 회사를 처음 세울 때는 노력의 절반은 회사를 키우는 데 쏟고 나머지 절반, 아니 그 이상은 회사가 남들이 원하는 방향으로 가지 않도록 막는 데 쏟아야 한다는 사실을 아무도 이야기해주지 않았습니다. 스스로 뭔가를 할 용기가 전혀 없는 사람들의 쓰레기들과 나의 비전이 뒤섞이면 다 엉망이 되는 거죠. 그렇게 되는 걸 막으려면 엄청난 배짱과 용기가 필요합니다.

참으로 옳은 말이다. 내 비전이 나와 맞지 않는 남들의 쓰레기와 뒤섞여 '엉망'이 되는 걸 원할 사람은 아무도 없다. 뭐든 방해가 되는 것들과 뒤섞여서는 안 된다. 리더로서 자신에게 '전적으로' 책임이 있다는 점을 깨닫고 인정하면 자신이 이끄는 회사나 팀, 부서, 프로젝트에 대해 분명한 비전을 세우고 실현해나갈 수 있다. 대기업을 이끄는 CEO든 작은 업무 팀을 이끄는 책임자든 리더라면 그에게 전적으로 책임이 있다. 리더는 조직을 오염시키거나 무너뜨릴 수 있는 것들을 어떻게든 막아야 한다. 조직 안에 있는 것들은 모두 다 리더가 창출하거나 허용한 것이다. 리더가 정한 바운더리가 조직 안에 있는 것들을 결정한다.

새로운 조직을 이끌기 시작했는가? 무언가를 회복시키거나 개선하는 데 온 힘을 쏟고 있는가? 그렇다면 지금 가장 필요한 업무는 리더가 분명한 바운더리를 정하는 것이다. 그럴 때 탁월한 회사가 탄생한다. 리더가 분명한 바운더리를 설정하고 혼란스러운 상황을 깔끔하게 정리하면 조직의 앞길이 훤히 뚫린다.

예를 들어, 스티브 잡스Steve Jobs가 CEO로 복귀할 당시 애플의 상황은 엉망이었다. 잡스는 집중 부족을 문제로 진단하고 애플의 모델과 제품 중 무려 70퍼센트를 가지치기했다. 그리고 '허용'의 바운더리를 설정함으로써 회사의 방향을 분명히 했다.

몇 주 뒤 잡스는 결국 폭발했다.

"그만!"

제품 전략 회의에서 그가 소리를 쳤다.

"엉망진창이군."

그는 매직펜을 집어 화이트보드 쪽으로 천천히 걸어갔다. 그러고는 수평선과 수직선을 그어 4칸짜리 표를 그렸다.

"우리에게 필요한 건 이겁니다."

그는 위의 두 칸에 '소비자Consumer'와 '전문가Pro'라고 썼다. 이어서 아래 두 칸에는 '데스크톱Desktop'과 '휴대용Portable'이라고 썼다. 그러고 나서 각 사분면에 하나씩, 네 개의 위대한 제품을 만들라고 지시했다. "회의실 안은 쥐 죽은 듯이 조용했다."

쉴러 Schiller 는 그렇게 회상했다.[1]

당시 애플 회의실의 침묵은 아마도 허용의 바운더리로 인해 눈앞이 훤해지면서 찾아온 충격 때문이었을 것이다. 그때부터 애플 직원들은 컴퓨터를 만들 때 무엇을 만들어야 하고 무엇을 만들지 '말아야' 할지를 분명히 알았다. 잡스는 직원들이 중요한 것들에만 집중하도록 하고 나머지는 모두 억제시켰다. 그는 애플이 만든 것들 못지않게 '만들지 않은 것들'로 인해서 자랑스럽다는 말을 했다.

잡스가 명확한 바운더리를 설정한 덕분에 애플은 모든 노력을 중요한 것들에 집중시킬 수 있었다. 더 이상 애플은 수만 가지 방향으로 오락가락하지 않았다. 크리스의 회사와는 정반대다.

리더가 허용과 억제의 바운더리를 설정하면 조직이 분명한 방향성을 얻을 뿐 아니라 성공을 낳는 행동 기준이 정립된다. 허용과 억제의 바운더리는 조직을 단결시키고 사기를 끌어올리며 중요한 것에 노력과 관심을 집중할 수 있게 해준다. 또한, 낙관적인 태도를 낳고, 사람들이 정말로 잘할 수 있는 일에 집중해서 좋은 성과를 만드는 훌륭한 팀과 문화를 형성한다.

다른 한편으로, 리더가 허용과 억제의 바운더리를 설정하면 나쁜 행동들이 줄어든다. 조직을 병들게 하거나 본연의 가치와 사명, 목적과 성과에서 멀어지게 만드는 부정적인 패턴들을 자동적으로 찾고 파괴하는 일종의 면역체계가 형성된다. 강한 리더들은 부정적인 행동들이 뿌리를 내리기 전에 빠르고도 효과적으로 예방하는 문화와

---

1 월터 아이작슨(Walter Isaacson), 『스티브 잡스(Steve Jobs)』(New York : Siomon & Schuster, 2011).

구조를 구축한다. 예를 들어, 높은 성과를 낳는 문화를 제대로 구축하면 낮은 성과를 낳는 행동들이 뿌리를 내리기 힘들다. 좋은 문화는 이런 행동의 원천을 바로잡거나 제거한다. 이 모든 것은 리더가 설정한 바운더리에서 자연스럽게 흘러나온다.

리더와 뇌

최근 신경과학 분야의 연구에 따르면 최고의 리더십 기술들은 생각하는 방식, 즉 뇌의 구조와 작동 방식을 기반으로 한다. 다음 장에서 보면 알겠지만 우리의 뇌는 특정한 조건 하에서 특정한 방식으로 작동하도록 설계되어 있다. 이런 조건이 충족되면 똑똑한 인재들이 자신의 능력을 온전히 발휘하여 성과를 만들어낸다.

하지만 이런 조건이 충족되지 않으면 아무리 훌륭한 인재들이라도 능력을 제대로 발휘하지 못한다. 성과의 열쇠는 궁극적으로 뇌의 작용이다. 리더가 뇌의 기능을 방해하는 행동을 하고 사람들의 뇌가 잠재력을 온전히 발휘할 수 없는 방식으로 팀과 조직을 이끌면 좋은 성과를 얻을 수 없다.

그러므로 좋은 성과를 얻기 위해서 집중, 긍정적인 분위기, 결속, 통제 같은 요인들이 중요한 이유와 그런 요소를 어떻게 채울지 살펴보고, 리더의 일이 왜 항상 두 차원으로 이루어져 있는지도 알아보자. 두 차원은 긍정적인 조건들을 갖추게 하는 것과 높은 성과를 방해하는 부정적인 요인들을 제거하는 것이다.

혁신, 창의성, 문제 해결, 목표 지향, 계획과 조직, 실행력과 인내,

적응, 자기조절 같은 적절한 조건들이 충족되면 무엇을 할 수 있을지, 성과가 얼마나 올라갈지 상상해보라.

우리는 앞으로 리더가 바운더리를 명확하게 구축하는 방법을 살펴보며 바운더리 이론과 실질적인 리더십 실천 사이의 간극을 메워줄 기법을 배울 것이다. 또한 기존의 흐름을 바꿀 방법과 문제의 뿌리를 다루어 앞으로 같은 문제가 발생하지 않도록 면역력을 기르는 노하우도 배울 것이다. 그리고 이를 바탕으로 리더십 능력을 발전시킬 새로운 기회들을 발견하는 동시에 더 좋은 비전을 지닌 리더가 되는 길을 방해하는 요소들the blind spots까지 파헤쳐볼 예정이다.

똑똑하고 재능이 탁월한 리더는 '사람 문제'만 다룰 줄 알면 엄청난 성공을 거둔다. 나는 리더가 사람 문제를 제대로 다루며 답답한 상황에서 빠져나오는 경우를 많이 보았다. 위대한 리더가 한층 더 위대해지는 모습은 실로 놀라웠다. 당신이 바로 그런 리더가 되는 것이 나의 간절한 바람이다. 당신이 더 큰 성과를 거두기 위해 어떤 부분에서 강한 바운더리들이 필요한지 파악하도록 돕고 싶다.

이 책 곳곳에서 내가 만났던, 재능이 뛰어난 리더들의 실수담을 소개할 것이다. 아울러 위대한 리더들과 협력했던 경험담도 소개하려고 한다. 그들은 자신에게 '전적으로' 책임이 있다는 사실을 분명히 이해하고서 자신의 책임을 받아들인 리더들이었다. 그리고 바운더리가 조직 전체의 잠재력을 깨워 가능성의 문을 활짝 연다는 점을 이해하고 있었다.

나는 수십 억 달러의 매출을 자랑하는 글로벌 기업에서부터 작은 회사에 이르기까지 위대한 조직마다 이런 바운더리가 작용하고 있음을 확인했다. 바운더리 원칙은 보편적이다. 어떤 조직을 이끌든 바

운더리를 통해 성공할 수 있다. 책임은 전적으로 당신, 곧 리더에게
있다.

자, 이제 시작해보자.

리더십 바운더리를 위한 질문

· 어떻게 하면 '계획'에 초점을 맞추고 그 계획을 실행하는 사람들을 잘 이끌
  수 있을까?
· 당신은 어떤 종류의 문화나 팀, 조직을 창출했는가?
· 당신과 당신의 팀은 현재와 어떻게 달라져야 할까?
· 당신과 당신의 팀은 현재의 성과에 대한 책임을 받아들이고 있는가?
· 당신에게 '전적으로' 책임이 있다는 것이 무슨 의미인가?

3

BOUNDARIES

뇌를 움직이는 리더십

BOUNDARIES

바운더리는 복잡하고 어려운 개념이 아니다. 오히려 지극히 단순하다. 위대한 리더들에게서 흔히 볼 수 있는 바운더리를 설정하는 데 어떤 대단한 학문적 소양이 필요한 것도 아니다.

대신에 바운더리는 머리, 곧 뇌와 깊은 연관이 있는 개념이다. 바운더리가 효과적인 이유는 사람들의 뇌가 본래의 기능을 발휘하도록 만들기 때문이다. 효과적인 바운더리를 설정하지 않으면 사람들이 리더의 비전을 실현하도록 행동하게 할 수 없다. 사람들의 뇌가 리더가 원하는 방향으로 작용하지 않으면 아무리 조직에 인재들이 즐비해도 원하는 성과는 나타나지 않는다. 한 경영자는 내게 이런 말을 했다.

"이제야 알겠군요. 우리 회사가 그렇거든요. 인재란 인재는 다 영입해놓고도 실제로 거두고 있는 성과는 형편없습니다."

왜 그럴까? 뇌는 컴퓨터처럼 정해진 프로세스에 따라 작동하기 때문이다. 작동 지침을 무시하면 뇌는 제대로 기능하지 못한다. 하지만 뇌가 어떤 식으로 작동하고 무엇이 뇌의 기능을 최적화하는지를 이해하면 사람들의 잠재력을 최대한 끌어낼 수 있는 환경을 조성할 수 있다. 사람들이 잠재력을 온전히 발휘하면 조직은 성장하고 좋은 결과들이 줄줄이 나타날 수밖에 없다. 높은 성과를 거두는 사람, 팀, 회사를 보면 여지없이 그렇게 될 수밖에 없는 바운더리를 갖추고 있다.

반대로, 리더가 사람들의 뇌가 제대로 기능하지 못하도록 방해하거나 뇌가 제대로 작동하지 않는 팀 문화를 만든다면 어떨까? 그러면 성과는 떨어지고 비전은 약해진다. 실제로 이런 경우가 많다. 많은 리더들이 생산적인 활동을 할 수 없는 팀 문화를 만들어놓고서 '똑똑한 사람들이 수두룩한데도 불구하고' 왜 성과가 나오지 않는지 의아하게 생각한다. 예를 들어, 성과가 저조할 당시에도 애플에는 똑똑한 사람들이 넘쳐났다. 하지만 명료함이 부족하고 혼란만 가득한 상황에서는 직원들의 뇌가 제대로 작동할 수 없었다.

자, 좀 더 구체적으로 들어가 보자. 리더의 바운더리가 활성화시키는 뇌의 프로세스는 무엇인가? 이번 장에서부터 높은 성과에 반드시 필요한 몇 가지 뇌 기능을 살펴보도록 하자. 신경학적 연구에 따르면 강한 바운더리는 뇌의 프로세스를 구축하고 활성화시킨다. 뇌의 기능을 잘 활용하면 좋은 결과가 찾아온다. 먼저 뇌 과학자들이 뇌의 '집행 기능executive functions'이라고 부르는 것부터 살펴보자.

뇌의 집행 기능들

뇌 과학자들에 따르면 목표 달성이나 비전 추구 같은 의도적인 행동을 하려면 반드시 뇌의 집행 기능들이 필요하다. 자동차를 운전하든 자동차를 만들어 판매하든 뇌는 세 가지 필수적인 프로세스를 사용한다.

- 주의 집중(Attention) : 목표와 관련이 있는 것들에 집중하고 관련이 없는 것들은 차단시키는 능력 – "주의를 집중하라!"
- 억제(Inhibition) : 목표를 방해하거나 목표와 관련이 없는 행동, 특히 해로운 행동을 '하지 않는' 능력 – "그건 하지 마라!"
- 작업 기억(Working Memory) : 추론, 의사 결정, 다음 행동을 위해서 관련된 정보를 저장하고 이용하는 능력 – "관련 정보를 기억하고 활용하라."

다시 말해, 우리의 뇌는 (a)특정한 것에 집중하고 (b)관련 없는 정보나 유해한 것들에 정신을 팔거나 방해를 받지 않고 (c)관련 정보를 항상 의식할 수 있어야 한다.

차를 몰고 마트에 가는 일을 예로 들어보자. 이 일을 하려면 뇌는 주의 집중, 억제, 작업 기억이라는 세 집행 기능을 사용해야 한다.

- **중요한 데이터에 주의를 집중해야 한다** : 자기 차의 속도, 앞차의 위치, 반대편 차선에서 다가오는 차가 있는지, 자기 차가 어떤 차선에 있는지, 다음번에는 어디서 우회전이나 좌회전을 해야 할지를 알아야 한다.
- **관련이 없거나 해로운 행동을 억제해야 한다** : 문자 메시지를 보내거나 동영상을 보면서, 혹은 좌석에서 누군가가 고함을 지를 때는 운전을 하지 말아야 한다.
- **작업 기억을 사용해야 한다** : 순식간에 자동차 안으로 순간이동을 해서는 어떻게 해야 할지 알 수 없다. 자신이 전체 흐름에서 어느 지점에 있는지를 알아야 한다. 마지막으로 어디서 우회전 혹은 좌회전을 했는가? 그

뒤로 얼마나 더 갔는가? 무엇을 지나쳐 왔는가? 이런 정보들을 기억해야
한다.

뇌 연구가들은 '주의 집중'이 뇌신경을 강하게 연결시키는 마법
의 열쇠와도 같다고 말한다. 우리가 무언가에 집중하면 새로운 것을
배우고 옳은 행동을 취하고 목표를 달성하는 데 필요한 뇌신경 연결
이 형성된다. 반복을 통해 주의를 집중하는 것은 새로운 뇌신경을 연
결하고 배움과 성장, 깨달음을 얻는 데 매우 중요하다. 주의 집중이
뇌 활동에 반드시 필요한 요소라는 말이다. 단, 주의 집중만으로는
부족하다. 억제와 작업 기억이 병행되지 않으면 큰 효과가 나타날 수
없다. 결국, 세 가지 뇌의 집행 기능이 모두 필요하다.

위대한 리더들은
주의 집중을 위한 바운더리를 설정한다

조직을 이끌 때도 마찬가지다. 리더는 다음과 같은 상황을 만들
어야 한다.

a. 항상 중요한 것에 주의를 집중한다 – 주의 집중
b. 중요하지 않거나 해로운 것은 허용하지 않는다 – 억제
c. 목표를 달성하는 데 필요한 관련 정보를 늘 의식한다 – 작업 기억

리더는 '전적으로' 책임을 지는 사람으로서 구성원들의 뇌 집행

기능을 지원하고 향상시키기 위한 바운더리를 설정해야 한다. 개인, 팀, 문화와 관련된 다음과 같은 질문들을 고민해보라.

- 구성원들이 가장 중요한 것에 집중하려면 어떤 바운더리 구조, 원칙, 관행이 필요할까?
- 목표에 방해가 되거나 관련이 없는 해로운 행동을 억제하기 위한 프로세스를 갖추고 있는가?
- 어떻게 해야 구성원들이 목표를 이루기 위해 의식해야 할 것을 지속적으로 의식할 수 있을까?
- 어떻게 해야 구성원들이 주의 집중, 억제, 작업 기억의 뇌기능을 잘 발휘할 수 있을까?

질문에 대한 답을 찾기 위해서 대단한 학문적 지식이 필요한 건 아니지만 그렇다고 단순히 '업무 목록 작성'이나 '시간 관리' 혹은 '커뮤니케이션 개선' 정도가 답이 될 수는 없다.

리더는 가장 중요한 것, 가장 좋은 결과를 낳을 수 있는 것에 팀원들이 시간과 노력을 집중하도록 해야 한다. 동시에 방해 요소나 해로운 요소는 제한하고 억제해야 한다. 이런 식으로 뇌의 집행 기능들은 리더의 GPS위성항법장치 역할을 한다. 또한 긍정적인 행동과 감정을 활성화시키고 상황과 난관을 점검하며, 조직이 앞으로 나아가는 데 필요한 정보를 수집하는 도구가 된다.

어떤 리더는 이 점을 남들보다 더 자연스럽게 이해한다. 예를 들어, 내가 컨설팅했던 두 회사의 리더들이 얼마나 다른지를 확인해보라. A 회사는 승승장구하고 있었고, B 회사는 하루하루를 겨우 버티고 있었다.

A 회사 : 강한 집중과 바운더리

A 회사의 리더는 내가 가장 좋아하는 관행 중 하나를 정착시켰다. 여러 업계의 리더들이 사용해서 효과를 톡톡히 보고 있는 간단한 일과인데, 바로 매일 진행되는 오전 회의다. 이 리더의 철학은 "직원들에게 회의에 임하는 자세를 훈련시키고 회의를 개선하면 직원들이 회의를 좋아하게 된다."라는 것이다. 매일 아침 그는 판매원들을 모두 한자리에 모아놓고 일정한 방식으로 20분 정도 회의를 진행한다.

먼저, 전날이나 지난주에 어떤 식으로든 성과를 거둔 직원 예닐곱 명을 선정하고 그들 중 한 명에게 성과를 거두게 된 과정을 나누게 한다.

"어떻게 그런 성과를 얻었는지 우리에게 좀 들려주세요."

그날 선정된 판매원이 하는 이야기를 듣고 직원들은 그에게 궁금한 점을 묻는다.

"어떻게 남들보다 앞설 수 있었나요? 어떤 장애물을 만났나요? 그 업체를 어떻게 다루었나요? 그 업체와 다시 접촉하기까지 얼마나 오래 기다렸나요? 어떻게 거래를 성사시켰나요? 그 과정에서 우리 본사가 도움이 되었나요? 아니면 방해가 되었나요? 어떤 면에서 그랬나요? 혹시 우리 협력사들의 도움을 받았나요?"

그다음에는, 다른 직원에게 시장이나 경쟁사, 제품이나 전략적으로 공략하고 있는 분야에 대해 파악된 유용한 정보가 있으면 나누게 하고, 판매 기법이나 고객 관련 정보 등 현재의 전략과 목표에 밀접

한 연관성이 있는 정보도 공유하도록 한다.

A사의 리더는 직원들이 목표와 관련이 있는 것들에만 집중하고, 관련된 데이터를 매일 생생히 기억할 수 있도록 사전에 완벽히 준비한 질문들을 던진다. 가장 중요한 것들을 직원들이 하루 종일 기억하도록 만드는 것이 회의의 목적이다. 다시 말해, 그는 직원들의 작업 기억을 최대로 활성화시키며 리더로서 업무의 원활한 흐름을 만들어 내고 있다.

마지막으로 그는 직원들이 함께 애로사항을 나누고 해결 방안을 모색하도록 한다. 누구나 비슷한 경험담을 이야기하고 아이디어를 제시할 수 있다. 그렇게 20분 남짓의 시간이 지나면 회의를 마무리하고 전 직원을 고객이 있는 현장으로 내보낸다. 매일 의욕이 넘치는 상태로 회의실을 나간 직원들은 계속해서 훌륭한 성과를 일구어 냈다.

B 회사 : 집중과 바운더리의 부재

B 회사는 어떨까? B 회사는 내게 며칠간 현장에 나와 성과가 부진한 이유를 진단해달라고 부탁했다. 회사에는 재능이 뛰어난 인재들이 잔뜩 포진해 있었다. 하지만 아무리 많은 인재가 밤낮으로 뛰어다녀도 비전은 실현되지 않았다. 이직률은 높고 사기는 낮았다. 나는 직원들에게 한 가지 과제를 내주었다. 뇌의 집행 기능들이 잘 발휘되고 있는지 확인하기 위해 내가 자주 사용하는 과제다. 직원들에게 작은 카드를 나눠주고서 회사의 전략이 무엇이며 그것을 어떻게 실행할 것인지 생각나는 대로 적게 했다.

짐작했을지 모르겠지만, 8명이 모인 곳에서 7가지 다른 답이 나왔다. 한 직원은 매출 목표를 중심으로 전략을 표현했고, 또 다른 직원은 표적 시장target market과 관련된 내용을 썼다. 제품과 서비스에 초점을 맞춘 직원이 있는가 하면 회사 인지도를 언급한 직원도 있었다. 어떤 직원은 수익성을 이야기했다.

회의실 밖에서 B 회사 직원들의 행동을 관찰해보면 필시 한 사람은 매출을 끌어올리기 위해 애쓰고 다른 사람은 지리적인 관점에서 노력할 것이다. 어떤 직원은 무엇을 팔지 고심하고 다른 직원은 마케팅에 힘을 쏟을 것이다. 또 다른 직원은 손익계산서를 물고 늘어질 것이다. 물론 이런 내용들은 그들이 고려해야 할 중요한 요인들이다. 하지만 일관된 '초점'이 없다는 것이 문제다. 사람들이 하나의 방향이나 전략을 향해 일사불란하게 나아가는 모습이 전혀 보이지 않았다. 마치 그들은 각기 일곱 개의 다른 회사에서 일하는 사람들처럼 보였다.

이 안타까운 진단을 바탕으로 나는 B 회사 직원들과 함께 '하나의' 전략을 실행하기 위해 무엇에 초점을 맞추어야 할지 찾아냈다. 그런 다음에는 더 구체적으로 들어가, 그 전략을 위해 무엇을 어떻게 하고 무엇을 하지 '않을지' 파악했다. 그렇게 전략을 분명히 정립했더니 사기가 한층 올라갔다. 흥미로운 사실은 그들이 이 과정을 매우 생소하게 느꼈다는 점이다. 그래서 나는 이렇게 함께 모여서 문제를 해결하는 시간을 얼마나 자주 가지는지 물었다.

그랬더니 갑자기 어색한 침묵이 흘렀다. 모두가 서로의 눈만 쳐다보며 아무 말도 하지 못했다. 하지만 그 침묵이 대신 답을 해주었다. 그런 시간이 별로 없었던 것이 분명했다. 내가 전혀 없었냐고 묻자 마침내 연구개발 부사장이 입을 열었다.

"그렇지는 않습니다. 호텔에서 대규모 전략 회의를 진행한 적이 있습니다."

"그때가 언제였죠?"

"네, 이삼 년 정도 되었을 겁니다."

이삼 년 전? 저런! 주의 집중과 작업 기억을 활성화하기 위해 매일 회의를 진행하는 A 회사와 얼마나 다른가. A 회사의 경우는 판매 부서에서 제품 개발 부서, 윗선에서 말단직원까지 모두가 현재의 초점이 무엇이고 그것이 왜 중요하며 그것이 회사의 목표에 어떤 도움이 되는지를 분명하게 말할 수 있었다. A 회사에서는 뇌의 집행 기능들이 성과를 만들고 있었다.

단순히 더 많은 회의가 아니라 다른 방식의 회의

긍정적인 A 회사의 사례보다 B 회사와 같은 경우가 워낙 흔해서 참으로 안타깝다. 많은 리더들이 회의를 하기에는 '너무 바쁘다'는 핑계로 뇌의 능력을 살리고 조직의 사기를 끌어올려주는 도구를 이용하지 않는다. 혼란을 일으키고 사기를 떨어뜨리는 잘못된 방식의 회의에 진저리가 난 탓일 것이다. 그들은 회의라면 질색을 한다. 물론 나쁜 회의는 회의를 아예 하지 않는 것보다도 나쁘다. 핵심은 회의를 더 많이 하라는 것이 아니라 뇌가 작동하게 만들라는 것이다.

뇌의 작동을 돕는 회의가 있는가 하면, 오히려 방해하는 회의도 있다. 따라서 회의를 충분히 하고 있더라도 사람들이 중요한 것에 집중하고, 중요하지 않은 것을 억제하며, 조직의 방향을 기억하는 데 도움이 되는 방향으로 회의의 방식을 바꾸어야 한다.

리더가 뇌의 세 가지 기능(주의 집중, 억제, 작업 기억)을 염두에 두고 회의를 진행하면 회의는 두려운 시간이 아니라 기다려지는 시간이 된다. 모두가 목적에 새롭게 집중하고 사기를 재충전하는 시간이기 때문이다.

세 가지 집행 기능을 활성화시키는 좋은 모임에서는 좋은 것들이 자연스럽게 흘러나온다. 실제로 연구 결과들을 보면, 사람들이 목적지를 분명히 알면 그곳에 반드시 이르겠다는 열정으로 불타오를 수 있다. 나아가, 그 목적을 위해 각자의 재능을 마음껏 발휘할 수 있는 환경을 만들어주면 성과는 저절로 나타날 수밖에 없다. 그런 환경에서는 사람들이 아무 생각 없이 출근했다가 아무 생각 없이 퇴근하지 않는다. 사람들이 활기차게 움직인다. 따라서 회의를 할 때마다 사람들에게 무엇에 집중하고 무엇을 하지 않으며 무엇을 작업 기억 속에 저장해야 하는지 분명히 전달하라.

이것이 내가 B 회사에 오직 전략 계획을 점검하고 조정하는 한 가지 목적만 가지고 정기적으로 모이라는 처방을 내린 이유다. 그렇게 하면 뇌의 집행 기능들을 향상시킬 수 있다. 즉, 중요한 것에 집중하고 중요하지 않은 것은 하지 않으며 중요한 것을 기억할 수 있다. 당신도 최소한 한 달에 한 번씩은 지난 전략 계획 회의의 서류들을 꺼내서 점검해보길 바란다.

"우리가 하겠다고 한 것을 잘하고 있는가?"

이런 바운더리가 자리를 잡으려면 리더가 나서야 한다. A 회사는 판매 팀의 집행 기능을 최적화할 수 있는 구조를 정착시켰다. 각자의 노하우를 나누며 서로에게 배우는 간단한 바운더리, 즉 정기적인 오전 회의 덕분에 A 회사의 직원들은 중요한 것에 집중할 수 있었다. 매일 그들은 오전 회의를 통해 무엇이 중요한지를 다시 기억하고, 함께 결정한 목표와 전략을 위해 각자 무엇을 어떻게 해야 할지를 분명히 이해한다. 가장 중요한 것이 항상 그들 의식의 전면에 있다는 말이다.

동시에, A 회사의 리더는 굳이 말로 하지 않고도 직원들이 쓸데없거나 관련이 없는 행동들을 하지 않게 만들 수 있다. 동료 직원들이 계약을 성사시킨 과정에 대해 들을수록 그들의 뇌가 중요한 것과 중요하지 않은 것을 구별하는 법을 배우기 때문이다. 이 회사의 리더는 역효과를 낳는 행동을 억제하는 몇 가지 규칙도 명시했다.

예를 들어, 회의와 관련해서는 두 가지 규칙이 있다. 첫째, 푸념하지 말기. 둘째, 판매와 관련되지 않은 문제를 꺼내지 않기. 이 규칙들은 모두가 꼭 필요한 것에만 집중하기 위한 바운더리가 된다. 나는 "변명과 남 탓, 해명 금지"와 같은 규칙을 정한 리더들도 보았다.

관리자가 제대로 움직이면
뇌의 집행 기능이 제대로 작동한다

여기서 요점은 회의 자체가 아니라는 점을 이해하길 바란다. 회의가 집행 기능을 활성화하는 방식으로 이루어져야 하지만, 이 개념은 단순히 회의만이 아니라 팀원들과의 상호작용, 문화, 성과 평가를 비롯해서 리더가 성과를 거두기 위해 하는 모든 일에 적용된다. "우리가 중요한 것들에 집중하고, 도움이 되지 않거나 해로운 것들은 하지 않고, 중요한 것들을 기억하고 있는가?"라고 물으며 상황을 점검하는 것이 중요하다.

이것이 내가 뇌의 집행 기능을 통해 조직을 이끄는 리더십의 사례로 전혀 다른 두 가지 활동을 선택한 이유다. 어떤 한 가지 '기법'의 문제가 아니다. A 회사의 사례는 오전 판매 모임에 관한 것이고 B 회사의 사례는 전략 계획 검토에 관한 것이었다. 핵심은 리더가 주의 집중, 억제, 작업 기억이라는 뇌의 집행 기능을 사용하면 그것이 조직 전체로 퍼져 조직의 모든 활동이 높은 성과를 거두고, 조직원들의 뇌가 제대로 기능한다는 점이다. 즉, 조직의 구성원들이 중요한 것에 집중하고 중요하지 않은 것을 하지 않으며 중요한 것을 기억할 수 있다.

리더가 관리자executive로서 뇌의 집행 기능executive function을 사용하는 본을 보여주면 구성원들의 뇌도 그 기능을 사용한다. 그러면 상황이 좋아진다. 때로는 급속도로 좋아진다. 얼마 전에 한 리더와 이에 관한 이야기를 하던 중에 그가 이렇게 물었다.

"우리 관리자들이 기능을 잘하고 있는지를 말하는 겁니까?"

그때 나는 너털웃음을 터뜨리며 말했다.

"아니기도 하고 맞기도 합니다. 물론 저는 뇌의 기능을 말하는 것이지만 구성원들의 뇌가 그렇게 기능하도록 돕는 관리자의 기능이 중요한 것은 분명한 사실이지요."

그러자 그도 크게 웃었다.

"정말 좋은 아이디어입니다. 마음에 들어요."

주의력결핍장애에 걸린 조직

안타깝게도 많은 조직이 일종의 주의력결핍장애를 앓고 있는 듯하다. 주의력결핍장애를 앓는 아이를 본 적이 있는가? 그렇다면 목표에 집중하지 않고서 행동할 때 어떤 일이 벌어지는지를 잘 알 것이다. 그런데 많은 회사들이 주의력결핍장애를 앓는 아이처럼 움직인다. 하지만 회사의 일은 단순히 '숙제' 차원이 아니다. 회사는 실제 세계에서 유형의 성과를 거두어야 한다. 물론 그렇게 할 수 있다. 그러려면 뇌가 제대로 작동해야 한다. 주의력결핍장애 아동을 치료할 때와 마찬가지로 리더에게 요구되는 것은 아주 간단하면서도 동시에 어렵다. 조직의 뇌가 중요한 것에 집중하고 중요하지 않은 것을 억제하고 중요한 것을 기억하도록 만들어야 하기 때문이다.

주의력결핍장애에 빠진 조직에 대한 해법은 위대한 리더들의 사고방식과 리더십에서 찾을 수 있다. 한번은 한 회사의 기획 회의에 참석한 적이 있었다. 그 전에 나는 그 회사의 사장에게 뇌의 집행 기능을 기억하며 조직을 이끌라는 말을 해놓은 상태였다. 1년 가까이 깊은 좌절감에 빠져 있던 사장은 이런 말로 회의를 시작했다.

"오늘은 한 시간 동안 회의를 진행할 예정입니다. 회의가 끝날 때까지 이 질문에 대한 답을 찾기를 바랍니다. (사장이 질문을 던졌다.) 자, 이겁니다. 다른 주제는 없습니다."

직원들의 대화가 처음의 질문과 관계없는 주제로 흐르면 사장은 당장 회의를 중단시켰다.

"오늘의 주제에서 벗어난 이야기로군요. 답을 찾는 데 집중합시다."

결국 직원들은 본래의 주제에 집중해서 답을 찾아냈으며, 사장과 직원들은 강한 열정과 희망을 품고서 회의장을 나설 수 있었다.

"상황을 반전시킬 수 있어! 이번에는 느낌이 완전히 달랐어."

사장은 그렇게 말했다. 사장은 중요한 것에 집중하고 중요하지 않은 것을 억제하며 작업 기억의 흐름을 만들어냈다.

앞서 말했듯이 '주의 집중, 억제, 작업 기억'이라는 뇌의 집행 기능에 초점을 맞추는 원칙은 팀과 직속부하직원들, 문화를 다루는 방식과 리더 자신의 뇌 사용까지 리더십의 모든 측면에 적용된다. 그런데 요즘 사람들은 멀티태스킹을 '재능'으로 여긴다. 하지만 멀티태스킹에 관한 연구 결과는 대부분 전혀 다른 방향을 가리킨다. 전문가들은 멀티태스킹을 하면 우리의 뇌가 제대로 작동하지 않는다고 말한다.

멀티태스킹은 우리 뇌를 말 그대로 혼란에 빠진 햄스터의 뇌처럼 만들어버린다. 두 사람이 하는 말을 동시에 들어보면 내 말이 무슨 뜻인지 알 것이다. 뇌는 제대로 기능하기 위해 '집중'을 필요로 한다. 신경과학 분야의 연구는 이 사실을 계속해서 증명해 보이고 있다. 따라서 우리는 목표와 관련된 것에 집중하고 나머지 모든 것을 차단시켜야 한다. 물론 우리의 조직도 그래야 하며, 이에 대한 책임은 리더에게 있다.

하나의 큰 뇌

뇌 과학에 관한 이야기를 조금 더 해보자. 주의 집중, 억제, 작업 기억이라는 세 가지 뇌의 집행 기능이 활성화되면 높은 업무 성과가 나타난다. 이 기능이 활성화되면 마치 스테로이드가 분비된 것처럼 뇌가 강력해진다. 뇌의 집행 기능들이 잘 작동해서 사람들이 중요한 것에 집중하고 중요하지 않은 것을 하지 않고 중요한 것을 기억하면 성과를 낳는 다음과 같은 행동을 하게 된다. (성과를 내고 싶은 리더라면 조직의 구성원들이 이런 행동을 잘하게 만들어야 한다.)

- **목표 선택 :** 구성원들이 우선사항, 관련성, 경험, 현재 상황에 따라 목표를 선택하는 동시에 성과를 기대할 수 있다.

  핵심 : 목표를 선택하고 성과를 기대하라.

- **계획과 조직 :** 구성원들이 목표를 달성하기 위한 일련의 단계들을 계획할 수 있다. 아울러 자원을 비롯해서 그 과정에서 무엇이 필요한지 파악하고 그것들을 확보하기 위한 전략을 짤 수 있다.

  핵심 : 행동 단계들과 전략을 짜라.

- **시작과 끈기 :** 구성원들이 목표를 달성하기 위한 행동을 시작하고, 상황의 변화에도 그 행동을 끝까지 유지한다.

  핵심 : 행동을 시작하고 유지하라.

- **유연성 :** 구성원들이 상황의 변화에 따라 적응력을 발휘하고 전략적으로 생각할 줄 안다. 상황의 변화에 맞춰 초점과 계획을 바꾸고 새로운 해법을 내놓을 수 있다.

  핵심 : 적응하고 생각하고 해결하라.

- **실행과 목표 달성 :** 구성원들이 시간을 비롯한 제약 안에서 계획을 실행할 수 있다.

  핵심 : 시간 안에 실행하라.

- **자기조절** : 구성원들이 스스로 성과를 점검하고 평가한 뒤 목표 달성을 위해 스스로 변할 줄 안다.

  핵심 : 점검하고 평가하고 조절하라.[2]

이 목록을 보면 팀이나 조직이 하나의 커다란 뇌가 되어야 한다는 사실을 알 수 있다. 팀이나 조직이 하나의 뇌로서 무엇이 중요하고 무엇이 중요하지 않은지를 알아내고 목표, 계획, 끈기, 적응력, 유연성, 실행력, 철저한 자기관리를 통해 성과를 만들어야 한다. 그러면 혁신과 창의성은 저절로 따라온다.

좋은 소식은 위의 목록들이 인간 뇌의 정상적인 기능이라는 점이다. 하지만 리더가 '전적으로 책임'을 져서 이 세 가지 집행 기능을 활성화해야만 조직 구성원들의 뇌가 제대로 기능할 수 있다.

세상 어느 조직에나 목표와 계획이 있다. 하지만 리더가 주의 집중, 억제, 작업 기억의 기능들이 활성화되는 환경을 조성하여 높은 성과를 거두는 조직은 그리 많지 않다.

바운더리 설정이라는 리더의 중요한 역할과 관련해서 스스로에게 다음과 같은 질문을 던져보라.

자신에 대해 : 내가 가장 중요한 것에 잘 집중하고 있는가? 가장 중요한 것을 명확히 정의했는가? 중요한 것에 시간을 집중하기 위해 어떻게 하고 있는가? 가장 중요한 것을 의식하기 위해 어떻게 하고 있는가? 중요한 것이 계속해서 진행되도록 정보, 프로젝트, 단계들

---

2 게일 리처드(Gail J. Richard)와 질 파히(Jill K. Fahy)의 『집행 기능 개발의 원천(The Source for Development of Executive Functions)』(East Moline, Ill. : LinguiSystems, Inc., 2005)에서 발췌 수정.

의 '흐름'을 만들어내고 있는가?

팀에 대해 : 팀이 중요한 것에 집중하도록 어떤 구조와 프로세스를 갖추고 있는가? 팀원들이 무엇이 중요한지 알고 그것을 중심으로 정렬되어 있는가? 어떤 영역에서 팀원들이 억제해야 할 것을 억제하지 않고 있는가? 목표에 유해하거나 방해가 되는 것들을 내가 어떻게 제거하고 있는가? 어떻게 하면 팀원들이 목표를 항상 의식하는 작업 기억을 갖출 수 있는가?

직속부하직원들에 대해 : 직속부하직원들은 성과를 얻기 위해 집중하는 데 내가 도움이 된다고 말할 것인가? 그들이 방해요소나 다른 목표들, 파괴적인 요소들의 방해를 받지 않도록 내가 잘 돕고 있는가? 그들의 뇌에서 중요한 작업 기억이 계속 유지되도록 내가 잘 돕고 있는가? 아니면 방해하고 있는가?

비전과 전략에 대해 : 비전과 전략이 분명한가? 조직의 구성원들이 비전과 전략을 정확히 알고 그것에 집중할 수 있도록 내가 명확하게 전달하고 있는가? 그래서 그들이 옳은 방향으로 일사불란하게 가고 있는가? 비전과 전략에 따라 어떤 행동을 해야 하고 어떤 행동을 하지 말아야 하는지를 그들이 잘 알고 있는가? 그들은 자신들의 행동이 비전과 전략에 직접적인 영향을 미친다는 사실을 잘 인지하고 있는가?

문화에 대해 : 내가 우리 조직 문화의 핵심 요소들을 주도적으로 정하고 있는가? 이런 요소가 실질적으로 비전 실현에 도움이 되고 있는가? 팀원들이 문화의 핵심 요소에 집중할 수 있도록 이것들을 계속해서 유지시키고 있는가? 우리 문화 속에 존재하지 말아야 할 요소들은 어떤 것이며, 그 요소들이 들어오지 못하도록 어떤 장치를

마련했는가? 지금 우리 문화 속에 비전의 실현을 늦추거나 막는 요소들이 있는가? 어떤 요소들인가?

    개인이나 팀이 뇌의 집행 기능을 잘 활용하면 좋은 결과가 나타난다. 중요한 것들에 집중할 수 있기 때문이다. 이런 종류의 리더십이 없으면 뛰어난 두뇌들이 넘쳐나도 사실상 '뇌 없는' 조직이나 마찬가지다. 리더가 인간 뇌의 기본적인 기능들이 잘 돌아가도록 필요한 것을 공급하고 지원하지 않으면 조직은 비전을 성취할 수 없다.

    새로운 습관과 새로운 기능 방식이 자리를 잡으려면 뇌가 새로운 경로를 만들어내야 한다. 그러자면 중요한 것을 의식하고 집중하며 자신의 생각에 관심을 기울이고 그 생각과 관련하여 어떤 일이 벌어지고 있는지 살펴야 한다. 팀원들이 적극적으로 자신의 행동을 살펴 어떤 부분에서 주의 집중, 억제, 작업 기억이 필요한지 파악하면 업무 실행에 관한 통찰을 얻고 뇌에서 새로운 연결이 일어난다. 하지만 리더가 허용과 억제 측면 모두에서 분명한 바운더리를 설정하지 않거나, 무엇에 집중하고 무엇을 억제하며 무엇을 기억해야 할지 정의하지 않으면, 뇌에서 새로운 연결이 일어나지 않는다. 분명함은 집중으로, 집중은 결과로 이어진다.

    리더십 코치로서 내가 항상 던지는 질문 중 하나는 이것이다.

    "당신은 리더로서 인간에게 적합한 리더십을 사용하고 있는가?"

    기본적으로 인간은 좋은 결과를 만들어내기 위해 열정적으로 움직이고 자신의 재능을 최대한 사용한다. 그리고 아침에 눈을 떠서 밤에 잠자리에 누울 때까지 생산적인 활동을 한다. 적절한 요소가 있고 잘못된 요소가 없다면 사람은 커피를 만드는 일에서부터 컴퓨터를 만드는 일까지 각자의 재능을 사용하여 결과를 만들어낼 수 있다. 리더의 역할은 사람들이 자연스럽게 성과를 만들도록 이끄는 것이다. 즉, 사람들이 각자의 재능과 뇌를 제대로 사용하여 최선의 결과를 내놓도록 만드는 것이다.

상명하복이 아닌 성과 중심

오랫동안 기업을 훌륭하게 이끌어온 리더와 집행 기능의 중요성을 주제로 대화를 나누었던 기억이 난다. 대화를 시작하자마자 그는 걱정스러운 표정을 지었다.

"큰 문제가 보이는군요."

"어떤 것이 문제죠?"

나는 어리둥절한 표정으로 그렇게 물었다. 중요한 것에 집중하고, 해로운 것을 억제하고, 알아야 할 것을 의식하는 것에 무슨 문제가 있을 수 있는지, 그리고 뇌가 최상의 기능을 하는 것에 무슨 문제가 있을 수 있는지 궁금했다.

"이렇게 한번 생각해보세요. 리더가 모든 사람에게 무엇에 집중해야 '옳은지' 알려준다면 큰 문제가 발생할 수 있습니다. 그 리더가 자신의 맹점을 모를 수도 있잖아요. 하나의 큰 뇌가 위에서 명령을 내리는 구조는 정말 위험합니다. 다들 집중과 초점을 말하는데요, 집중과 초점은 사람들이 혁신을 하고 상황을 새로운 시각으로 보는 데 걸림돌이 될 수도 있습니다."

매우 중요한 지적이었다. 리더가 사람들에게 무엇을 생각해야 할지 항상 말해주는 것은 큰 문제일 수 있다. 그런데 그런 리더십은 뇌의 집행 기능이나 바운더리 설정과 전혀 관계가 없다. 리더십은 동물 훈련이 아니다. 리더십은 사람들이 비전 실현을 위해 각자의 뇌, 재능, 마음, 에너지를 사용할 수 있는 환경을 조성하는 것이다. 따라서 그 리더가 걱정한 것, 즉 혁신과 발견을 제한하는 문제는 집행 기능의 작용이 아니다. 오히려 집행 기능은 창의력을 자극한다. 집중할 수 있는 여건이 마련되면 창의력이 더 쉽게 발휘되기 때문이다.

누군가가 눈덩이를 계속 던지는데 그걸 피하면서 동시에 창의적인 활동을 해본 적이 있는가? 서너 가지 복잡한 문제를 한꺼번에 해결하려고 해본 적이 있는가? 어떻게 되었는가? 자신이 무슨 생각을 하고 있는지 자꾸만 잊어버리게 된다. 정보의 과부하가 걸려 뇌가 작동을 멈춘다. 뇌가 헝클어져 창의력을 발휘하지 못하는 것이다. 반면에 리더가 무엇에든 잘 집중할 수 있는 환경을 조성하면 창의력이 발휘된다. 이것은 위에서 무엇을 생각해야 할지 통제하는 것을 의미하지 않는다. 단지 게임이 진행되도록 필드를 정리해주는 것을 의미한다. 그렇게 하면 사람들이 마음껏 생각할 수 있다.

혼란을 일으키는 정신산란은 잠시 머리를 쉬는 것과 다르다. 복잡한 일에서 벗어나 잠시 쉬는 휴식은 '아하'의 순간에 도달하기 위해 필요하다. 예를 들어, 샤워를 하거나 낚시를 하거나 한가로이 산책을 할 때 갑자기 아이디어가 떠오를 수 있다. 이것은 정신산란이 아니라 잠시 일에서 벗어나 뇌를 쉬게 하는 것이다. 리더는 휴식에도 바운더리를 설정하여 창의력과 혁신이 더 쉽게 나타나도록 만들 수 있다. 조직의 문화 속에 이런 여유를 더 많이 만들어내야 한다.

예를 들어, 구글Google 같은 기업에는 탁구 테이블을 비롯해서 '아하'의 순간을 촉진시키기 위한 '의도적인' 요소들이 가득하다. 이렇게 뇌가 쉴 수 있는 시간을 계획적으로 만들면 뇌의 집행 기능과 창의력이 향상된다. 혁신과 창의력은 뇌의 집행 기능 자체가 밖으로 표출된 것이다.

이렇듯, 집행 기능은 '상명하복'의 통제식 리더십을 의미하지 않는다. 리더가 모든 상황을 제어하는 것을 의미하지도 않는다. 오히려 최고의 리더들은 언제나 자기보다 똑똑한 사람들을 주변에 포진시킨 다음, 그들이 가장 잘할 수 있는 것을 하도록 권한을 주고 지원하는 방식을 사용한다.

리더는 다른 사람들의 집행 기능을 향상시킬 뿐 아니라 자신의 집행 기능도 갈고 다듬어야 한다. 리더 스스로도 적절한 것에 집중하고 적절하지 않은 것을 하지 않으며, 관련된 정보를 작업 기억 속에 넣어두는 노력을 게을리 하지 말아야 한다. 최근 한 CEO는 내게 이런 말을 했다.

"지난 8개월간 저의 가장 큰 실수는 적합한 운영 책임자를 영입하는 데 너무 많은 시간과 정력을 낭비했다는 겁니다. 계속해서 불을 끄는 데 너무 정신을 팔았습니다."

이 리더가 뇌 집행 기능의 관점에서 리더십을 생각했다면 이 점을 더 빨리 깨닫고 행동을 취했을 것이다. 마땅한 운영 책임자가 나타날 때까지 적절한 것에 집중하고 적절하지 않은 것을 억제하며 전체 과정을 제대로 통제할 수 있었다는 말이다.

자신을 관리하고 남들을 이끄는 데 도움이 되는 바운더리는 언제나 통제가 아닌 자유를 낳는다. 그리고 자유가 책임감 있게 사용되면 성과를 낳고, 자연스럽게 높은 성과의 순환이 일어난다.

상명하복의 통제식 리더십은 다른 문제들도 낳는다. 신경과학에 따르면, 스스로 문제에 집중하고 고민하면서 그 문제에 관한 자신의 사고를 바탕으로 새로운 통찰을 얻을 때, 실질적인 행동 변화가 나타나고 문제가 해결된다. 사람들은 '달라지라는 명령'을 받을 때가 아니라 무엇을 어떻게 해야 할지 스스로 파악하고 행동할 수 있을 때 행동과 사고를 바꾼다.

십대 아이들에게 잔소리만 늘어놓고서 행동이 변하는지 보라. 아마도 우리를 쳐다보지도 않은 채 "아빠(혹은 엄마), 다 알고 있는 걸 왜 자꾸 얘기해요. 내가 알아서 할게요"라고 퉁명스럽게 말할 것이다.

하지만 경청하고, 정보를 제공하고, 모범을 보이고, 기대하는 바와 행동의 결과를 명확히 설명하고, 건강한 감정적 분위기를 조성하고, 최선을 다하도록 격려하는 환경을 마련해주면 아이들은 알아서 방법을 알아내고 실행할 것이다. 이것이 무엇을 어떻게 하라고 시키는 것보다 훨씬 좋은 방법이다. 아이들은 자신의 상황을 부모보다 더 잘 알고 있을 가능성이 높다. 또한 무엇을 어떻게 해야 할지 스스로 파악하도록 맡기면 높은 수준의 생각으로 이어지는 신경 회로가 더 많이 열린다.

리더십도 마찬가지다. 사람들에게 무엇을 어떻게 해야 하는지 말해줘서는 안 된다. 최고의 인재들이 스스로 혁신하고 사고할 수 있는 환경을 조성하고 기회를 제공해야 한다. 그렇게 하면 그들의 뇌가 제대로 작동하여 새로운 방식과 새로운 할 일을 찾아낸다. 그들이 진정한 인재라면 리더의 기대를 훨씬 웃도는 성과가 나타날 수밖에 없다.

만약 원하는 성과가 나타나지 않으면 답은 간단하다. 제대로 된 인재를 다시 찾으라.

변화의 순간

조직과 그 안의 구성원들이 집중해야 할 것에 집중하고, 방해가 되거나 파괴적인 것을 하지 않고, 다음 단계와 관련이 있는 것들을 계속 의식하도록 만들어야 한다. 리더가 그렇게 하면 조직은 완전히 새로운 궤도에 올라선다. 조직이 강력해진다. 이 강력함, 이 힘은 여러 측면에서 느껴진다.

첫째, 사람들의 '참여'를 이끈다. 사람들이 생동감 있게 움직이고 매사에 집중한다. 나중에 살피겠지만, 사람들이 '무아지경'에 빠져 자신의 재능을 최대한도로 발휘한다. 참여를 이끄는 에너지는 긍정적인 힘이다. 정문 로비에서 중역 사무실까지 팀과 문화의 구석구석에서 힘을 느낄 수 있다. 사람들이 회사에 아무 생각없이 나오는 것이 아니라 마음을 다해 열정적으로 일한다.

둘째, '성과'를 만든다. 앞서 말했듯이 집중해야 할 것에 집중하고 방해나 해가 되는 것은 하지 않고 기억해야 할 것을 기억하는 조직은 비전 실현을 향한 추월차선에 있는 조직이다. 이렇게 에너지가 집중된 곳에서는 성과가 나타나고, 그 성과는 더 많은 에너지를 일으키는 식으로 점점 더 많은 성과를 만든다. 사람들이 무엇에 집중해야 할지 알고 스스로 결과를 책임지면 성과가 성과를 더하면서 운동력이 점점 강해진다.

셋째, '지속적인 적응과 학습'을 유도한다. 시장과 경제가 상대적으로 안정되어 있던 옛 세상에서는 실행력이 가장 뛰어난 자가 이겼다. 예전에는 예측 가능한 요인들을 바탕으로 모델을 만들고 계획을 실행하기만 하면 그만이었다. 이것을 경쟁자보다 더 잘하면 이길 수 있었다. 하지만 오늘날에는 좋은 실행력만으로 이기기에는 너무도 많은 변화가 일어나고 있다. 수시로 변하는 환경에 따라 계속해서 배우고 적응하며, 배운 것을 실행해야 한다. 오늘날에는 실행을 신속하게 한 뒤에 그 단계에서 배운 것을 토대로 다음 단계에 무엇을 해야 할지 알아내야 한다. 물론 실행력은 여전히 중요하다. 강한 실행력이 없으면 현재의 단계가 적절한지 아닌지를 알 길이 없다. 따라서 이 변화의 바다에서는 잘 실행한 단계에서 필요한 것을 배우고 난 후, 다음 단계를 위해 적절한 변화와 적응이 필요하다. 불필요한 것들에 정신을 팔지 않고 현재 일어나는 일에 집중하는 조직이 이것을 가장 잘할 수 있다.

넷째, '사람들의 성장'을 돕는다. 집중해야 할 것에 집중하고, 해가 되는 것을 하지 않고, 기억해야 할 것을 기억하는 조직에서는 사람들이 성장할 수밖에 없다. 이런 조직은 분명한 성과 기준을 마련하고 그것에 집중하며 현실에 근거한 분명한 기대 사항을 가지고 있다. 반대로 집중해야 할 것에 집중하고, 해가 되는 것을 하지 않고, 기억해야 할 것을 기억하는 기능이 제대로 작동되지 않는 조직에서는 성과없이 자리만 차지하고 있는 자들이 숨기 좋다. 그들은 수년 동안 자리를 차지한 채 월급만 축낼 뿐 조직의 임무에 사실상 아무런 도움도 주지 않는 경우가 비일비재하다.

왜일까? 아무도 관심을 집중하지 않기 때문이다(주의 집중). 성과를 내지 않는 것은 허용되지 않는다고 아무도 말하지 않기 때문이다 (억제). 작업 기억이 형성되지 않아 지난달에 실질적 성과를 전혀 거두지 못했다는 사실을 아무도 제대로 인식하지 못하고 있기 때문이다(작업 기억). 뇌의 집행 기능이 작동하지 않는 조직에서는 겉으로 바빠 보이기만 할 뿐 아무런 성장이 일어나지 않는다. 반면에 집행 기능이 작동하는 조직은 사람들이 성장하면서 점점 더 많은 성과를 만들어낸다. 그리고 혹시 성장이 제대로 이루어지지 않으면 사람들이 즉시 알아챈다.

다섯째, '전진 운동'을 촉진한다. 집중해야 할 것에 집중하고, 해가 되는 것을 하지 않고, 기억해야 할 것을 기억하는 조직은 정체되어 있지 않다. 사람들의 학습, 적응, 성장으로 인해 강한 전진 운동이 나타난다. 구글이나 애플을 생각해보라. 구글과 애플의 다음 행보를 보려면 잠시도 한눈을 팔지 않고 주시하고 있어야 한다. 잠시만 눈을 떼면 저만치 훌쩍 가 있다. 오늘의 모습이 어제의 모습과 또 다르다. 이 기업들은 꾸준히 전진 운동을 하고 있다. 반면, 1년 넘게 까마득히 잊고 있다가 다시 봐도 변한 것이 없는 기업들이 수두룩하다. 이런 기업들은 바쁘게 움직이는 것처럼 보이지만 실제로는 정체되어 있다. 온 세상이 바삐 달려가는데 가만히 앉아 있는 것이다. 뇌의 집행 기능이 전진 운동을 일으킨다.

마지막으로, '고객과 시장'을 끌어당긴다. 아무런 열정이 느껴지지 않는 기업체를 방문하거나 상점에서 쇼핑을 하면 어떤 느낌을 받는가? 열정이 없는 승무원들이 기내 서비스를 하는 비행기는 어떤가? 그곳에서는 집중해야 할 것에 아무도 집중하지 않는다. 집중을 방해하거나 해로운 것을 억제하지도 않고 중요한 것을 기억하지도 않는다. 뭔가 분위기가 쫙 가라앉아 있다. 하지만 뇌의 집행 기능이 강하게 작용하고 있는 조직에서는 고객이 열정을 분명히 느낄 수 있다. 이런 회사는 서비스나 제품으로 고객의 실질적인 니즈를 충족시키고 고객의 마음을 얻는다.

고객의 니즈가 해결되거나 고객이 평생 잊을 수 없는 긍정적인 경험을 얻으면 '변화의 순간'이 찾아온다. 고객의 니즈가 충족으로 변하는 순간이다. 집중해야 할 것에 집중하고, 해가 되는 것을 하지 않고, 기억해야 할 것을 기억할 때 이런 변화의 순간이 나타나고, 고객은 이것을 분명히 느낀다.

'변화의 순간'을 만들어내는 과정은 기업이 고객들에게 해주어야 하는 가장 중요한 일 가운데 하나다. 자신의 '니즈'가 '충족'의 상태로 변한 것을 느낄 때 고객은 그 기업의 충성 고객이 된다. 그리고 이런 변화의 순간을 만들어내려면 집중해야 할 것에 집중하고, 집중을 방해하거나 해로운 것을 하지 않고, 기억해야 할 것을 기억해야 한다.

주의 집중, 억제, 작업 기억으로 이끌라

명심하라. 뇌를 썩혀두지 마라. 뇌의 작용은 더없이 중요하다. 리더는 자신의 팀원들도 뇌를 잘 활용하도록 이끌어야 한다. 팀원들이 뇌를 얼마나 잘 사용하느냐에 따라 조직의 성패가 갈리기 때문이다. 팀원들이 뇌를 잘 사용하기 위해서는 집중해야 할 것에 집중하고, 집중을 방해하거나 해로운 것을 하지 않고, 기억해야 할 것을 기억할 수 있도록 이끌어야 한다.

이 책의 나머지 부분에서는 뇌의 집행 기능 외에 비전을 실현하는 데 필요한 리더십과 뇌의 다른 주요 측면들에 대해서 살펴볼 것이다. 하지만 그러기에 앞서 리더로서 우리가 팀원들로 하여금 집중해야 할 것에 집중하고, 집중을 방해하거나 해로운 것을 하지 않고, 기억해야 할 것을 기억하도록 돕고 있는지 반드시 돌아보고 넘어가야 한다.

자, 팀원들이 어떤 기분을 느끼고 있는가?

이번 장에서 우리는 중요한 일들이 이루어지도록 만드는 뇌의 세 가지 기능을 살펴보았다. 즉, 우리는 팀원들이 집중해야 할 것에 집중하고, 집중을 방해하거나 해로운 것을 하지 않고, 기억해야 할 것을 기억하도록 만들면 다음과 같은 뇌의 다른 기능들도 원활하게 돌아간다는 점을 살펴보았다.

- 목표 선택
- 계획과 조직
- 일의 시작과 끈기
- 유연성
- 실행과 목표 달성
- 자기관리

이것이 리더가 원하는 것이다. 리더는 팀원들이 이런 방향으로 움직이기를 원한다. 그리고 이것은 뇌의 집행 기능이 제대로 작동하기 시작할 때 가능해진다.

뇌의 집행 기능이 제대로 작동하지 않으면 팀원들은 일터에서 좋은 기분을 느낄 수 없다. 당신의 팀원들이 일터에서 어떤 기분을 느끼는지에 대해 생각해본 적이 있는가? 리더는 조직의 감정적 분위기를 반드시 고려해야 한다. 왜냐하면 그들이 느끼는 기분이 많은 것을 결정하기 때문이다. 다음 장에서 이 주제를 살펴보자.

리더십 바운더리를 위한 질문 ───

· 어떻게 하면 당신의 팀이나 회사 전체에서 '주의 집중'이 이루어지도록 만들 수 있을까?

· 어떻게 하면 집중을 방해하는 해로운 요소들을 억제할 수 있을까?

· 어떻게 하면 팀이나 회사 전체가 중요한 것들을 지속적으로 기억하게 만들 수 있을까?

4

BOUNDARIES

뇌를 움직이는
감정적 분위기

BOUNDARIES

한번은 비행기에서 전략 컨설턴트와 나란히 앉아 서로가 하는 일에 대해 대화를 나눈 적이 있다. 내가 컨설팅 업무의 대인관계 측면을 말하자 그는 다음과 같이 실제로 있었던 이야기를 들려주었다.

큰 제조업체의 창립자가 사업을 물려주기 위해 아들을 훈련시키고 있었다. 그런데 하루는 공장을 둘러보다가 아들이 다른 직원들 앞에서 한 직원을 심하게 나무라는 광경을 보았다. 고함을 지르고 깔아뭉개며 망신을 주는 모습이 매우 볼썽사나웠다.

아버지는 자기 사무실로 돌아가 아들을 불렀다. 아들이 들어오자 아버지가 말했다.

"아들아, 지금 여기서 나는 너의 상사이자 아버지다. 지금은 상사로서 말한다. 이 시간부로 너는 해고다. 내 회사에서 그런 행동은 용납할 수가 없고, 내 직원들이 그런 식으로 대접받는 것을 두고볼 수도 없어. 전에도 이 문제로 경고를 했는데 아무런 변화가 없구나. 그래서 어쩔 수 없이 너를 내보내야겠다."

아버지는 잠시 말을 멈췄다가 다시 입을 열었다.

"그리고 이제부터는 아버지로서 말한다. 방금 네가 해고되었다는 말을 들었다. 자, 이제 내가 어떻게 도와줄까?"

감정적인 폭풍

이 이야기에는 너무 많은 교훈이 담겨 있어 어디서부터 시작해야 할지 모를 지경이다. 일단, 한 가지 질문으로 시작해보자. 아들의 행동이 얼마나 나쁘기에 아버지가 그 자리에서 아들을 해고했을까? 왜 아버지는 회사의 후계자 자리를 공석으로 만들고, 그날 밤 집에서 아들과의 어색한 저녁 식탁을 감수했을까? 답은 이렇다. 팀원들이 스스로를 형편없는 존재처럼 느끼도록 만들면 큰 대가가 따르기 때문이다.

뇌의 집행 기능이 제대로 작동하지 않으면 뇌가 원활하게 기능할 수 없는 것처럼, 스트레스 호르몬도 뇌의 기능 활성화를 방해한다. 스트레스나 두려움이 없을 때 사람들의 사고가 더 원활해진다는 것은 엄연한 과학적 사실이다. 하지만 평범한 리더들은 팀원들을 위해 '좋은 감정적 분위기'를 만드는 것에 대해 깊이 생각하지 않는다. 오히려 정반대의 분위기를 조성하는 리더들도 있다. 그들의 리더십은 스트레스와 두려움을 주고 사람들을 주눅들게 한다.

앞서 직원을 공개적으로 꾸짖는 것은 다소 극단적인 사례다. 대개 우리는 이런 뻔한 실수를 하지 않는다. 하지만 사소해 보이는 작은 행동이 팀원들에게 부정적인 영향을 미치는 경우가 많다. 여기서 내가 이야기하고자 하는 것은 내용에 상관없이 말하는 방식, 즉 '말투'에 대한 것이다. 리더가 분노하여 '깔아뭉개는' 말투를 사용하거나 가혹한 말을 비판적으로 하면, 팀원들은 스트레스를 받을 수밖에 없다. 그럴 때 뇌는 기어를 바꾼다. 이 현상을 여러 뇌 과학자들이 다양한 방식으로 설명했는데, 스위치가 상부 뇌에서 하부 뇌로 바뀐다는 이론이 그중 하나다.

하부 뇌 : 싸우거나 도망치거나 얼어붙거나

상부 뇌에서는 고차원적인 인지 능력이 작용한다. 예를 들어, 논리, 판단, 창의성, 문제 해결, 고차원적 사고, 작업 기억, 계획, 우선순위 매김, 큰 그림을 보는 사고, 공감 등이 이루어진다. 이런 인지 능력은 높은 성과를 만들어내는 요소이며, 높은 성과야말로 리더가 팀원들에게서 원하는 것이다. 따라서 리더는 팀원들의 의사 결정이 상부 뇌에서 이루어지도록 유도하고, 팀원들이 매일 상부 뇌를 통해 일하도록 만들어야 한다.

하부 뇌에서는 우리가 '생각'이라고 부를 만한 작용이 별로 일어나지 않는다. 하부 뇌의 기능은 '싸움 아니면 도망'이다. 이 뇌에서는 주로 두 가지 생각이 나온다. "저자를 죽여라."(싸움) 혹은 "살기 위해 도망쳐라."(도망) '사고 지향적'이 아닌 '행동 지향적'인 하부 뇌는 본능적인 행동이 지배하는 공간이며 싸움 혹은 도망 반응을 일으키는 곳이다. 싸움도 도망도 불가능해지면 하부 뇌는 거대한 '얼음' 버튼을 누른다. 그러면 몸과 마음이 완전히 얼어붙어 마비가 되어버린다. 심한 스트레스로 상부 뇌가 멈춰버리면 싸우거나 도망치거나 얼어붙는 것만 가능해진다.

뇌에서 다양한 스트레스 호르몬이 분비되면 이성적인 결정을 가능하게 하는 뇌의 부분이 멈춰버리고, 단순히 위험에 반응하도록 설계된 뇌의 다른 부분이 활성화된다. 이 뇌의 임무는 생각을 멈추고 행동하는 것이다.

위험한 상황에서는 먼저 행동하고 생각은 나중에 하는 것이 필요하다. 예를 들어, 기찻길에서 시끄러운 기적 소리가 들리면 이것저것 따질 겨를이 없다.

'음, 저 기차의 무게와 속도는 얼마나 될까? 기차의 속도에 기차와 나 사이의 거리를 곱하고 남은 샌드위치가 몇 입 거리인지 파악하면 당장 철로에서 벗어나야 할지 점심 식사를 마쳐도 될지 판단할 수 있을 텐데.'

이렇게 재면서 시간을 끌면 큰일이다. 다행히, 진짜 위험 앞에서 우리 뇌는 곧바로 행동에 돌입하여 싸우거나 도망치도록 이끈다. 생각하지 않고 바로 행동하도록 하는 것이다. 어떤 이들은 이것을 파충류 뇌라고 부른다. 이 뇌가 작동하면 기본적으로 우리는 도마뱀의 지능으로 회귀한다. 하지만 위험에서 벗어날 수 있다.

이런 관점에서 보면, 실질적인 위험이든 위험하다는 착각이든 위협을 느낄 때 사람들이 보이는 다양한 행동이 설명된다. 누구나 이런 현상을 경험해보았을 것이다. 사람들은 위협을 느끼면 방어적으로 굴거나 반격하거나 갈등을 피해 자리를 옮긴다. 심하면 충동적인 행동을 하기도 한다. 즉, 생각하지 않고 무조건 반응하거나 분노에 휩싸여 행동한다.

부정적인 감정들

어떤 의료업체의 회의에 참석했던 기억이 난다. 한 직원이 CEO에게 무시를 당했다고 느꼈다. 그 즉시 직원의 도마뱀 뇌가 작동하기 시작했다. 그는 자리에서 벌떡 일어나 노트북을 회의실 반대쪽 벽에 집어던지고 온갖 욕을 해대며 회의실을 박차고 나갔다. 이 일로 회사는 그 직원을 해고하기로 했다. 순간의 행동으로 연봉과 함께 수백만 달러의 성과급이 달린 직장을 잃게 된 것이다. 당시 그는 상부 뇌로 생각하지 않은 것이 분명하다. 나중에 이성을 차리고 나서 회사에 계속 다니고 싶다는 의사를 밝혔지만 거절당했다. 당연하게도 요즘 도마뱀들이 고액 연봉을 받는 경우는 거의 없다.

하지만 그에게서 그런 반응을 촉발한 것은 CEO의 가혹한 대우였다. CEO의 행동에 대한 불만이 쌓이고 쌓여서 결국 폭발한 것이다. CEO는 원하는 성과를 얻지 못하거나 일이 잘 풀리지 않을 때마다 아랫사람들에게 독한 비판의 화살을 날렸다. 툭하면 부정적인 말투를 사용하는 바람에 회사 안에는 스트레스가 가득했다. CEO가 언제 폭발할지 모르기 때문에 그가 사무실에 나타나기만 하면 직원들은 잔뜩 긴장했다. 회사에서는 언제나 심각한 긴장감이 흐르고 금방이라도 태풍이 불어올 것만 같은 분위기가 지속되었다.

리더의 가혹한 태도가 극단적인 반응을 낳으면 생각보다 훨씬 부정적인 결과가 나타난다.

부정적인 문화는 겉으로 보기에 잔잔해 보이는 대화에서도 드러난다. 한번은 현장 컨설팅을 하면서 업무 흐름에 대하여 간단한 질문을 한 적이 있는데, 부사장이 과중한 업무로 인한 스트레스를 토로하며 울기 시작했다.

"정말 견디기 힘듭니다. 사장님이 너무 많은 업무를 맡기고, 불가능한 스케줄을 제가 맞추지 못하면 심하게 몰아붙이거든요. 그래서 늘 불안감과 두려움에 시달립니다. 잠도 잘 이루지 못할 정도예요. 한밤중까지 일 생각을 하고, 주말에도 일을 손에서 놓지 못합니다. 얼마나 더 견딜 수 있을지 모르겠어요. 여기서 육 년간 일하면서 한 번도 이런 말을 한 적이 없지만, 정말 얼마나 오래 버틸 수 있을지 모르겠습니다."

사장은 깜짝 놀란 표정을 지었다.

"도대체 무슨 말인가? 내가 언제 그랬다고 그래? 나는 자네를 최고의 인재로 생각해왔네. 도무지 무슨 말을 하는지 모르겠군."

바로 이것이 이 대화의 가장 안타까운 부분이었다. 사장은 거짓말을 하는 것이 아니었다. 그는 정말 이해하지 못했다. 자신이 말하는 '내용'보다 그 말을 하는 '방식'이 더 중요하다는 사실을 전혀 모르고 있었던 것이다. 수시로 변하는 기분과 짜증 섞인 말투, 가혹한 자신의 말이 직속 부하 직원들에게 극심한 스트레스를 주고 있다는 사실을 몰랐기 때문에 부하 직원들의 뇌가 자신의 반응을 '위험'으로 해석하고 있다는 사실도 알 수 없었다. "얼마나 오래 버틸 수 있을지 모르겠어요"라는 부사장의 말은 바로 '도망' 반응이다. 그의 마음이 사장에게서 점점 멀어지고 있었다.

"사장님을 만나고 제 사무실로 돌아오면 마음을 진정하기까지 한참을 그냥 앉아 있어야 할 때가 많습니다. 정신을 차리느라 정말 많은 시간을 허비합니다. 이것이 전부가 아닙니다. 다른 팀원들을 달래는 데도 얼마나 많은 시간이 들어가는지 모릅니다. 하루가 멀다 하고 팀원들이 저를 찾아와서 스트레스 때문에 회사를 그만두고 싶다고 하소연을 합니다. 이런 상황을 사장님은 전혀 모르시죠? 사장님의 일거수일투족이 직원들에게 막대한 영향을 미치는데, 현재는 좋은 영향력을 조금도 주지 못합니다."

사장은 자신의 반응에 대한 대가를 치르고 있었다. 직원들의 느린 반응, 땅에 떨어진 사기, 높은 이직률, 'CYA(cover your ass, 면피하다-역자 주)'로 알려진 방어적인 행동 등 사장의 말투는 높은 성과나 배우는 문화와 다르게 정반대의 결과를 낳았다. 연구에 따르면, 사람들은 회사를 떠나는 것이 아니라 상사를 떠난다.

부정적인 연결을 피하고
긍정적인 연결을 강화하라

우리가 남들을 긍정적으로 보느냐 부정적으로 보느냐는 목표 지향적인 행동에 큰 영향을 미친다. 예를 들어, 우리가 누군가를 긍정적으로 보면 그가 추구하는 목표를 우리도 추구할 가능성이 훨씬 높아진다. 따라서 리더는 팀원들이 자신을 긍정적인 시각으로 볼 수 있도록 그들과 감정적인 소통을 위해 노력해야 한다.

부정적인 관계를 피하는 것만으로는 충분하지 않다. 긍정적인 감정 소통을 위해 시간과 노력을 투자하는 것이 중요하다. 긍정적인 감정은 사고와 반응의 범위를 넓혀 문제 해결에 도움을 주고, 새로운 정보를 잘 수용하여 효율적이고 생산적인 결과를 만드는 역할을 한다. 긍정적인 감정이 사람의 지적인 폭과 능력을 향상시켜주는 것이다. 이것은 단순한 심리학 이론이 아니라 신경과학이 검증한 사실이다.

과학적인 연구 결과에 따르면, 긍정적이든 부정적이든 상관없이 기분과 감정은 '전염성'이 있다. 우리는 좋거나 나쁜 감정을 남들에게 '전염'시킨다. 내가 아는 기업가는 이 연구 결과를 바탕으로 자신의 회사에서 단순하면서도 강력한 정책을 시행했다. 어떤 부서의 리더든 아침에 눈을 떠서 기분이 나쁘면 출근하지 않는 규칙을 정한 것이다. 그는 이렇게 말한다.

"나쁜 기분을 회사로 가져오지 말고 집에서 쉬세요."

감기와 마찬가지로 나쁜 감정을 회사 전체에 전염시키지 않는 편이 최선이다.

그러므로 스스로에게 이렇게 물어보라. 내가 회사로 들어갈 때 어떤 종류의 분위기를 조성하는가? 언제 피드백을 주는가? 언제 요청을 하는가? 언제 지적을 하는가? 언제 성과 목표를 전달하는가? 기분이 좋을 때? 기분이 나쁠 때? 나아가 팀원들의 뇌에서 긍정적인 화학물질이 분비될 수 있도록 팀, 부하 직원들, 조직 전체에 어떤 종류의 경험들을 제공하고 있는가?

뇌는 자동차의 엔진과 비슷하다. 뇌에서 분비되는 화학물질과 호르몬은 엔진을 움직이는 연료라고 할 수 있다. 당신 같으면 당신의 차에 프리미엄 기름을 넣고 싶은가? 아니면 오염수를 넣고 싶은가? 정말 잘 어울리는 비유가 아닐 수 없다. 프리미엄 연료는 높은 성능을 낳고, 오염수는 자동차를 멈추게 만든다. 마찬가지로, 부정적인 말투는 뇌에서 나쁜 화학물질을 분비시켜 성과를 떨어뜨리고, 긍정적인 말투는 성과를 향상시킨다. 리더는 팀원들을 위해 오염수가 아닌 좋은 연료가 되어야 한다.

그렇다면 어떻게 해야 긍정적인 분위기를 조성하고 부정적인 분위기를 피할 수 있을까? 이 책에서 소개할 여러 종류의 바운더리와 구조가 직간접적으로 도움이 될 것이다. 먼저 자신의 감정에 관심을 기울이고 팀과 문화 속에 건강한 정서적 분위기를 형성하는 것이 중요하다.

바운더리를 정하되
먼저 자신의 말투를 점검하라

인간에게는 연결하고 공격하려는 성향이 있다. 여기서 공격성은 분노를 의미하지 않는다. 목표를 달성하기 위한 적극성과 에너지를 의미한다. 우리가 하는 모든 행동은 관계 지향적이거나 목표 지향적인데, 두 가지 성향이 함께 작용하는 것이 이상적이다.

기본적으로 인간은 '사랑하는 존재'인 동시에 '일하는 존재'다. 우리는 관계를 맺고 일을 하며 살아간다. 사람들과 연결되어 업무를 완수하고 그들에게 관심을 쏟고 일을 추진한다. 즉, 우리는 사랑하고 일한다. 사랑은 긍정적인 관계를 형성하는 말투와 행동을 필요로 하고, 일은 기대하고 추구하고 규칙을 따르는 의지와 행동을 필요로 한다.

균형 잡힌 리더는 관계 지향성과 목표 지향성의 두 행동이 서로 시너지 효과를 내도록 만든다. 긍정적인 태도와 말투를 가지고 팀원들과 함께 목표에 공격적으로 도전하는 것이다. 리더의 행동에서 관계 지향성과 목표 지향성 중 하나라도 부족하면 리더십 문제가 발생한다. 사람들을 존중하면서 동시에 높은 성과를 공격적으로 추구하려면 구조, 목표, 평가 기준 같은 바운더리를 명확히 설정할 필요가 있다. 그러지 않으면 실패할 수밖에 없다.

분명한 구조, 바운더리가 없어도 스트레스가 발생한다. 선생님 없이 아이들만 남아 있는 교실을 생각해보라. 오래지 않아 분위기가 걷잡을 수 없이 어수선해지고 서로 싸우기 시작한다. 하지만 선생님이 교실에 들어와 "자, 수업 시작이다! 제자리에 앉아!"라고 말하면 소란이 가라앉고 아이들은 공부할 준비를 한다.

바운더리를 설정하지 않고 '사람들만 아끼는 리더'는 폭군만큼이나 스트레스를 일으킨다. 단지 스트레스의 종류만 다를 뿐이다. 분명한 기대 사항 없이 팀원들이 우왕좌왕하게 놔두면 그들의 감정적 뇌에 전혀 도움이 되지 않는다.

한 사람이 다른 사람에게 잘해주기만 하고 나쁜 행동을 제한하지 않는 관계는 스트레스와 혼란으로 인해 서로에게 해롭다. 연구에 따르면, 성공적인 집단행동의 핵심 요소 중 하나는 집단에 대한 '분명한 기대 사항'을 정하고 전달하는 것이다.

반대의 경우도 마찬가지다. 리더가 '일 중심적'이어서 공격적으로 성과만 추구하고 팀원들과의 상호작용에서 감정적 말투에 신경을 쓰지 않는다면 팀원들은 스트레스를 받을 수밖에 없다. 팀원들의 뇌가 얼어붙는다. 스트레스 아래서는 사람들이 제대로 일할 수 없다. 여기서 중요한 점은 노력을 이끌어내기 위한 방향, 구조, 책임을 제시하되 스트레스를 일으키지 않도록 조심하는 것이다. 그러려면 자신의 '말투'를 조심해야 한다. 얼마든지 두려움과 스트레스를 주지 않고도 팀원들에게 피드백을 할 수 있다.

공감 능력을 키우라

CEO의 끊임없는 이메일 공격에 조직 전체의 문화가 엉망이 된 회사를 컨설팅한 적이 있다. CEO의 이메일은 팀원들이 업무를 완수하지 못하거나 문제점을 보일 때 비난조로 지적하는 내용 일색이었다.

내가 CEO에게 두 가지 실천 계획이 담긴 과제를 내주자 조직의 분위기와 성과가 한층 향상되었다. 첫째, 당분간 팀원들에게 이메일을 보내기 전에 먼저 내게 보내달라고 요청했다. 그가 직원들에게 보내는 이메일의 말투를 점검하기 위함이었다. 둘째, 이메일을 보낼 때마다 스스로에게 이렇게 묻게 했다.

"내가 이 이메일을 받으면 기분이 어떨까?"

이 간단한 활동은 두 가지 요소로 이루어져 있다. 첫 번째 요소는 '관찰 자아'를 기르는 것이다. 간단히 말해, 이 CEO는 객관적인 시각으로 자신을 관찰하는 능력을 타고나지 못했다. 그는 화가 나면 일단 길 위의 깡통을 남들에게 차고 보는 스타일이었다. 내가 그를 평가하면서 이런 점을 지적해주자 스스로를 관찰하고 평가하는 능력이 점점 향상되었다. 오래지 않아 팀원들이 이렇게 말하기 시작했다.

"변화가 뚜렷이 보입니다. 이제 예전처럼 성급하게 화를 내지 않고 흥분을 가라앉힙니다. 날카로운 면이 줄어들고 있어요."

이 활동의 두 번째 요소는 공감 능력을 기르는 것이다. 공감은 가장 기본적인 관계 능력이며 남의 입장에서 생각하는 능력이다. 그렇게 속을 긁는 이메일을 자신이 받으면 기분이 어떨지 생각해보라고 했더니 CEO는 점점 상대방의 입장에서 생각하기 시작했다. 결국 마음 깊은 곳에 있는 연민의 감정이 살아나면서 "기분이 좋지 않을 것 같습니다"라고 말했다.

행동을 취하기 전에 먼저 이 두 가지 내적 작업(자기 자신을 관찰하고 남들에게 공감하는 것)을 거치자 CEO의 말투도 달라졌다.

"2주 전에 이 일을 하라고 했는데 아무것도 하지 않았군. 일을 이 따위로 하고서 어떻게 거래가 성사되길 바라는가? 정신을 어디에다 두고 사는 거야? 내가 이 일을 마치라고 한 날짜를 어떻게 잊어버려? 황당하군. 도대체 왜 그러는 거야?"

이런 말투가 이렇게 바뀌었다.

"이제 시간이 정말 촉박해서 자네의 도움이 필요하네. 어서 견적서를 완성해야 해. 이 일을 하는 데 애로사항이 있다면 언제라도 내게 말하게. 뭐든 말하면 내가 최대한 지원하겠네. 어떻게 하든 해내야 하네. 그럼 부탁하네."

이 차이의 효과가 미미할 것이라고 생각하는가? 그렇지 않다. 작은 차이가 얼마나 큰 변화를 만들어내는지 모른다.

문제에 대해서는 강하게, 사람에게는 부드럽게

리더로서 우리는 또 다른 문제점도 다루어야 한다. 다시 말해, 자신의 머릿속에서 일어나는 일만이 아니라 자신을 위해서 일하는 사람들의 머릿속에서 일어나는 일에도 관심을 가져야 한다. 그들의 행동만이 아니라 그들의 머릿속에 어떤 신념, 경험, 감정이 있는지도 파악해야 한다는 뜻이다. 이런 심리적 요소들은 그들이 현재의 일을 하기 전에 그들의 머릿속에 이미 들어가 있던 것들이다.

심리학에서는 이것을 '전이transference'라고 부른다. 전이는 우리가 현재의 윗사람을 대할 때 마치 과거에 경험했던 윗사람을 대하는 것처럼 비슷한 감정을 느끼는 현상이다. 예를 들어, 공감할 줄 모르고 가혹하게 비판하거나 망신을 주는 부모와 교사 밑에서 자란 사람의 머릿속에는 자신을 괴롭힌 목소리가 여전히 살아 있다. 그래서 현재의 사건이 그 목소리를 증폭시키곤 한다.

리더는 자신이 팀원들과 어른 대 어른으로서 대화한다고 생각한다. 하지만 리더라는 역할로 인해 팀원들은 그를 '부모에 해당하는 인물'로서 경험한다. 따라서 리더가 악의 없이 "다음번에는 잘하는지 보겠어!"라고 말해도 팀원들은 심한 말로 알아들을 수 있다. "이 멍청아! 그것도 똑바로 못해? 너는 해고를 당해도 싸." 리더는 솔직한 피드백을 제공했다고 생각하며 회의실을 나오지만, 상대방은 리더가 가혹한 상사라고 생각하며 회의실을 나올 것이다.

물론 남들의 머릿속에 무엇이 있는지를 항상 걱정할 필요는 없다. 이 문제를 팀 안에서 어떻게 다룰지는 나중에 다시 이야기하도록 하자. 다만 리더는 리더라는 자리가 심리적으로, 감정적으로 생각보다 큰 무게를 지닌다는 점을 분명히 인식해야 한다.

팀원들은 리더의 마음에 들기를 원하고 리더를 실망시키고 싶어하지 않는다. 그래서 리더의 비판을 의도와 다르게 들을 수 있다. 리더의 자리가 그만큼 힘든 것이다. 물론 누군가가 지나치게 민감하게 반응한다면 그것은 그 사람의 문제이며, 그 스스로 해결할 방법을 찾아야 한다. 하지만 리더가 조금만 주의하면 상황이 더 나빠지는 것을 막을 수 있다. 스트레스를 주지 않고 가혹하게 굴지 않더라도 팀원들에게 기대 사항을 충분히 전달할 수 있기 때문이다. "문제에 대해서는 강하게, 사람에게는 부드럽게"라는 말을 기억하라. 리더가 자신의 말투를 조심하면 관계의 역학을 바꾼다.

리더라는 자리가 큰 무게를 지니기 때문에 좋은 점은, 약간의 도움을 받아 말투를 조금만 바꿔도 팀원들의 행동이 크게 바뀐다는 사실이다.

긍정적인 압박

『1분 경영The One-Minute Manager』의 저자 켄 블렌차드Ken Blanchard는 '갈매기 경영seagull management'이라는 특별한 스타일의 리더십을 소개했다. 그는 오랫동안 멀리 날아가 있다가 돌아와서 날개를 펄럭이며 큰 소란을 피우거나 모두에게 실컷 떠들고 다시 날아가 버리는 리더들이 있다고 말한다. 리더가 그렇게 한바탕 소동을 피우고 가면 모두가 그 난장판을 처리해야 한다. 실제로 그런 리더가 있고 우리 모두가 그런 리더를 본 적이 있다.

고백하자면 나도 매우 난처한 경험을 통해 갈매기 경영에 대해 배웠다. 몇 년 전 정신과 병원을 운영할 때의 일이다. 하루는 관리자의 사무실에 들어가 어떤 보고서를 요청했다. 그가 회계부서에서 아직 보고서를 받지 못했다고 해서 나는 이렇게 말했다.

"그래요? 그럼 내가 가서 받아오죠."

그러자 그가 다급하게 나를 말렸다.

"아니에요. 제가 가져올게요."

"아닙니다. 어려운 일도 아닌데 내가 금방 갔다 올게요."

나는 그를 배려해서 그렇게 말했다.

하지만 그는 같은 말을 반복하며 어딘지 모르게 불안해 보였다.

"아니에요. 제가 가져올게요."

순간, 나는 그가 그렇게 고집을 부리는 데는 다른 이유가 있다는 것을 알아챘다.

"아래에서 무슨 일이 있나요? 내가 가면 왜 안 되죠?"

나는 그가 무엇을 숨기고 있는지 궁금해서 그렇게 물었다.

"어쩔 수 없네요. 말씀드릴게요. 대표님은 그곳에 가면 모두를 화나게 만드시잖아요. 그러면 제가 하루 종일 그 상황을 수습해야 합니다."

"뭐라고요? 도대체 무슨 말이에요? 내가 누구를 화나게 만든다고요? 그럴 리가요!"

"정말이에요. 대표님은 뭔가 잘못된 것을 발견하면 대뜸 화를 내고 가버리세요. 그러고 나면 다들 기분이 나빠집니다. 대표님이 오신다는 소리만 들으면 다들 불안해하고요."

"농담이죠? 나는 화를 잘 내지 않아요. 농담, 맞죠?"

"아뇨, 정말이에요. 용어까지 있어요."

"용어요?"

어떤 일이 자주 벌어지면 용어가 생긴다. 순간, 가슴이 덜컥했다.

"네. 우리는 '헨리의 분노'를 피해야 한다는 표현을 써요."

나는 믿을 수 없다는 표정으로 그를 쳐다보았다.

"헨리의 분노?"

사람들이 나를 그런 식으로 보는 줄 전혀 몰랐다. 나는 단지 문제를 해결하려는 것이었을 뿐인데, 내 말투가 문제인 것이 분명했다.

부정적인 말투로 인해 내가 문제만을 생각할 뿐 사람들의 기분은 헤아리지 않는 것처럼 보였던 것이다. 충격을 받은 나는 사태를 파악하고 상황이 얼마나 심각한지 알아야 했다.

그래서 직원들을 찾아갔다. 긴말은 하지 않고 그냥 내가 이 문제를 알게 되었고, 내 태도가 그들의 업무에 어떤 영향을 미쳤는지에 대한 피드백을 원한다고 말했다. 다행히 상황은 내가 우려했던 것만큼 광범위하거나 심각하지는 않았다. 하지만 실질적인 문제였다. 내가 일에만 초점을 맞추고, 일이 제대로 진행되지 않으면 크게 화를 내며 남들에게 가혹하게 구는 것은 보통 큰 문제가 아니었다. 내가 온다는 소식을 들으면 직원들이 불안에 떨었는데 그 사실을 나는 전혀 눈치채지 못했다. 내가 모두에게 편한 사람이라고 착각하고 있었던 것이다.

나는 두 가지를 해야 했다. 첫째, 일일이 찾아가 진심으로 사과했다. 둘째, 관리자에게 혹시 내가 또 그런 식으로 행동하면 부담 없이 알려달라고 부탁했다. 그렇게 했더니 성과가 크게 개선되었다. 하지만 내가 매우 부정적인 두려움을 일으키고 있다는 사실을 관리자가 용기를 내어 말해주지 않았다면 나는 계속 모르고 있었을 것이다.

긍정적인 두려움

내가 말하는 부정적인 두려움이란 사람들이 문제에 대해 걱정하는 것이 아니라 사람을 두려워하는 것을 말한다. 바람직한 방향의 두려움, 곧 긍정적인 두려움은 누군가가 자신에게 화를 내거나 망신을 주거나 자신의 실수로 그와의 관계가 망가질까 두려워하는 것이 아니라, 어떤 일이 일어나고 그 일의 결과로 큰 대가를 치를까 봐 두려워하는 것이다. 즉, 사람 속의 '악'이 아닌 현실 속의 일을 두려워하는 것이다.

긍정적인 스트레스는 성과를 이루기 위해 반드시 필요하다. 상대방을 돕는다는 느낌을 주면서 솔직한 피드백을 해줄 때, 상대방을 비난하거나 망신을 주는 것이 아니라 목표 달성에 초점을 맞출 때, 상대방에게서 현실에 근거한 긍정적인 스트레스가 발생한다.

현실이 중요하다. 현재 상황과 원하는 상황(목표) 사이의 틈은 저절로 줄어들지 않는다. 우리가 그 틈을 좁혀야 한다. 물론 틈을 줄이는 일은 간단하지 않지만 리더가 동기를 유발하면 쉽게 해낼 수 있다.

팀원들이 좁혀야 할 현실의 틈을 인지하고 문제 해결을 위해 뇌를 작동시키려면 부정적인 감정 스트레스가 없어야 한다.

긍정적인 감정의 소통이 이루어지면 스트레스가 줄어들고 뇌의 기능이 원활해진다. 반대로, 부정적인 상호작용은 스트레스를 높이고 뇌의 기능을 떨어뜨린다.

자, 이제 손익을 따져보자. 우리의 말투가 남들에게 부정적인 두려움을 일으킨다면 내가 원하는 목표에서 멀어질 뿐 아니라 골치 아픈 문제만 늘어난다. 다시 말해, 우리가 좁히려고 하는 틈을 오히려 넓히고 팀원들이 문제를 해결하는 것을 더 어렵게 만드는 셈이다. 그렇게 하느니 하루 집에서 가만히 쉬면서 입에 테이프를 붙이고 있는 편이 낫다. 그런 태도로 남들을 이끌려고 해봐야 상황만 더 악화시킬 뿐이다.

반면에 '긍정적인 두려움'은 성과를 향상시킨다. 이어지는 장들에서 긍정적인 두려움을 만들어내는 방법을 살펴보겠지만, 일단 여기서는 건강한 두려움이 상황을 더 좋게 만들고 나쁜 결과를 피하게 해준다는 점만 간단히 짚고 넘어가자. 그 이유는 이렇다. 당신이 뭐든 꾸물거리는 성격이라면 언제 성과가 올라가는가? 대개, 마감일이 코앞에 닥쳐 있을 때다. 마감일을 맞추지 못하면 원치 않는 결과가 따르기 때문이다.

예를 들어, 공과금을 내는 것을 미루면 공과금을 내는 것을 언제 가장 서둘러서 하게 되는가? 마지막 날이다. 마지막 날에 공과금을 내지 않으면 과태료를 내거나 집에 전기가 나갈 수 있다. 그래서 마지막 날이 되면 빛과 같이 움직여서 무조건 일을 완수할 것이다. 현실이 두렵기 때문이다. 마찬가지로, 미국의 세금 신고 실적을 보면 4월 14일에 확 올라간다. 실적이 정말, 정말 높이 올라간다. 그 이유도 결과에 대한 건강한 두려움이 발동하기 때문이다. 4월 15일까지 세금 신고를 하지 않으면 어떤 식으로든 대가를 치러야 하는데, 기한이 지나면 가산세를 내거나 법정에 출두해야 한다. 따라서 결과에 대한 두려움은 성과에 도움이 될 수 있다. 단, 긍정적인 두려움이어야 한다.

긍정적인 동기 유발 요인으로서의 두려움

사업에서도 두려움은 긍정적인 동기 유발 요인이 될 수 있다. 매출이 떨어질지 모른다는 두려움, 시장 점유율을 잃을지 모른다는 두려움, 고객을 잃을지 모른다는 두려움, 성과를 내지 않으면 투자금을 날릴지 모른다는 두려움, 직장을 잃을지 모른다는 두려움, 회사 자체가 도산할 수 있다는 두려움, 이런 두려움을 사랑하라.

이처럼 현실적이고 건강한 두려움은 당신의 생명을 구할 수도 있다. 현실적이고 건강한 두려움을 받아들이고 추구하고 퍼뜨리라. 단, 긍정적인 방식으로 그렇게 하라. 두려움이 꼭 부정적인 방식으로 나타나는 것은 아니다. 냉엄한 현실을 인식하면 긍정적인 두려움이 생긴다. "이 일을 해내지 못하면 원치 않는 결과가 생길 것이다"라는 긍정적인 두려움은 실제로 일을 열심히 하게 만든다.

이런 종류의 좋은 스트레스는 성과 커브를 형성한다. 스트레스가 올라갈수록 성과가 올라가지만 '특정한 수준'까지만 올라간다. 스트레스가 너무 심해지면 성과는 하향곡선을 그린다. 다시 말해, 큰 위험이 걸린 상황에서 우리는 더 좋은 성과를 낸다. 그런데 위험이 감당할 수 없을 만큼 커지면 머릿속이 멍해진다. 이것이 긴장감이 최고조에 달하는 경기를 많이 해본 노련한 골퍼가 US오픈이나 마스터스 같은 큰 경기에서 우승할 확률이 높은 이유다. 신인선수에게는 그 압박이 너무 클 수 있다. 그래서 신인선수는 결정적인 순간에 숨이 막혀서 가진 실력을 제대로 발휘하지 못한다. 반면에 노련한 챔피언에게는 압박이 제 실력을 온전히 이끌어내는 요인이 된다.

챔피언은 긴장감이 최고조에 달하는 경기에서 오히려 실력을 발휘하여 우승한다. 골프든 어떤 스포츠든 위기 상황에서 빛을 발하는 선수가 있는가 하면, 위기 상황에서 숨이 막혀 경기를 망쳐버리는 선수가 있다. 두 번째 부류의 머릿속을 들여다볼 수 있다면 틀림없이 극심한 스트레스를 일으켜 뇌를 마비시키는 온갖 부정적인 목소리를 들을 수 있을 것이다.

실제 상황에서 발생하는 결과는 성과를 높여주는 좋은 바운더리가 된다. 이 결과에는 긍정적인 결과와 부정적인 결과 두 가지 종류가 있는데 둘 다 건강한 두려움을 일으킬 수 있다. 가령, 고객이나 투자금, 직장을 잃지 않기 위해 뇌가 활성화되고 업무에 최선을 다하는 것은 부정적인 결과가 불러오는 건강한 두려움의 한 측면이다.

내가 어릴 적에 살던 미시시피 주에서는 이른 가을이면 대규모의 농장 소유주들이 폭우로 한 해의 농사를 망치기 전에 목화와 콩을 수확하려고 '정말' 열심히 일했다. 폭우가 쏟아지기 시작하면 수백만 달러 가치의 농작물이 진흙에 파묻혀 트랙터를 동원해도 어쩔 수 없는 지경에 이르기 때문이다. 이는 부정적인 결과가 긍정적인 두려움을 불러 일으키는 좋은 사례다.

긍정적인 결과의 힘

하지만 인생에서 부정적인 결과만이 성과를 만드는 것은 아니다. 성과를 높여주는 긍정적인 결과도 있다. 예를 들어, 더 많은 고객을 돕고, 더 많은 거래를 성사시키고, 초월적인 목표를 이루고, 실적이 오르고, 회사가 성장하고, 가치가 상승하고, 보너스와 승진을 얻는 것이 그런 결과다.

긍정적인 스트레스는 일을 훌륭하게 해내게 만든다. 행동에 아무런 결과가 따르지 않을 때보다 더 큰 성과가 나타난다. 스포츠 경기의 우승자가 트로피를 받는 장면을 보면 여러 가지 동기 유발 요인들(긍정적인 스트레스 요인들)이 작용하는 것을 확인할 수 있다. 자랑스럽게 들어 올린 트로피, 보상과 성취감, 기쁨으로 가슴이 북받쳐서 흐르는 눈물, 가족과 친구들의 뜨거운 포옹 같은 것들이 그런 요인들이다. 특히 관계적인 동기 유발 요인은 전통적인 성취동기 요인보다 훨씬 더 강력하다.

예를 들어, 판매원이 무엇에서 동기를 얻는지 생각해보자. 물론 높은 수수료를 약속해주면 긍정적인 결과를 위해 열심히 일할 것이다. 하지만 다른 요인들도 작용한다. 수년간 노력하여 판매 기술을 터득할 때 찾아올 만족감, 열심히 번 돈으로 자녀의 대학 학비를 대는 상상, 자신의 성공담을 전할 때 아버지나 형과 하이파이브를 하는 상상, 자신만 잘되는 것이 아니라 팀에도 기여할 수 있다는 생각 등이 그런 요인들이다. 이 모든 요인들이 동시에 작용한다면 정말 좋은 결과를 얻을 수 있다.

긍정적인 결과에 대한 약속과 가치 있는 무언가를 잃을 수 있다는 두려움, 이 두 가지 결과는 인간의 성과를 끌어내는 가장 기본적인 동기 유발 요인들이다. 이 요인들을 사용하면 팀원들을 이끌고 큰 성과를 거둘 수 있다. 일을 해내지 못했을 때 찾아올 부정적인 결과뿐 아니라 일을 해냈을 때 일어날 긍정적인 결과도 이야기하라.

"이 제품을 출시하지 못하면 경쟁사에 시장 점유율을 빼앗길 것이다. 하지만 이 제품을 출시만 한다면 오히려 우리가 경쟁사의 시장 점유율을 많이 빼앗아올 수 있다. 자, 시작해보자!"

이것이 사람들에게 소리를 질러 기분을 상하게 만드는 것보다 훨씬 낫다.

하지만 보상과 결과가 조직 내 구성원들 사이의 관계 역학들과 상호작용한다는 사실을 기억해야 한다. 이 문제는 책의 나머지 부분에서 살펴볼 것이다. 물론 우리가 당나귀라면 당근과 채찍만으로 동기를 유발하기에 충분하다. 하지만 인간이 뛰어난 성과를 거두기 위해서는 그 이상이 필요하다. 좋은 결과를 기대하는 동시에 제대로 일하지 않을 때 발생할 손실에 대한 경각심을 가질 때 더 효과적으로 성과를 만들 수 있다. 부정적인 두려움을 사용하는 것보다 이런 방법이 훨씬 더 강력하다.

관계를 유지하면 좋은 결과를 얻을 수 있다

감정적 바운더리를 설정하고자 할 때 리더의 역할은 두 가지다.

첫째, '긍정적인 두려움'을 주기 위해 최선을 다하라. 성과에 도움이 되는 건강한 스트레스를 일으키라. "내가 이것을 해내면 좋은 것을 얻고 나쁜 것을 피할 수 있다"는 생각을 심어주라.

둘째, 부정적인 두려움을 없애라. 부정적인 말투, 구조의 부재, 관계적인 결과(분노, 수치심, 죄책감, 지원 철회)에 대한 불안감은 이런 두려움을 일으킨다. 팀원들은 자신들이 일을 제대로 해내지 못할 때도 리더가 자신들의 '편'에 설 것이라는 확신을 필요로 한다.

이런 식으로 생각해보라. 우리의 자녀가 실수하거나 우리 기대에 부응하지 못하면 더 이상 사랑을 받지 못할 거라고 생각한다면? 조그만 실수라도 하면 부모가 화를 내거나 냉랭하게 굴거나 사랑을 거둘 거라고 생각한다면? 영원히 부모의 눈에 벗어나 더 이상 칭찬을 받을 길이 없다고 생각한다면? 그렇게 되면 자녀의 배우는 능력은 어떻게 될까? 자녀가 제대로 성장할 수 있을까? 성공할 수 있을까?

좋은 성과를 거둘 수 있을까? 양육의 관점에서 보면 이 점이 분명히 보인다. 반면에 다른 영역에서는 관계적인 안정성이 성과에 미치는 힘을 간과하기 쉽다. 관계적인 안정성은 어느 영역에서나 매우 중요하다.

몇 년 전 나이가 어린 올림픽 금메달리스트의 인터뷰를 본 기억이 난다. 어린 선수는 올림픽 경기에서 감독과 전문가, 해설자의 예상을 크게 뛰어넘는 실력을 보여주었다. 어떻게 해서 그런 성적을 거두게 되었느냐는 질문에 그는 어느 날 부모님과 대화를 나누면서 모든 것이 바뀌었다고 대답했다. 그동안 너무 긴장하는 탓에 실제 경기에서 실력을 제대로 발휘하지 못했는데, 이 사실을 눈치챈 부모가 그를 자리에 앉혀놓고 실수하거나 져도 괜찮다고 말해주었다. 실수로 바에 걸려 넘어져도 변함없이 사랑하니 실패를 걱정하지 말라고 격려한 것이다.

기자들 앞에서 어린 금메달리스트는 나이에 어울리지 않게 지혜로운 표정으로, 실패해도 괜찮다는 것을 알았기 때문에 성공할 수 있었다고 말했다. 자신이 실패하면 부모가 어떻게 생각할지 걱정할 필요가 없는 안정된 관계 덕분에 그는 오로지 경기에만 집중할 수 있었다. 다시 말해, 실수해도 관계 측면에서는 아무런 대가가 따르지 않았고, 가족들이 어떤 경우에도 그를 향한 지지를 철회할 마음이 없었기 때문에 사랑하는 사람들로부터 비난이나 미움을 받을 일이 없었다. 그래서 어린 선수는 실수를 오히려 배움의 기회로 삼고 매 순간 최선의 실력을 발휘할 수 있었던 것이다.

바로 이것이 팀원들이 리더에게서 필요로 하는 것이다. 리더가 자신들의 성공을 바란다는 확신, 어떤 실수를 해도 리더가 자신들의 편에 서고 불이익을 주기보다는 배우고 성장하도록 도와줄 것이라는 확신이 필요하다. 마찬가지로, 리더가 팀원들에게서 조금도 실수하지 않는 완벽을 기대하기보다 '성장'을 바라고 그에 필요한 지원을 아끼지 않는 문화가 중요하다. 연구에 따르면 '완벽'보다 '성장'을 지향하는 문화가 훨씬 더 좋은 결과를 낳는다.

나는 자신의 리더에게 편애하는 측근들이 있고 한번 리더의 눈밖에 나면 끝이라고 말하는 팀원들을 정말 많이 만났다. 리더는 이런 오류를 조심해야 한다. 리더는 팀원들이 실패해도 결국 성공하기까지 최선을 다해 도울 것이라는 확신을 주어야 한다. 그렇다고 '쉬운' 리더가 되거나 팀원들의 무능력과 게으름을 그냥 눈감아주라는 뜻이 아니다. 그런 접근법도 지금까지 말한 것 못지않게 파괴적이다. 언제나 성과에 대한 책임은 지게 해야 한다. 하지만 팀원 중 한 명을 내보내야 할 상황이 오더라도 이번 장의 도입부에서 사례로 소개한 아버지와 같은 마음을 품어야 한다.

"자네를 해고할 수밖에 없어서 미안하네. 그래도 내가 최대한 도와주겠네."

성장할 여지

신경과학자들은 싸움이나 도망의 반응을 낳는 부정적인 위협이 좋은 성과로 이어지지 않는다는 점을 증명해 보였다. 이런 위협은 리더들이 깨워야 할 뇌의 일부를 오히려 비활성화시키고, 대신 도마뱀의 뇌를 활성화시킨다. 팀원들의 행동 변화가 나타나려면 리더는 '싸움 혹은 도망'의 반응을 낳는 자극을 최소 수준으로 유지해야 한다. 그런 다음, 다른 무언가를 더해야 한다.

그 '무언가'는 '관심'과 '통찰'의 조합이다. '자신의 생각을 관찰'하고 새로운 '통찰'을 얻을 때 뇌는 가장 잘 작동한다. 심리치료사들은 오래전부터 이 방법을 알고 있었으며, 오늘날 뇌 과학은 이 방법이 통하는 이유를 밝혀내고 있다. 심리학자들은 사람들이 자신의 패턴을 관찰하고 통찰을 얻는 것이 변화와 성장에 매우 중요하다는 사실을 예전부터 알고 있었다.

팀 성과에 대해 살펴볼 때 관심이라는 주제를 다시 다룰 것이다. 일단 여기서는 팀원들이 배우고 성장하는 문화를 형성하는 데 리더의 역할이 중요하다는 말을 하고 싶다. 마음 다스리기에 관한 연구가 보여주듯, 우리는 스스로를 이해할 때 배우고 성장하며 새로운 행동을 형성할 수 있다. 이렇게 자신에 대해 관심을 갖는 것을 예전에는 '관찰 자아'라고 불렀다. '자아'는 '나'를 의미하고, 관찰 자아는 '내'가 '나'를 관찰한다는 뜻이다.

당신이 어떤 생각을 하는지에 대해 생각할 수 있는가? 혹은 당신이 자신의 행동을 어떻게 생각하는지에 대해 생각할 수 있는가? 즉, 당신을 진정으로 관찰하고 의식할 수 있는가? 그런 사람일수록 옛 방식에서 벗어나 새로운 습관과 패턴을 잘 기를 수 있다.

자아를 관찰할 수 있는 능력 때문에, 개 훈련과 같은 '교정'이 좋은 리더십을 대체할 수 없으며 우리가 셰퍼드와 다르다고 느낀다. 우리는 자신의 생각과 행동에 대해 생각할 수 있고 관심을 가질 수 있다. 셰퍼드는 짖는다. 그리고 녀석은 그것밖에 하지 못한다. 그래서 우리는 녀석의 행동을 억지로 바로잡는다. 하지만 우리는 짖으면서도 우리가 짖는다는 사실을 인식하고 이렇게 말할 수 있다.

"음, 매일같이 짖지 않는 편이 낫겠다."

그렇다. 우리는 자신의 행동을 '인식'할 수 있다.

나는 셰퍼드를 좋아해서 여러 마리 키워봤다. 하지만 셰퍼드가 내게 와서 "안녕하세요, 주인님. 어제 제가 한 행동을 곰곰이 생각해봤는데 아무래도 좀 고쳐야 할 것 같아요"라고 말하는 것을 본 적이 없다. 하지만 인간은 무언가에 관심을 기울이고 통찰을 얻고 변화할 능력이 있다. 단, 당신이 어떻게 나올지 몰라 내가 두려워하고 있다면 다음번에 나는 무엇을 다르게 하고 더 잘해야 할지에 '관심을 기울이는' 행위를 할 수 없다. 그러면, 무엇을 더 잘할지보다 두려운 대상에만 신경을 쓰고 싸우거나 도망치거나 얼어붙는다. 따라서 리더는 부정적인 두려움으로 팀원들의 뇌를 마비시키지 말고, 그들이 자신들의 행위를 관찰하고 더 나은 방법을 찾아낼 수 있도록 숨통을 틔워주어야 한다. 그리고 팀원들이 자신을 관찰할 수 있도록 안전한 분위기를 조성하고 시간적 여유도 마련해줘야 한다.

이번 장의 첫머리에 소개한 상사이자 아버지처럼 리더는 조직 내에서 부정적인 스트레스를 해소시킬 책임이 있다. 자기 자신, 팀, 문화 속에 부정적인 스트레스를 낳는 요인이 있는지 관찰하라. 긍정적인 행동에 '주의를 집중하고' 부정적인 두려움을 '억제시키는' 긍정적인 바운더리를 설정하라. 부정적인 두려움이 나타나는 즉시 조치를 취하라. 팀원들의 뇌를 마비시키는 두려움을 모두 없앨 수 있다면 그들은 챔피언 골퍼처럼 될 것이다. 큰 타이틀이나 큰 상금이 걸려 긴장감이 극에 달한 상황에서도 성과를 만들어내는 프로 중에 프로가 될 것이다.

· 당신의 팀과 문화는 어떤 종류의 감정적 분위기를 갖고 있는가?

· 그 분위기가 긍정적이든 부정적이든, 무엇이 그 분위기를 형성하고 있는 가? 어떻게 하면 분위기를 개선할 수 있을까?

· 긍정적인 관계를 형성하는 것과 높은 기대를 제시하는 것 사이의 균형을 잘 유지하고 있는가?

· 부정적인 두려움을 없애기 위해 어떤 바운더리를 설정해야 할까?

· 당신은 어떤 종류의 긍정적인 두려움을 일으키고 있는가?

· 어떻게 하면 안전한 관찰과 변화를 위한 시간과 환경을 마련할 수 있을까?

5

BOUNDARIES

연결의 힘

BOUNDARIES

2008년 12월, 겨울 추위가 한창 기승을 부리던 때였다. 날씨만큼이나 경기가 좋지 않았다. 노동부Labor Department는 11월에 50만 명 이상의 실직자가 발생했다고 보고했다. 이는 1974년 이래로 최대 수치였다. 게다가 실업률은 계속해서 치솟고 있었다. 투자은행들이 줄줄이 도산했고, 집값 거품이 빠졌다. 세계 곳곳에서 사람들이 미래를 걱정하며 한숨을 내쉬었다. 특히, 월스트리트는 더욱 심각했다.

리더십 컨설턴트이자 CEO 코치로서 나는 전염병이 창궐한 지역 한복판의 응급요원이 된 기분이었다. 많은 업체들이 고통으로 신음했다. 하지만 그런 와중에도 영웅적인 모습을 보인 리더들이 많았다. 훌륭한 리더는 눈앞의 난관을 딛고 일어선다는 사실을 수없이 확인할 수 있었다.

그 무렵 나는 어려움에 처한 리더 중 한 명과 모임을 가졌다. 월스트리트 최대 기업의 CEO였던 그는 내게 종이 한 장을 건네며 말했다.

"이걸 한번 보세요."

그것은 그가 고객들에게 보낸 편지였다. 편지에는 회사가 안정을 되찾고 고객들을 안심시키기 위해 취하고 있는 조치들이 적혀 있었다. 편지를 읽으면서 진심이 담겨 있다는 것을 분명히 느낄 수 있었다.

하지만 동시에 편지는 매우 지저분했다. 화가 난 고객이 빨간 펜으로 온갖 욕설과 비난의 말을 휘갈긴 다음, CEO에게 돌려보냈기 때문이다.

"당신들은 깡그리 감옥에 가야 해!"

"너희는 다 도둑놈들이야!"

이 외에도 독한 말들이 가득했다.

"우리 식구들은 매일같이 이런 걸 받습니다."

CEO는 8천 명이 넘는 자사 중개인들을 가리켜 식구라고 말했다.

"정말 그들은 최고의 인재들입니다. 이 업계의 누구보다도 고객들을 아끼는 사람들이죠. 그런데 고객들이 시장 붕괴를 그들 탓으로 돌리고 있습니다. 고객들이 화가 나는 건 충분히 이해합니다. 하지만 중개인들이 이런 상황을 만든 건 아니지 않습니까? 그런데도 우리 식구들은 매일같이 이렇게 두들겨 맞고 있습니다. 그들이 힘들어하는 것이 똑똑히 보입니다. 어떻게 해주실 수 없을까요?"

나는 이렇게 대답했다.

"물론 어떻게든 해드릴 수 있죠. 하지만 저는 중개인들만이 아니라 고객들에게도 신경이 쓰이네요. 고객들은 눈앞에서 삶이 와르르 무너지는 경험을 했을 겁니다. 은퇴 후 생활을 위해 평생 모은 돈을 다 날린 고객도 있을 겁니다. 자녀의 대학 학비를 날린 고객도 있을 거고요. 그러니 이성을 잃을 수밖에요. 이성적인 생각을 할 수 없는 상황일 겁니다. 편지를 보면 알 수 있죠."

CEO가 묘한 표정으로 나를 쳐다보자 나는 이렇게 말했다.

"양쪽을 다 이해해야 중개인들이 고객들을 제대로 섬기고 그들의 마음을 다시 얻도록 도울 수 있습니다."

그제야 CEO는 고개를 끄덕였다. 그에게 가장 중요한 가치는 고객을 최대한 섬기는 것이었다. 나는 그의 마음이 내 마음과 같다는 것을 알고서 고객들의 상황을 설명한 것이다. 월스트리트에 관한 온갖 부정적인 기사가 쏟아지던 당시, 고객을 진심으로 아끼는 리더를 보니 더없이 기뻤다. 물론 그런 리더는 그만이 아니었다.

나는 미국 전역의 20개 도시에서 높은 실적을 자랑하는 투자 상담자들로 포커스 그룹을 모으고 그들에게 두 가지 간단한 질문을 던졌다.

"여러분의 상황은 어떻습니까?"

"여러분 고객들의 상황은 어떻습니까?"

대화는 천천히 시작되었지만 곧 급물살을 탔다. 많은 사람들이 우울증과 불안감 같은 심각한 스트레스 증상을 겪고 있다고 토로했다. 한 모임에서 어떤 사람이 "새벽 2시 43분마다 눈을 뜹니다"라고 했던 말이 기억난다. 그 즉시 옆에 앉은 남성이 맞장구를 쳤다. "저는 3시 47분입니다." 그러자 테이블 건너편에 앉은 여성이 말했다. "저는 4시 15분이요." 한바탕 폭소가 터졌다. 세 사람은 남들도 걱정으로 잠을 못 이루고 있다는 사실에 깜짝 놀랐다.

다른 이들도 저마다 스트레스로 인한 증상들을 이야기했다. 한 남성은 아내가 늦은 밤에 서재에 와서 텔레비전을 끄곤 한다고 말했다. 그가 몇 시간이 흐른지도 모른 채 좀비처럼 멍하니 앉아 텔레비전을 응시하고 있었기 때문이다.

이 그룹에 속한 사람들은 개인적으로나 직업적으로 모든 관계가 망가지고 있었다. 어떤 이들은 저녁 식탁에서 자녀가 "아빠… 아빠"

라고 불러도 반응이 없어 큰소리를 지르면 그제야 깜짝 놀라서 쳐다보곤 한다고 말했다. 회사에서의 스트레스로 부부 싸움이 잦아졌다고 말하는 이들도 있었다.

업계 최고인 그룹 사람들에게 더 힘든 사실은 그들의 업무가 경기 불황의 영향을 받아 성과가 점점 낮아지고 있다는 것이었다. 불황이 거의 1년 가까이 지속된 결과, 그들의 실질적인 '일', 그러니까 단순한 '성과'만이 아니라 '일 자체'의 질이 떨어지고 있었다. 한 사람이 했던 말이 지금도 생생하게 기억난다.

"이 업계에 25년을 몸담으면서 항상 최고라는 평을 받았습니다. 온갖 상을 휩쓸었고요. 어떤 상황에서도 자신감만큼은 하늘을 찔렀습니다. 그런데 이상하게도 요즘은 전화를 받기가 겁납니다. 어떤 때는 가만히 앉아서 컴퓨터 화면만 응시하곤 합니다. 이런 적은 처음입니다. 정말 이상해요."

그들은 서로에게서 생각했던 것보다 훨씬 더 큰 고통을 발견했다. 그런데 모임을 계속 갖던 중에 그룹 안에서 매우 강력한 일이 일어났다.

그들이 서로 연결되기 시작했다!

함께 모여서 얼마나 힘든지를 서로 나누는 것만으로도 그들은 변하기 시작했다. 무엇보다도 그들의 '일하는 능력'이 변했다. 그들은 리더들과 더 깊이 연결된 느낌을 받았다. 리더들이 자신들을 전보다 더 격려하고 지원하는 것처럼 느꼈다. 마찬가지로, 서로에게도 더 깊이 연결된 느낌을 받았다. 나는 그들이 느끼는 '좋은 기분'만을 말하는 것이 아니다. 더 중요한 점은 그들의 뇌가 다시 작동하기 시작했다는 사실이다.

"나만 힘든 줄 알았습니다."

누군가가 자신만큼 힘든 사람들의 말을 듣고 그렇게 말했다. 이후 몇 주간 CEO의 사무실로 이메일이 빗발쳤다. 그 모임에서의 대화가 얼마나 강력하고 생산적이었는지, 서로 연결된 시간이 어떻게 더 강하고 광범위한 연결로 확산되었는지에 대해 놀라워하는 이메일들이었다.

한 고위급 리더는 이렇게 말했다.

"불경기로 얼마나 힘든지를 서로 솔직하게 털어놓는 시간이 이렇게 중요한지 미처 몰랐습니다. 덕분에 모두가 일에 정말 열심히 참여하게 되었습니다. 출근해서 일하는 모습이 전과 달라졌습니다."

처음 서로의 사정을 털어놓고 격려하는 시간이 악순환의 고리를 끊는 첫 단계였다. 그때부터 나는 연결의 힘을 계속해서 사용하기 위해 새로운 프로그램을 시작했다. 스트레스를 일으켜 일 자체와 성과를 방해하는 역학을 직접적으로 다루기 위한 프로그램이었다. 불경기에서 시작된 사고와 행동은 이들의 건강과 업무 성과 모두에 악영향을 끼치고 있었다. 새 프로그램에는 이런 사고와 행동을 변화시키기 위한 몇 가지 요소가 포함되었다. 외부의 위기에서 시작된 피해를 빠른 시간 내에 복구하고 이들이 '더 효과적으로' 일하도록 하는 조치가 필요했기 때문이다. 우리는 그들이 '서로 연결된 하나의 팀'으로서 위기 상황에 맞게 행동, 사고, 고객 관계, 업무 구조 등을 조정하도록 프로그램을 통해 도왔다.

그 결과, 통제 불능의 상황 속에서도 팀은 스스로를 통제할 수 있게 되었다. 적절한 바운더리는 위기로 인한 피해를 최소화할 수 있게 해주었다. 그들은 다르게 생각하기 시작했다. 그리고 팀 안에서도 고객들과 다르게 커뮤니케이션하기 시작했다. 그들은 위기 속에서도 자신들이 통제할 수 있는 것들이 아직도 많다는 것을 알고 다시 힘을 냈다.

나는 CEO에게 중개인들이 서로 건강한 상호작용을 할 수 있도록 또 다른 기회들을 체계적으로 마련할 것을 권했다. 원래도 중개인들은 서로 기술적인 지식을 자주 나누었다. 하지만 나는 중요한 시기에 성과 향상은 새로운 기술을 습득하거나 좋은 계획을 마련하는 것에만 달려 있는 건 아니라고 설명했다. 실제로 팀의 분위기를 바꾸고 업무 관계를 개선해서 좋은 성과를 거둔 사례가 많다. 한 직원이 CEO에게 쓴 이메일을 봐도 알 수 있다.

"리더들이 개인적인 차원에서 우리에게 관심을 가져준 것이 얼마나 큰 도움이 되었는지 모릅니다. 회사가 나 같은 일개 직원의 삶까지 신경을 써준다는 사실에 깊은 감동을 받았습니다."

한 관리자의 아내는 CEO에게 이런 이메일을 보냈다.

"어떤 프로그램이었는지는 모르겠지만 남편을 돌려주셔서 감사합니다."

1년 뒤 내가 이 회사와 관계없는 행사에서 강연을 했는데, 강연이 끝난 후 한 여성이 나를 찾아와 말했다.

"작년에 저희 회사를 위해 진행하신 프로그램에 저도 참석을 했습니다. 그 프로그램이 우리 회사를 구해냈다는 사실을 꼭 말씀드리고 싶습니다. 우리는 하나의 팀으로서 전에 없이 강하게 연결되었고, 그 프로그램 덕분에 모든 것이 바뀌었습니다."

이처럼 위기를 포함한 모든 모든 리더십 상황에서 핵심 질문은 이것이다.

"연결이 인간의 성과에 왜 그토록 중요할까? 그리고 리더들은 어떻게 연결을 이루고 향상시킬 수 있을까?"

관계는 스트레스를 감소시킨다

지난 장에서 우리는 스트레스로 인해 사고다운 사고를 하지 못하는 도마뱀 뇌에 대하여 살펴보았다. 연결의 첫 번째 효과는 바로 이런 스트레스를 줄여주는 것이다. 남들과 관계 측면에서 감정적으로 연결되면 뇌의 스트레스 수치가 줄어든다. 간단히 말해, 관계는 뇌의 화학적 상태를 변화시킨다.

내가 가장 흥미롭게 본 연구 중 하나는 수년 전 원숭이들을 대상으로 한 연구인데, 관계가 뇌의 코르티솔(코르티솔은 높은 스트레스 수치와 연관이 있는 호르몬이다.) 수치에 미치는 영향을 확인하는 실험이었다. 이 실험에서 원숭이 한 마리를 우리에 넣고 소음과 번쩍이는 불빛 같은 심리적 스트레스에 노출시켰더니, 원숭이는 극도의 공포에 빠졌다. 원숭이가 완전히 겁에 질렸을 때 원숭이의 뇌에서 스트레스 호르몬 수치를 측정했다.

이어서 실험에 한 가지 변수를 추가했다. 문을 열어 다른 원숭이 한 마리를 우리에 집어넣은 것이다. 그것이 전부였다. 그리고 두 원숭이를 같은 소음과 번쩍이는 불빛에 노출시킨 다음, 스트레스 호르몬 수치를 측정했다. 결과는 어떠했을까? 원숭이 뇌의 스트레스 수치가 절반으로 뚝 떨어졌다. 외로운 원숭이는 스트레스를 다루는 능력이 한 쌍의 원숭이에 비해 절반밖에 되지 않았다.

그 이유는 생화학적인 동시에 심리적이다. 말하자면, 우리 뇌는 산소와 포도당을 연료로 움직이지만 서로 돕는 좋은 관계에서 더 원활하게 돌아간다. 다른 연구들도 이 사실을 뒷받침해준다.

유아 시절에 부모와 연결되는 경험을 하지 못한 아이들의 뇌를 찍어보면, 신경 경로가 형성되었어야 하는 부분들이 검은색 점으로 나온다. 어릴 적 중요한 관계의 부재로 인해 이 아이들의 뇌에는 특정한 배선들이 연결되지 않았던 것이다. 그런 까닭에 성장하고 배우는 능력이 현저히 떨어진다. 상호 우호관계의 긍정적인 효과를 연구한 결과는 지금도 계속해서 나오고 있다. 이 연구들은 모두 우리의 뇌가 잘 성장하고 기능하려면 좋은 관계가 필요하다는 점을 보여준다. 우리 안의 원숭이든, 월스트리트의 도마뱀이든, 당신의 판매원이나 팀원이든, 좋은 관계가 높은 성과의 열쇠다. 해병대에게 전우가 얼마나 중요한지 물어보라.

자, 그렇다면 팀원들 사이에 연결을 만들어내고, 단절을 억제시키며, 작업 기억을 통해 연결을 계속 강화시키기 위해 리더는 어떻게 해야 할까? 이를 위한 바운더리와 구조를 어떻게 마련해야 할까?

리더는 연결과 연합을 강화해야 한다

연결과 연합에 필요한 첫 번째 요소는 함께하는 시간이다. 적절한 방식으로 함께하는 시간을 충분히 확보하려는 노력은 간단하면서도 많은 리더들이 놓치는 것이다. 리더는 조직, 팀, 직속 부하들의 연합을 위해 얼마나 많은 시간을 내고 있는지 스스로에게 물어야 한다. 질과 양이 모두 중요하다. 1년에 한 번씩 흙에 물을 한 방울씩 떨어뜨려서는 식물이 자라지 않는다. 뿌리 체계가 잘 갖춰지려면 지속적인 연결이 필요하다. 물론 집단의 규모가 클수록 적절한 균형을 유지하기가 힘들다. 하지만 충분히 할 수 있다.

최고의 기업은 구성원들을 한자리에 모으는 시간과 노력을 포기하지 않는다. 구성원들이 전부 모이기 힘든 경우에는 지사별로 모이고, 하다못해 화상통화를 이용하더라도 함께 난관과 전략을 다룬다. 내가 컨설팅했던 한 기업은 반 토막이 나기 직전이었다. 다행히 CEO가 전국의 지사들을 돌며 귀를 기울인 결과, 회사를 살려낼 수 있었다. 그는 전 직원을 하나로 연결시켜 상황을 해결했다.

연결의 중요성에 눈을 뜨기 위해 억지로 노력을 해야 하는 경영자들이 있는가 하면, 연결하고 장려하는 법을 본능적으로 이해하는 경영자들도 있다. 나의 사업 파트너 중 한 명은 당시 한 해에 1억 달러 이상의 적자를 내던 전국적인 부동산 업체를 인수했다. 하지만 그는 그 적자가 사업 자체와는 관련이 없다는 판단에 따라 인수를 과감하게 추진했다. 앞서 말했듯이 '계획'이 문제가 아니었다. 비즈니스 모델은 훌륭했다. 그의 진단에 따르면 적자의 원인은 '리더십'이었다. 그는 리더십과 조직 문화만 손을 보면 회사가 충분히 회생할 수 있다고 판단했다.

그가 취한 첫 번째 조치는 회사 내부에 리더십 학교를 세우고 관리자들을 한 건물로 모으는 것이었다. 그는 내게 이렇게 설명했다.

"가장 큰 문제점은 모두가 하나라는 의식이 전혀 없었다는 겁니다. 조직이 갈가리 찢어져 있었어요. 그래서 무엇보다도 서로 하나라는 의식으로 원팀을 만들어내야 했습니다. 그런 노력의 일환으로 조직 구성원들을 실제로 한자리로 모은 겁니다."

3년 뒤, 그는 회사를 성공적으로 회생시켜 빚 한 푼 없이 6억5천만 달러에 매각했다. 물론 경영진이 '계획'을 전보다 더 잘 실행한 것은 맞다. 하지만 회사의 발목을 잡던 부정적인 태도, 분열, 구획화를 없애지 않았다면 실행력이 개선될 수 없었을 것이다. 모두를 서로 연결하여 '하나의 뇌'가 되려면 올바른 리더십이 필요하다. 올바른 리더십은 모두가 하나로 똘똘 뭉쳐 분발하고 물리적으로나 심리적으로 하나가 되는 구심점이다.

정반대의 경우로, 동업을 하는 두 사람을 코치한 적이 있다. 회사의 덩치가 커지면서 업무량이 기하급수적으로 늘어나자 두 사람이 함께하는 시간이 점점 줄어들었다. 그러다 보니 각자 별개의 팀과 시스템을 구축하게 되었다. 사실상, 회사 안에 서로 다른 두 조직이 생겼다. 컨설팅 일이 항상 그렇듯이 나는 '법정에 가기 직전에' 호출을 받았다. 그들이 동업 관계가 완전히 깨지기 직전에 내게 전화를 건 것이다. 내 눈에 처음 들어온 것은 두 사람이 함께 보낸 시간의 부족이 만들어낸 공백이었다. 알다시피 자연은 공백을 좋아하지 않는다. 연합과 연결의 느낌이 빠져나간 자리에 의심과 두려움이 스며들었다. 그 의심과 두려움이 온갖 문제를 일으키고 있었다. 서로의 동기를 의심하고 서로의 행동을 오해하는 일이 끊이지 않았다. 조직 전체에 겉으로 드러나지 않는 상호 비방이 판을 쳤다.

내가 내놓은 처방 중 하나는 두 리더가 친한 친구로 시작했던 동업 초기처럼 서로를 도울 수 있는 기회를 적극적으로 찾고 연결을 회복하라는 것이었다. 또한 일주일에 두 번 정도 전화 통화를 하며 사업이나 서로에 대한 이야기를 나누는 식으로 함께 시간을 보내도록 권했다. 이런 연결이 늘어나고 깊어지면서 스트레스와 의심은 줄어들었다. 다행히 두 사람은 관계를 회복하여 회사의 성장을 위해 함께 노력했고 결국 회사를 좋은 가격에 매각할 수 있었다.

혹시, 비틀즈도 서로 참고 견디지 않았을까?

서로 연결되기 위해 정기적인 모임을 가지라

내가 가장 추천하지 않는 것이 모임을 늘리는 것이다. 많은 리더들이 모임을 좋아한다. 하지만 대부분의 모임은 연결과 연합을 만들어내는 데 별로 도움이 되지 않는다. 답은 '더 많은' 모임이 아니라 '다른 종류의' 모임이다. 실제로 연결을 만들어내는 모임이 중요하다. 내가 자주 권하는 관행 중 하나는 분기별 오프라인 모임이다. 사업상 문제를 논의할 뿐 아니라 팀의 상태를 점검할 수 있는 모임이 필요하다.

소모적인 모임에 한번쯤 참석해봐서 알겠지만, 그냥 모이는 것만으로는 연합을 만들어낼 수 없다. 하지만 모이지 '않는' 것도 답은 아니다. 깊은 연결이 이루어지려면 앞서 말한 세 가지 뇌의 집행 기능을 다루는 요소들이 있어야 한다. 즉, 서로를 연결시키는 것들에 집중하고 서로를 분열시키는 것들을 억제하며 작업 기억이 늘 깨어 있도록 이 과정을 반복해야 한다. 나아가, 팀의 가치를 점검하고 모두가 그 가치에 따라 잘 협력하고 있는지 살피며(관찰 자아) 바꿔야 할 부분을 바꾸는 데 초점을 맞춘 모임도 필요하다. 이런 종류의 오프라인 모임은 금전적인 측면 외에도 여러모로 유익이 있다.

여기서 오프라인 모임은 야외로 나가 모험을 하거나 운동회를 여는 것을 말하지 않는다. 팀원들이 함께 일하는 방식에 대해 이야기하면서 서로를 알아가고 팀의 정체성과 연합을 형성하는 시간을 말한다. 행동에서 가치와 역할, 책임, 결정권, 지배 구조까지 모든 것에 관해서 논의하는 시간이 필요하다. 그리고 이런 종류의 대화를 위해 특정한 시간을 따로 떼어놓는 것도 효과적이다.

나는 컨설팅하는 조직들에 주로 분기별 모임을 추천한다. CEO를 비롯한 관리자들은 분기별 모임에 투자한 시간과 노력이 몇 곱절의 보상으로 돌아왔다고 말한다.

"정기적인 오프라인 모임을 통해 하나의 팀, 즉 원팀을 이루지 않았다면 지금과 같은 큰 성공을 거둘 수는 없었을 겁니다."

나는 이런 말을 수없이 들었다. 높은 성과를 거두는 팀을 구축하려면 모든 팀원의 마음을 하나로 모아야 한다.

하지만 오프라인 모임 같은 특별한 시간만으로는 부족하다. 평소 모임 중에 수시로 팀의 상태를 확인하는 것이 중요하다. 오늘 우리가 협력을 잘했는가? 우리가 하기로 한 일을 해냈는가? 우리 팀이 처음 정한 가치에 따라 행동했는가? 나는 항상 모임의 마지막 5~10분 동안 이런 간단한 질문으로 컨설팅하는 팀의 기능을 점검한다. 그 시간에 이런 진단이 나올 수 있다.

"미진한 부분이 있습니다. 팀이 분열되어 제대로 해내지 못한 부분이 있어요. 이 부분에 관해서 진지한 토론이 필요합니다."

이처럼 '점검'에서 진단된 미진한 부분도 당연히 바로잡을 수 있다. 이 문제는 9장에서 자세히 다룰 것이다.

모임의 적정한 '복용'

자, 스스로에게 물으라. 팀원들이 함께하면서 서로 연결될 수 있도록 하는 시간을 '체계적으로' 마련했는가? 이런 모임이 서로 진정으로 연결된다는 목적에 맞게 계획되었는가? 진정한 연결이 이루어지려면 모임을 적절하게 '복용'하고 복용량과 복용 시간 간격도 잘 고려해야 한다. 함께하는 시간을 얼마나 많이 가져야 할까? 이런 시간 사이의 적정한 간격은 얼마쯤일까? 너무 오래 기다리면 지난번 연결에서 얻은 것을 제대로 이어갈 수 없다. 이런 종류의 모임에서는 연속성이 매우 중요하다. 마찬가지로, 모임이 너무 많고 잦으면 힘을 잃는다. 팀원들이 지난번 모임에서 다룬 것을 소화시키고 사용할 시간이 없기 때문이다.

매일, 매주, 매달 업무에 관해 이야기하는 평소의 모임에서도 연결이 이루어지거나 끊어질 수 있다. 이런 모임의 문제는 서로 연결을 형성하고 강화하는 일에 관심을 기울기가 쉽지 않다는 점이다.

리더십 전문가 패트릭 렌시오니Patrick Lencioni는 『모임에 의한 죽음Death by Meeting』이란 책에서 '모임 복용량'에 따른 좋은 모델을 소개하고 있다. 이 모델은 모임을 다음과 같은 네 가지 구조로 구분한다.

- 일간 점검 모임 : 5~10분
- 주간 전술 모임 : 45~90분

- 월간 전략 모임 : 2~4시간
- 분기별 오프라인 검토 모임 : 1~2일

나는 컨설팅을 하면서 이런 구조가 효과적인 것을 계속 확인했다. 하지만 정확히 이 모델을 따르는 것보다 자신의 조직에 적합한 구조를 마련하고, 그 구조와 '복용량'에 관심을 기울이는 것이 더 중요하다. 구조를 잘 갖추면 그냥 어울리는 것이 아니라 연결을 강화하는 방향으로 모임을 갖게 된다. 너무 많은 모임으로 사람들을 피곤하게 만들지 않으면서도 연결을 위해 함께하는 시간을 충분히 가질 수 있다. 모임에서는 단순히 어울리고 보고만 하는 것이 아니라 진정한 연결을 만들어가야 한다.

예를 들어, 앞서 소개했던 월스트리트의 회사를 컨설팅할 때 나는 특별히 중개인들이 지난 8개월간 감정, 관계, 실적 측면에서 상황이 어떠했는지 내게 말할 수 있는 시간을 마련했다. 서로가 각자의 상황을 솔직히 털어놓을 수 있도록 모임을 구성한 것이다. 서로를 믿고 솔직히 털어놓는 분위기를 조성하면 서로에게 자신의 진짜 모습을 보여주는 연결이 형성된다. 서로에게 자신의 본모습을 보인다는 것은 서로 신뢰를 쌓는 작업이 선행되었다는 뜻이다. 또한 이런 종류의 모임은 두려움이나 경계심이 아닌 안전한 분위기를 만들어낸다. 그 결과, 팀원들이 매일의 업무 속에서 서로를 두려워하거나 서로에게 방어적으로 대하는 모습이 크게 줄어든다. 또 다른 예를 보자. 내가 2장에서 소개한 일간 모임에서 리더는 팀원들이 서로 난관과 장애물을 나누고 도움을 요청하는 점검의 시간을 가졌다. 그렇게 팀원들이 서로를 돕자 연결은 점점 더 강해졌다.

연결과 연합을 위한 요소들

이런 식으로 연결하는 과정도 일종의 바운더리 설정이다. 연합을 이루기 위해 긍정적인 바운더리 혹은 구조를 설정해야 한다. 아울러 분열을 막는 강력한 바운더리도 설정해야 한다. (기억하는가? 우리는 스스로 창출하는 것과 허용하는 것을 얻는다. 따라서 연결을 창출하고 분열을 허용하지 마라.) 당신이 CEO라면 구성원들 혹은 주주들을 하나로 연합시킬 수 있어야 한다. 구조와 복용량은 약을 언제 얼마나 복용할 것인지를 정한다. 하지만 리더는 제대로 된 약을 분배할 줄도 알아야 한다. 신경과학에 따르면, 특정한 '종류'의 관계적 감정적 상호작용들은 뇌를 움직여 연결과 연합을 이룬다.

이렇게 연결과 연합을 이루는 몇 가지 요소를 소개한다.

공동의 목적 : 사람들이 공동의 목적이나 목표를 중심으로 하나가 될 때 연합이 이루어진다. 공동의 목적은 회사나 팀의 전반적인 임무가 될 수도 있고, 함께 보내는 시간의 특별한 임무가 될 수도 있다. 팀 모임에서도 특정한 목표, 현안 문제, 의제를 공유할 때 팀원들이 하나로 뭉친다. 목적을 분명히 정의하고 공유하지 않으면 이런 일은 일어나지 않는다.

지식 : 서로를 알아갈수록 연합과 연결이 강해진다. 나는 팀원들이 이런 말을 하는 것을 얼마나 많이 들었는지 모른다. "누구도 정말로 하고 싶은 말을 하지 않는다." 이는 조직 구성원들이 '구획화된 지식'으로 단절되어 있기 때문에 나타나는 현상이다. 내가 누군가와 연결되려면 그가 어떤 사람이며 무엇과 씨름하고 있는지를 알아야 한

다. 나아가, 두 사람 모두가 팀 전체의 상황과 주변 세상을 정확히 알고 그 지식을 바탕으로 일할 수 있어야 한다. 리더가 팀원들이 서로의 삶, 팀, 조직 전체에서 일어나는 일을 파악할 기회를 제공하지 않고, 팀원들이 이런 일을 모를 때 단절이 나타난다. 따라서 서로 하고 싶은 말을 하지 못하는 분위기를 만들지 마라. 서로 터놓고 이야기하면서 서로를 알 수 있는 환경을 조성하라.

비언어적 신호 : 리더의 몸짓이나 얼굴 표정이 말과 일치하고, 리더가 팀원들의 이야기에 진정으로 귀를 기울이며 공감할 때, 팀원들 사이의 연결이 훨씬 강하게 나타난다. 그렇다고 말과 행동을 하지 않고 목석처럼 가만히 앉아 있으라는 것이 아니다. 몸과 뇌가 온전히 상대방에게 집중한 모습을 적극적으로 보여주어야 한다. 상대방에게 열려 있고 긍정적이고 호의적이라는 점을 비언어적 신호로 보여주라. 중요한 내용을 전달할 때는 팀원들을 존중하면서도 단호한 자세를 보이라. 그리고 휴대폰은 주머니나 가방에 넣으라. 응급 요원이거나 위기 상황이 아닌 이상, 통화나 문자는 나중에 해도 된다. 내가 아는 최고의 리더들 중에는 '촌각을 다투는 상황이 아니면 모임 중에 휴대폰이나 이메일을 하지 않는다'는 원칙을 고수하는 이들이 많다.

협력 : 단순히 팀원들이 모여서 현황을 보고하는 모임으로는 부족하다. 그것은 이메일로 해도 충분하다. 현황 보고만 하는 모임은 졸음을 유발한다. 모임을 가질 때는 모두가 몸만 같은 장소에 있는 것이 아니라 마음도 하나가 되어야 한다. 그래야 연결이 이루어진다. 프로젝트에 관한 보고는 굳이 모임을 필요로 하지 않는다. 하지만 협력은 모임을 필요로 한다. 문제를 공유하고 팀원들이 서로 머리를 맞

대어 해결 방안을 찾는 분위기를 조성해야 한다. 이렇게 모여서 정보만 보고하는 것이 아니라 모두의 뇌가 함께 협력하면 멋진 아이디어와 계획이 탄생하고 마음이 서로 연결된다.

일관되고 타당한 내러티브 : 인지과학에 따르면 인간의 뇌는 경험들을 현재, 과거, 미래에 기반한 하나의 이야기로 구성하기를 좋아한다. 타당한 내러티브_{narrative}(정해진 시공간 내에서 인과관계로 이어지는 허구 또는 실제 사건들의 연속)를 잘 유지할수록 더 깊은 연결이 생겨난다. 회사에서는 역사적인 내러티브가 매우 중요하다. 하지만 새로운 프로젝트나 눈앞의 문제에 관한 현재의 내러티브도 그에 못지않게 중요하다. 팀원들이 조직의 이야기 속에서 자신들의 위치가 어디에 있는지, 그 이야기가 그들에게 무슨 의미가 있는지, 이야기를 이어가는 과정에서 그들이 어떤 역할을 할 수 있는지를 보게 해주어야 한다.

내가 한 회사의 CEO 승계 과정에서 진행했던 오프라인 모임을 예로 들어보자. 그 회사는 업무의 전략적 방향을 놓고 의견 분열이 심각했다. 대형 소매업체라는 기존의 전략을 다른 방향으로 이동시킬 방법을 두고 의견이 둘로 나뉘어 점점 갈등의 골이 깊어지고 있었다. 한쪽은 검증된 전략을 고수하고 다른 쪽은 과감한 변화를 추진하려고 했다.

내가 회사 창립 시절부터 현재에 이르기까지의 과정과 회사의 미래에 대한 이야기를 서로 나누게 하면서 비로소 양측이 하나로 합쳐질 수 있었다. 나는 커다란 화이트보드에 그들이 말하는 이야기를 적어 모두가 볼 수 있게 했다. 그들은 함께 만든 회사 이야기의 드라마와 줄거리를 보고 두 가지를 깨달았다. 첫째, 자신들이 어떻게 현재까지 이르렀는지를 알게 되었다(현재의 상황이 이해되었다). 둘째, 이야기의 다음 장도 자신들이 써야 한다는 점을 알게 되었다. 자신들이 이야기의 '중간 지점'에 있다는 것을 알고 나자 눈앞의 단기적인 난관들을 극복하기 위한 '중간' 전략을 함께 개발할 수 있다는 사실도 깨달았다. 자신들이 어느 지점에 있는지를 알기 전까지는 장기적인 계획을 위해 무엇을 해야 할지 몰랐지만, 내러티브를 공유함으로써 과거에서 미래로 가기까지 아직도 써내려 가야 할 장이 많이 남았다는 사실을 발견한 것이다. 그리하여 그들은 단기적인 전략에 흔쾌히 합의할 수 있었다. 개별적인 이야기들을 하나의 큰 이야기로 합치자 연합이 나타났다. 이야기와 내러티브에는 사람들을 통합시키는 힘이 있다.

갈등 해결 : 비즈니스든 삶이든 늘 평온하기만 하면 얼마나 좋겠는가. 현실은 그렇지 못하다. 삶은 힘들다. 때로는 사람들이 고통이나 두려움, 분노를 느끼는 상황이 찾아온다. 하지만 힘든 문제를 피하면 상황은 더 나빠질 뿐이다. 이것을 심리학 용어로 '갈등 혐오'라고 한다. 따라서 연합을 이루려면 힘든 문제를 직접 다루기도 해야한다. 팀원들이 싫어하는 문제를 다룰 수 있어야 한다는 말이다. 나는 컨설팅을 하면서도 이 점을 확인했다. 높은 성과를 거둔 팀들은 하나같이 심한 갈등 상황과 힘든 문제를 잘 다루었을 때 비로소 가장 높은 수준의 협력과 성과에 이를 수 있었다. 갈등은 산 정상에 오르기 위해 꼭 통과해야만 하는 골짜기다. 갈등의 반대편에는 좋은 것들이 많은데 끝까지 버티기만 한다면 그것들을 손에 넣을 수 있다. 그러므로 모임의 진행자가 필요하고, 그가 갈등을 해소하는 데 중요한 역할을 한다. 사람들이 까다로운 문제에 직접 부딪쳐 이야기를 나누

기 시작하면 두려움이 용기로, 분노가 결단으로 이어지는 놀라운 광경이 나타난다. 가벼운 주제만 이야기하는 모임에서는 이런 광경을 볼 수 없다.

감정 조절 : 살다 보면 누구나 힘든 일을 경험하고, 때로는 통제조차 할 수 없는 감정 상태를 경험한다. 그러나 우리가 그 상태에 머물 필요는 없다. 다른 사람들과 연결되면 일종의 감정 조절 효과가 생겨 흥분을 가라앉히고 강한 감정적 반응을 억제할 수 있다. 심지어 그런 감정을 더 생산적이고 긍정적인 감정 상태로 바꿀 수 있다. 앞서 이야기한 원숭이 실험이 좋은 사례다. 누군가가 폭발 직전이나 관계를 끊기 직전에 이르렀다가 팀원들의 개입으로 감정을 억제하고, 그 감정을 보다 긍정적인 감정으로 변화시켰던 때를 생각해보라. 혹은 팀원들이 제대로 연결되지 않아 문제를 해결하지 못했던 정반대의 경우를 생각해보라.

큰 갈등을 겪던 한 회사의 오프라인 모임에 참석했던 기억이 난다. 그 회사의 구성원들은 서로가 감정을 다스리도록 도와주지 않았다. 갈등이 최고조에 달한 순간, 회장이 노트북을 홱 닫으며 "나는 그만하겠소!"라고 선언했다. 모두가 충격에 휩싸여 있는 동안 그는 문을 향해 걸어가기 시작했다. 나는 벌떡 일어나 문 쪽으로 달려가서 바닥에 주저앉으며 문을 막았다. "이렇게 떠나시면 안 됩니다. 그렇게 하시면 많은 사람이 상처를 받습니다. 회장님의 행동은 수만 명에게 파급효과를 미칠 겁니다. 그러니 잠시만 앉아보십시오. 이대로 나가시면 안 됩니다." 회장은 문 앞 바닥에 앉아 있는 나를 이상한 눈으로 쳐다봤다. 그는 생각에 잠긴 듯했다. '도대체 무슨 짓이지? 바닥에 앉아서 문을 막다니, 미치광이가 아닌가?'

잠시 후, 결국 그는 마지못해 어색한 표정으로 내 앞에 앉았다.

나는 그에게 지난 몇 분간 어떤 일이 있었는지 물었다. 그는 설명을 하다가 눈시울이 붉어졌다. 금방이라도 울음이 터져 나올 것만 같은 얼굴이었다. 회장은 CEO에 대한 좌절감을 드러내며 "CEO와 대화를 할 때마다 벽과 이야기하는 기분이었다"고 말했다. 그가 그 말을 하기까지는 큰 용기와 솔직함이 필요했다. 나는 회의실의 CEO를 보며 이쪽으로 오라고 말했다. CEO가 걸어오는 동안 회의실은 바늘 떨어지는 소리까지 들릴 만큼 조용했다. CEO는 회장을 보며 말했다. "죄송합니다. 제가 회장님을 이렇게 힘들게 하는지 미처 몰랐습니다. 정말 죄송합니다." 회장은 고개를 들었다. 오랜만에 그의 눈에서 희망이 번뜩였다. 우리는 대화를 이어갔다. 곧 팀원들도 대화에 동참하면서 변화가 일어났다. 변화는 말 그대로 회사를 몰락에서 구해냈다. 팀이 하나가 되어 부정적인 감정을 긍정적인 감정으로 바꾸지 않았다면 수만 명의 삶이 무너져 내렸을 것이다.

감정적인 반성 : 반성은 문제를 해결하거나 계획을 세우고 새로운 무언가를 시작하는 것이 아니다. 비판하는 것도 아니다. 단순히 함께 상황을 돌아보고 서로의 생각, 관찰 사실, 감정을 살펴보는 것이다. 앞서 말한 '관찰'과 같은 개념이다. 지난 일을 따지지 않고 현재에 집중하면서 사람들이 부담 없이 자신의 생각을 표현할 수 있을 때 제대로 된 반성의 시간을 가질 수 있다. 반성은 통찰과 열린 태도로 이어지고, 이는 다시 강한 연결로 이어진다.

한 회사의 CEO가 전 직원이 보도록 쓴 메모를 경영진과 함께 검토하고 각자의 생각을 나눈 모임이 기억난다. 회사의 관리자 하나가 이렇게 말했다. "이 메모를 읽고 나서 회사를 떠나고 싶어졌습니다."

내가 이 말을 듣고 어떤 생각이 들었냐고 묻자 CEO는 이렇게 대답했다. "이걸 쓰지 말아야 했다는 생각이 들었습니다. 이제 알겠네요." 팀원들은 그를 비판하지 않고, 단지 그 메모에서 느낀 자신의 감정을 돌아보고 표현했을 뿐이다. 그 결과, CEO는 자신의 말과 행동이 얼마나 큰 파급력을 지니는지 깊이 이해했다. 이런 깨달음으로 그는 메모를 수정하고, 회사와 경영진을 하나로 만들어 소기의 목적을 달성할 수 있었다. 더 중요한 사실은 그가 반성하는 법을 배웠다는 점이다.

감정적인 회복 : 회복은 좋은 관계 속에서 일어나는 가장 중요한 일 가운데 하나다. 살다 보면 누구나 갈등과 오해를 경험할 수밖에 없다. 서로 분열되는 일이 일어난다. 이것은 지극히 정상적이다. 하지만 깊은 연결과 신뢰가 뿌리를 내린 좋은 관계에서는 솔직한 지적과 갈등으로 인한 상처가 오래가지 않는다. 오해가 생겨도 잠깐뿐이다. 사과, 겸손, 유머가 감정의 골이 깊어지지 않도록 재빨리 상황을 바로잡는다. 회복을 위해 노력하라. 필요하다면 팀원들이 모여 어떻게 회복할지 고민하는 시간을 가지라.

경청 : 연결을 형성하는 데 가장 중요한 요소는 아마도 의식적인 경청일 것이다. 자신의 말을 들어주는 사람을 필요로 하는 것은 가장 기본적인 인간 욕구다. 사람들은 누군가가 자신을 알고 이해해주길 원한다. 팀원들에게 현재 상태를 이해한다는 느낌을 주지 못하면 그들을 새로운 상태로 이끌 수 없다. 리더들은 경청하지 않는 경향이 있고 상대방을 설득하려고 할 때가 많다. 그들은 상대방의 생각을 깊이 이해하려고 노력하지 않고, 무조건 자신의 시각을 강요하거나 제대로 이해하기도 전에 답부터 내놓으려고 한다. 사람들은 리더를 따

르기 전에 먼저 리더가 자신을 알고 이해한다는 확신을 원한다. 빌 클린턴Bill Clinton 대통령의 당선 비결 중 하나가 바로 경청이다. 그는 전국을 돌며 유세할 때 사람들의 말에 귀를 기울이다가 단순히 이렇게 말했다. "얼마나 힘드셨어요." 그러자 사람들이 그를 따랐다.

리더는 사람들을 새로운 곳으로 이끌기 전에 그들이 어떤 과거를 갖고 있고 어떤 감정을 느끼며 지금 어떤 상황을 겪는지를 리더가 이해하고 있다는 확신을 주어야 한다. 그렇지 않으면 아무리 좋은 답을 내놓아도 그들이 받아들이지 않을 것이다. 먼저 이해해주라. 경청은 나머지 모든 것을 하나로 합쳐서 일을 이루는 접착제와도 같다. 앞서 언급한 회사를 비롯해서 나는 극심한 분열로 인해 위기에 빠진 여러 회사를 컨설팅했다. 그 회사들 중 CEO가 직원들의 사정과 고민에 귀를 기울인 회사는 빠르게 회복의 궤도로 올라섰다. 경청은 CEO뿐 아니라 모든 분야의 리더에게 필요한 기술이다.

함께하면 승리한다

모두가 목적을 공유하고, 관계 속에서 서로와 일에 대해 점점 더 깊이 알아가는 조직을 상상해보라.

함께 하나의 매력적인 이야기를 만들어가고, 전체 이야기를 이루는 각 개인의 이야기를 중요하게 여기는 조직. 연결의 힘을 통해 더 큰 성취를 향해 서로 밀고 끌어주는 조직. 힘들 때 서로를 도와 난관을 헤쳐나가고, 반성하며 성장해가는 조직. 문제가 생기면 모두가 적극적으로 나서서 해결하는 조직.

이처럼 목적을 함께 공유하고 서로를 깊이 알아가는 조직 문화는 비현실적인 이상이 아니다. 리더가 역동성과 성장을 집중적으로 장려하는 동시에 이 과정을 방해하는 것들을 억제하기 위해 적절한 바운더리와 구조를 설정하면 실제로 이런 문화가 나타난다. 또한 이런 조직에서는 팀원들이 연속성을 통해 서로의 작업 기억을 강화시킨다. 분열된 집은 오래 버틸 수 없지만 연합한 사람들은 무엇이든 할 수 있다. 리더는 이 점을 분명히 인식하고 다른 무엇보다도 통합의 문화를 형성하기 위해 최선을 다해야 한다.

리더십 바운더리를 위한 질문

· 어떤 면에서 당신의 팀과 조직은 분열을 겪고 있는가?

· 현재 어떤 종류의 모임을 갖고 있는가?

· 그 모임이 연결을 강화해주는가?

· 연결을 강화하기 위해 어떤 모임을 늘리거나 없애야 하는가?

· 지금 어떤 장애물들이 더 깊은 연결을 방해하고 있는가?

· 당신의 팀에는 연결의 어떤 '요소'가 빠져 있는가?

· 리더로서 연결을 강화하기 위해 지금과 다르게 해야 할 가장 중요한 것은 무엇인가?

BOUNDARIES

생각을 지키는 문지기

BOUNDARIES

THE GATEKEEPER OF THINKING

당신이 다른 팀과 겨루는 리얼리티 쇼에 출연했다고 가정해보자. 가장 많은 매출을 올리는 팀이 우승하는 프로그램이다. 당신은 팀을 선택해서 이끌어야 한다. 좋은 팀원을 선택하면 도널드 트럼프처럼 생긴 남자에게 두둑한 현금을 받게 될 것이다.

어떤 팀을 선택해야 할까? 첫 번째 팀은 판매에 관한 재능을 확인하는 적성검사에서 낙제점을 받은 사람들로만 이루어져 있다. 반면에 두 번째 팀의 팀원들은 모두 높은 성적으로 적성검사를 통과했다. 자, 어느 팀을 이끌고 싶은가?

당신이 뻔한 선택을 한다고 해보자. 당신은 적성검사를 통과한 똑똑한 사람들을 선택할 것이다. 그들을 이끌고 당신이 아는 최고의 리더십 전략을 모두 구사한다. 비전을 제시하고, 최고의 전략을 설명하고, 목표를 설정하고, 판매 기술을 가르치고, 가장 비싼 프레젠테이션 및 마케팅 자료들을 사준다. 그리고 이길 수밖에 없는 리더십을 발휘한다. 당신이 이끄는 팀은 최고의 인재들로만 구성되었기 때문에 지려고 해도 질 수가 없다.

이제 결과가 나온다. 어떻게 되었을까? 당신은 진다! '가장 똑똑한' 팀원들로 구성된 팀이 간단한 적성검사도 통과하지 못한 '바보들'에게 무릎을 꿇는다. 도대체 어찌된 일일까?

이 이야기는 가상의 이야기가 아니다(리얼리티 쇼 부분만 빼고). 메트로폴리탄 생명보험사Metropolitan Life Insurance Company와 마틴 셀리그만Martin Seligman 박사가 수행한 유명한 연구에 근거한 이야기다. 이 연구는 셀리그만의 책 『학습된 낙관주의Learned Optimism』에 소개되어 있다. 셀리그만은 천 명이 넘는 보험 설계사들의 성과를 조사한 뒤 적성검사 합격에 따라 고용된 설계사들과 입사 시험에서 떨어진 설계사들의 성과를 비교했다. 결과는 낙제생들의 압승이었다.

어떻게 된 일일까?

알고 보니 시험 통과 여부 외에도 두 그룹 사이에 아주 중요한 차이점이 또 하나 있었다. 바로 '낙제생들'은 '낙관주의자들'이었다는 점이다. 반면, 그들의 비교 대상이었던 똑똑한 그룹은 그렇지 못했다. 여기서 배울 수 있는 교훈이 있다. '할 수 없지만' 할 수 있다고 생각하는 사람과 '할 수 있지만' 할 수 없다고 생각하는 사람을 대결시키면 긍정적인 생각을 가진 사람이 매번 이긴다는 것이다.

이 경우, '적성이 맞지 않지만' 긍정적인 생각을 가진 사람들이 '적성이 맞는' 사람들을 50퍼센트 넘게 앞질렀다! 당신의 사업에 이 50퍼센트를 더하고 싶지 않은가? 그렇게 하기 위한 방법이 바로 이번 장의 주제다.

부정적인 생각을 막는 바운더리

나는 '생각'이 소프트웨어와 비슷하다는 말을 자주 한다. 생각은 우리의 모든 행동을 통제하고 결과를 좌우하는 컴퓨터 프로그램과 같다. 프로그램이 'a'나 'b'를 하라고 말하면 'a'나 'b'가 실행된다. 하지만 컴퓨터에 이런 프로그램이 깔려 있지 않으면 원하는 키보드를 눌러봤자 아무런 반응도 나타나지 않는다.

개인과 그룹의 생각도 그렇다. 어떤 기준과 행동을 프로그램으로 만들고 강화하느냐에 따라 결과가 달라진다. 나아가, 무엇이 '가능한지'가 결정된다. 조직의 주된 사고 패턴(기준과 믿음 체계)은 조직의 정체성과 행동을 결정한다. 그리고 물론 조직이 무엇을 하지 않거나 허용하지 않는지도 결정한다. 이런 주된 생각은 바로 리더의 바운더리에 의해 결정된다.

잘 알려진 사례 하나를 클레이튼 크리스텐슨Clayton Christensen 박사의 연구에서 찾을 수 있다. 크리스텐슨은 『혁신 기업의 딜레마The Innovator's Dilemma』란 책에서 기업이 '파괴적인 기술disruptive technologies'을 어떻게 다루는지 설명한다. 이 기술은 업계의 경쟁 판도를 바꿔놓는 새로운 혁신이다. 그런데 업계 리더들은 새로운 혁신이나 기술의 영향력을 간과하는 경우가 많다. 혁신에 투자하는 것이 기존의 모델과 기준에 맞지 않기 때문이다.

기업이 "이런 기준을 만족시키는 것만 할 수 있다" 혹은 "지금도 이 정도 수준의 매출을 유지하고 있다" 혹은 "이렇게 많은 고객들이 이것을 원한다"라는 수준에 머물면 기존의 기준에 부합하지 않는 좋은 혁신들을 무시하거나 폐기할 수밖에 없다. 사고와 행동, 시스템이 모두 이런 핵심 신념을 강화하는 쪽으로만 향해 있다면 조직이 경직되어 새로운 아이디어와 내러티브가 파고들 틈이 없다. 뭐든 새로운 것이 들어오는 즉시 거부하고 차단해버린다.

하지만 기업이 직원들에게 '다르게' 생각하도록 권장하거나 기존의 기준들에 따른 성과에만 집착하지 않고 매일의 업무에서 다른 종류의 사고들을 허용하고 권장한다면 어떨까? 예를 들어, 조직의 사고에 "우리는 현재의 공식에 맞지 않는 것들을 '일부러' 시도한다"라는 생각이 포함되면, 이런 종류의 사고는 낙관주의를 일으킨다. '할 수 없다'는 사고 대신 '할 수 있다'는 사고가 나타난다. 할 수 있다는 낙관주의 사고에 관한 바운더리(현재 상황과 가능한 상황 사이의 선)를 설정하고 강화하는 것이 여기서 내가 말하려는 리더십이다.

아이폰이나 아이팟, 혹은 뭐든 당신이 음악을 듣기 위해 사용하는 기기를 보라. 그 기기에 대개 앨범 전체가 아니라 개별적인 곡들이 들어 있다는 사실을 눈치챘는가? 왜 그럴까? 스티브 잡스가 고객들의 음악 구매에 관한 전통적인 사고를 거부했기 때문이다.

"한 번에 한 곡씩 팔 수는 없다."

잡스는 이런 부정적이고 제한적인 사고를 거부하고 누구보다 강한 낙관주의로 완전히 새로운 접근법을 시도했다. 그 결과, 우리는 아이튠즈에서 곡 하나를 구매할 수 있고, 그럴 때마다 애플은 수익을 챙긴다.

월터 아이작슨Walter Isaacson이 쓴 스티브 잡스의 전기를 읽어보면 애플 조직 내부의 부정적인 목소리에 잡스의 확신이 흔들리는 모습은 상상도 할 수 없다. 하지만 그렇지 못한 조직과 리더가 많다. 그들은 '할 수 없다'는 사고가 자신과 자신의 팀, 조직 전체에 뿌리를 내리지 못하도록 막는 바운더리를 효과적으로 설정하지 않았다. 조직이 하나의 사고방식에 갇혀 있는 데는 여러 가지 원인이 작용하지만, 주된 원인 중 하나는 리더가 부정적인 사고를 포착하고 그것이 뿌리를 내리지 못하도록 바운더리를 설정하는 동시에 낙관주의를 장려하지 못한 것이다. 리더로서 우리는 창출한 것과 허용한 것을 얻는다. 생각에 대해서는 특히 더 그렇다.

'할 수 없다'라는 생각의 바이러스

막대한 자금 조달을 필요로 하는 기업 M&A를 고려 중인 회사를 컨설팅한 적이 있다. 이 문제를 논의하는 경영진 모임에서 일부 관리자들이 강한 우려를 표시했다.

"이 일에 낭비할 시간이 없습니다. 그만한 자금을 조달하는 것은 불가능해요. 지금까지 해오던 전략을 계속 이어가며 매출을 올려야 합니다. 현재의 전략 그대로, 실행만 더 잘하면 됩니다."

그들은 M&A에 자금을 투자하지 말아야 할 이유를 계속해서 제시했다. 필요한 자금을 구하지 못하고 막대한 시간과 노력만 허비하게 될 것이라고 했다.

"현재의 자금 상황에서는 불가능합니다."

정말 똑똑한 CFO chief financial officer(재무 책임자)인 제라드 Jared가 이렇게 말하자 모두가 고개를 끄덕였다.

나는 이 회사와는 전혀 다르게 사고하는 고객 회사와의 모임을 막 마치고 온 터라 가슴이 답답해졌다. 만약 고객 회사의 리더가 이런 식으로 생각했다면 그의 회사는 아예 존재하지도 않았을 것이다. 회사를 설립할 당시 그는 이전 사업에서 파산한 상태였다. 알다시피 파산해서 신용불량자가 되면 새로운 사업을 위해 자금을 조달하기가 정말 어렵다. 이런 상황에서 똑똑한 비관론자들은 이렇게 말할 것이다.

"새로운 사업을 위한 자금을 찾는다는 생각은 빨리 버릴수록 정신 건강에 좋다. 당신의 신용 상태에서 자금 조달은 불가능하다."

하지만 이 회사 리더는 이런 사고에 빠지지 않았다. 그는 충분히 해낼 수 있다고 생각했다.

어려운 상황에서도 사업 확장에 필요한 건물을 찾던 그는 딱 마음에 드는 사무실 건물이 매물로 나온 것을 발견했다. 원하는 만큼 많은 직원을 수용할 수 있는 크기의 건물이었다. 이 건물을 점찍은 뒤 그는 한 포춘 500대 기업을 찾아가 자신이 이 건물을 구매하게 '되면' 매우 좋은 조건에 해줄 테니 (아직 사지 않은)'자신의' 건물을 임대하라고 설득했다. 그리고 그 기업이 서명한 임대 계약서를 들고 은행을 찾아갔다. 은행은 건물의 구매 자금으로 천만 달러를 대출해주었고, 그는 거기서 나온 임대 수익금으로 회사를 설립했다. 약 6년 뒤 회사의 가치는 30억 달러에 이르렀다. 회사는 파산했지만 생각은 파산하지 않은 사람이 일군 성공이었다.

"불가능해!"

그에게 이렇게 말한 사람이 얼마나 많았을까? 대부분이 그렇게 말했을 것이다. 그런데 내가 지금 참석한 모임의 목소리들도 다 이와 같았다. 부정적인 목소리의 중심에는 CFO 제라드가 있었다. 특히, 할 수 없다는 부정적인 사고가 회사 전체의 운영시스템으로 자리 잡아 조직의 발목을 잡고 있는 것이 아닐까 하는 우려가 들었다. 그날 이 회사의 '사고 소프트웨어'가 모임을 움직이고 있었다. 제라드가 경영진에 합류한 뒤로 쭉 그래왔던 것이 분명했다. 사실상 회사의 모든 모임이 '할 수 없다'라는 '사고 소프트웨어'로 이루어지고 있었다.

제라드는 전임자가 다른 회사로 떠나면서 CFO로 승진했다. 그는 탁월한 분석 능력으로 인정을 받았다. CEO인 래리는 상황을 재무적인 측면에서 볼 수 있는 그의 안목을 필요로 했다. 인수 합병 과정과 이후 통합 과정에서 재무적인 측면이 워낙 복잡했기 때문에 래리는 재무 분석 능력이 탁월한 제라드에게 전적으로 의존했다. 제라드는 래리에게 말 그대로 생명줄이었다. 힘든 위기 상황마다 제라드는 래리를 대신하여 뒤집히기 직전인 배를 여러 번 구했다. 그 결과, 많은 정치 자본과 사회 자본을 얻었다. 문제는 인수 과정과 별개로 제라드가 래리를 비롯한 조직 전체의 '사고'에 악영향을 끼치고 있다는 점이었다. 제라드의 문제점은 이번 인수 자체와 전혀 상관이 없었다. 전반적인 사고 패턴이 문제였다. 제라드의 부정적인 사고가 서서히 조직 전체의 사고로 변해가고 있었다.

제라드는 메트로폴리탄 생명보험사 적성검사를 비롯해 웬만한 시험에서는 수석을 차지했을 것이란 생각이 들 만큼 뛰어난 회계사였다. 하지만 안타깝게도 그는 부정적인 사고의 소유자였다. 그의 소프트웨어는 제한적이고 부정적인 생각을 끊임없이 양산해냈다. 머릿속에서는 잘못될 수밖에 없는 일과 안전지대에서 나오지 말아야 할 이유가 가득했다. 하지만 제라드는 이 모든 부정적인 생각을 기분 나쁘지 않게 표현했다. 그래서 전혀 부정적으로 '들리지' 않는다는 것이 문제였다.

내가 팀 구축을 위해 진행했던 오프라인 모임에서 이 역학을 처음 확인했다. 래리는 연말에 몇몇 인력이 바뀌기 때문에 새로운 팀을 구축하는 데 도움을 받고자 나를 고용했다. 래리는 팀에 관한 브리핑을 하면서 제라드를 입에 침이 마르도록 칭찬했다. 그때 나는 제라드에게 매우 깊은 인상을 받았다. 하지만 오프라인 모임에서 실제로 그를 만난 후 생각이 완전히 달라졌다. 이틀간의 모임 중 첫날 오전 시간이 끝나고 나서 그토록 부정적인 사람은 처음 봤다는 생각이 들었다.

제라드는 친절했지만 누가 어떤 아이디어나 생각을 내놓든 무조건 부정적으로 말했다. 문제는 그가 그 말을 전혀 기분 나쁘지 않게 한다는 것이었다. 부드러운 미소를 지으면서 달아오른 분위기에 찬물을 끼얹었다. 래리에게, 그의 슈퍼맨이 사실은 슈퍼맨 옷을 덮은 크립토나이트(슈퍼맨의 힘을 뺏았는 물질, 역자 주)라는 사실을 말해야 한다는 생각이 들어 적잖이 부담이 되었다.

흥미로운 사실은, 나중에 내가 오프라인 모임에서 처음 확인한 역동성에 대하여 래리와 이야기해보니, 래리도 제라드가 경영진이 된 뒤로 자신과 팀원들의 시각에 어떤 영향을 미쳤는지를 인식하고 있었다는 점이다. 래리는 자신이 전보다 더 조심스럽고 지나치게 분석적으로 변했다는 사실을 알고 있었다. 그래서 일하는 것이 예전보다 '재미'가 없어졌다고 말했다. 래리의 과거 모습을 내가 알 수는 없지만, 현재 그가 일하는 모습이 재미가 없어 보이는 것만큼은 사실이었다. 래리는 회사가 어려운 시기를 겪어온 탓이라고 해명했지만 나는 제라드가 문제라고 지적했다. 아니, 래리가 제라드의 사고방식을 받아들인 것이 문제였다. 리더에게 '전적으로 책임'이 있기 때문이다.

팀 전체도 비슷한 변화를 겪었다. 그들은 무풍지대에 갇혀 역동성을 잃었다. 시장 전체의 분위기는 뜨겁게 달구어져 있는데 이 회사만 잔잔했다. 래리와 그의 팀에 어두운 안개 같은 것이 드리워져 래리가 처음 키를 잡았을 때만 해도 넘쳐났던 열정과 희망은 온데간데 없이 사라졌다.

자, 이제 다시 오프라인 모임 이야기로 돌아가 보자. 나는 변화를 위한 작업을 시작했다. 내가 시작한 작업 중 하나는 팀의 '운영 가치'를 손보는 것이었다. 회사에 기본 가치가 있다 해도 나는 실질적으로 사업과 관련된 행동을 결정하는 '팀 운영 가치'를 알아낸다. 래리 회사의 팀원들이 내심 필요하다고 생각하는 운영 가치 중 하나는 '혁신'이었다. 그래서 우리는 혁신의 가치에 초점을 맞추었다. 나는 인재풀이 충분하고 모두가 혁신의 중요성을 알고 있는데 실제로 혁신으로 나아가지 못하게 막는 걸림돌이 무엇인지 파헤치기 시작했다. 그들이 할 수 있다는 '생각'만 갖게 되면 얼마든지 혁신을 이룰 수 있다고 판단했기 때문이다.

경영진들은 부정적인 생각이 제라드에게서 온 것인지 전혀 모르고 있었다. 팀원들이 제라드를 거명하지는 않았지만 나는 제라드에서 출발하여 팀과 회사에 뿌리를 내린 사고의 구조를 서서히 파악하기 시작했다. 한 팀원은 이렇게 말했다.

"우리는 실수하는 걸 두려워하는 것 같습니다."

또 다른 팀원은 이렇게 말했다.

"우리는 계속해서 분석하고 조사만 할 뿐 방아쇠를 당기지 않습니다."

그 외에도 다음과 같은 의견이 나왔다.

"우리의 리스크 분석은 올바른 척도에 따른 것이 아닙니다."

"우리는 편집증 증세가 있습니다."

"우리는 너무 많은 사람들의 합의를 필요로 합니다."

"우리는 너무 느립니다."

"약간의 손실을 너무 두려워합니다."

"이사회의 비판을 너무 두려워합니다."

"완벽한 확신이 없으면 한 발자국도 내딛지 않습니다."

결국 회사 경영자인 래리의 진짜 모습이 되살아나기 시작했다.

"우리가 소극적으로 일하기 위해 여기까지 온 것이 아닙니다. 바꾸어야 합니다. 여기서 더 나아가야 합니다."

래리는 실제로 변화를 단행했다. 혁신의 가치를 추구하는 행동이 무엇인지 정의하고 나자, 팀의 역동성이 되살아났다. 오랜만에 팀이 다시 전진하기 시작했다. 집중하고, 억제하고, 작업 기억을 발휘하기 시작한 것이다.

제라드는 팀이 새로운 인수를 시도하고 다시 힘든 모험을 시작했기 때문에 다른 회사로 가기로 결정했다. 내가 이유를 물어보자 그는 여러 타당한 이유를 댔다. 하지만 그것이 전부는 아니라고 생각한다. 팀과 회사가 너무 낙관적으로 변한 것이 그를 불안하게 했을 것이다. 그래서 그는 떠날 수밖에 없었다.

약 6개월 뒤, 나는 래리와 함께 저녁 식사를 하면서 팀이 잘하고 있는지, 분위기가 어떻게 달라졌는지 물었다. 그는 내 도움에 연신 고마움을 표시했고 나 역시 감사로 화답했다. 그러고 나서 나는 상황이 그렇게 달라진 데는 다른 이유도 있다는 말을 했다.

"CFO가 떠나서 모든 것이 달라진 겁니다. 그리고 CFO는 당신이 달라졌기 때문에 떠났을 겁니다. 당신이 나서서 부정적인 생각을 막는 바운더리를 설정하고 부정적인 생각이 더 이상 뿌리를 내릴 수 없는 환경을 조성했습니다. 당신이 해낸 겁니다. 저는 그저 리더가 해야 할 것을 하도록 도왔을 뿐입니다. 결국 당신이 해낸 겁니다."

그렇다. 리더에게 '전적으로 책임'이 있다.

학습된 무기력

생각의 힘은 "새로운 생각으로 새로운 삶을 얻으라!"라고 외치는 자기계발서 속의 이야기만이 아니다. 셀리그만을 비롯한 연구가들이 증명해 보인 것처럼 생각은 실제 세상에서 실제 결과를 낳는다. 매출과 수익에 실질적인 영향을 미친다.

그 이유는 긍정적이든 부정적이든 결과를 기대하면 뇌에서 다른 화학적 반응이 일어나기 때문이다. 앞서 우리는 위기에 처하면 뇌가 얼어붙어서 원하는 대로 기능하지 않는다는 점을 살폈다. 이와 비슷하게, 신경과학자들은 좋은 결과를 기대하면 도파민이 분비된다는 사실을 증명해 보였다. 도파민의 여러 효과 중 하나는 뇌를 깨워 주변에 관심을 갖도록 돕는 것이다. 이는 기능과 성과에 매우 중요한 속성이다. 긍정적이고 낙관적인 뇌는 생산적이고 활기가 있어서 새로운 개념들을 탐구하고 어려운 문제를 다룰 수 있다. 리더가 조직에 불어넣고 싶은 생각이 바로 이런 종류의 생각이다. 또한, 이것이 조직에서 부정적인 생각을 몰아내야 하는 중요한 이유이기도 하다. 명심하라. 우리는 창출하고 허용한 것을 얻는다.

2008~2009년 금융 위기 때 월스트리트 증권 중개인들의 사례를 기억하는 사람들은 알겠지만 위기는 사람들에게 매우 부정적인 영향을 미칠 수 있다.

월스트리트만 그런 것이 아니었다. 나는 당시 컨설팅했던 모든 회사에서 그런 모습을 보았다. 금융 위기 당시에 대부분의 기업들이 심리적으로 크게 위축되어 있었다. 그런데 중개인들뿐만 아니라 여러 업계의 판매원들, 나아가 '리더들'까지 나약하게 만들고 그들의 성과를 추락시킨 진짜 요인이 무엇일까 곰곰이 고민하던 중, 나는 그들의 행동이 오랫동안 '학습된 무기력'으로 불리던 증상에서 비롯되었다는 사실을 깨달았다.

기본적으로 '학습된 무기력'은 우리 삶 속에서 가장 근본적인 법칙 중 하나가 깨질 때 뇌의 소프트웨어가 변하는 것으로 생각할 수 있다. 그 법칙은 바로 '인과율'이다. 우리는 자신의 안녕을 어느 정도 통제할 수 있다고 생각한다. 그래서 좋은 일이 일어나고 나쁜 일이 일어나지 않도록 만들기 위해 최선을 다한다. 인과율에 대한 확신이 우리 삶의 밑바탕에 깔려 있다. 우리는 크고 작은 일에서 스스로 삶의 질을 결정할 수 있다고 믿고, 매일 그렇게 하려고 노력한다.

우리의 뇌는 아기 때 인과율을 처음 배운다. 배가 고프거나 불편할 때 울면 좋은 일이 일어난다. 즉, 누군가가 다가와 위로하고 기저귀를 갈고 먹을 것을 준다. 뇌는 세상에 질서나 법칙이 있다는 사실을 매우 빠르게 습득한다. 울면 음식을 얻는다는 경험을 통해 행동을 취하면 좋은 일이 일어난다는 법칙을 배우는 것이다. 이런 일이 수없이 반복되면 우리의 행동에 '힘'과 '효력'이 있다는 것을 느낀다. 그리고 '어떤 이유로 삶이 힘들어지면 그 상황을 개선하기 위해 내 힘으로 뭔가를 할 수 있다'는 생각이 자리를 잡는다.

아기일 때는 음식을 얻기 위해 울고, 어른이 되어서는 음식을 사기 위해 직업을 구한다. 몸이 가려우면 긁는다. 직장이 마음에 들지 않으면 다른 직장을 알아본다. 외로우면 누군가에게 전화를 걸어 저녁 식사에 초대한다. 그러면서 '좋은 일을 하면 좋은 일이 일어난다'는 원칙을 배운다. 반대로, 어떤 일을 하지 '않으면' 고통을 피할 수 있다는 법칙도 배운다. 벽에 머리를 박는 것을 멈추면 고통이 멈추는 것처럼, 우리는 자신의 즐거움과 고통을 모두 통제할 수 있다고 믿으며 매일 이 법칙에 의존해서 살아간다. 월말이면 반드시 월급을 받는다는 믿음 때문에 잠자리에서 일어나 일터로 출근한다. 이 법칙은 잘 통한다. 하지만 그런데 어느 날부터…

부정적인 상황이 잇따른다.
우리에게 영향을 미치는 일들을
전혀 통제하지 못하는 상황이 발생한다.

우리가 아무리 애를 써도 회사의 시가총액이 50퍼센트 이상 떨어진다. 사람들의 자산이 줄어들고, 고객들이 제품을 사주지 않는다. 경기가 곤두박질한다. 매일 점점 더 나쁜 뉴스가 쏟아져 그렇지 않아도 나쁜 경기를 바닥까지 추락시킨다. 결국은 나쁜 상황이 우리에게도 직접적인 영향을 미친다.

이런 상황이 반복적이고 지속적으로 이어지면 뇌의 '소프트웨어'가 변하고 부정적인 시각이 자리를 잡는다. 그리고 부정적인 시각을 품으면 뇌에서 이전과 다른 화학적 칵테일이 제조된다. 그 결과는 단순히 일시적인 답답함이 아니다. 시각이 근본적으로 바뀌고 자신의 경험을 해석하는 방식도 달라진다. 이런 변화가 일어나면 뇌는 우리에게 기본적으로 "아무것도 하지 마라"고 명령한다. 왜일까? 애를 써봐야 아무런 소용이 없다고 판단하기 때문이다. 이제 뇌는 우리에게 힘든 상황을 통제할 힘이 없기 때문에 괜히 애를 쓰지 않는 편이 낫다는 생각을 하도록 한다. 우리의 안녕에 영향을 미치는 것들을 통제하지 못하면 뇌가 이런 상태에 이를 수 있다. 경기와 시장 상황이 모든 사람의 삶을 망가뜨리는데 어찌해볼 방도가 없을 때 우리는 무기력증에 빠진다.

이런 무기력의 치명성은 개들에게 작은 전기 충격을 가하는 실험에서 처음 밝혀졌다. 처음에는 개들이 충격을 받아도 충격을 피하기 위해 아무것도 할 수 없도록 환경을 만들어 실험을 했다. 그다음에는 쉽게 피할 수 있는 환경에서 작은 전기 충격을 가했다. 그러자 개들은 충격을 피할 생각을 하지 않고 그냥 포기해버렸다. 연구의 첫 번째 실험에서 개들은 애를 써봐야 고통을 피할 수 없다는 무기력을 학습했다. 그래서 어느 정도의 통제권을 돌려받아 뭔가를 할 수 있는 상황에서도 무기력을 받아들여 아무런 행동도 하지 않았다. 다시 말해, 녀석들의 뇌 프로그램이 달라진 것이다. '고통을 느끼면 뭔가를 한다'가 '고통을 느껴도 어찌할 수 없으니 아무것도 하지 않는다'로 바뀌었다. 사람들도 어릴 적부터 무기력하게 자라면 바로 이런 수동성을 학습한다. 무기력을 느끼며 자란 아이는 커서 힘이 생겨도 수동성에서 벗어나지 못한다.

여기서 리더들이 얻어야 할 중요한 교훈은 무기력을 학습하면 뇌가 온몸에 반응하는 방식이 크게 변한다는 점이다. 다시 말해, 생각이 근본적으로 바뀐다. 힘든 상황에서 뇌는 수동적으로 반응하거나 심하면 아예 멈춰버린다. 주도적인 태도와 창의적인 사고가 사라지고 해법을 찾으려는 노력도 사라진다. 새로운 방법을 시도하는 과감성이 완전히 사라지고 그냥 주저앉는다. 이것이 학습된 무기력이다. 이제 뇌는 '내가 할 수 있는 것은 아무것도 없어'라고 생각한다. 그리고 실제로 몸이 아무런 행동도 하지 않는다. 이런 수동성은 어떤 식으로든 도움을 받지 않으면 더 심각한 '사고 패턴'으로 자리를 잡는다는 사실을 최근의 연구 사례가 보여준다. 셀리그만은 이 사고 패턴을 '3P'라는 세 범주로 나눈다.

- 개인화(Personal)
- 일반화(Pervasive)
- 영구화(Permanent)

3P는 사람들이 상황과 사건을 해석하는 방식이며, 이런 사고 패턴은 우리를 완전히 주저앉게 만든다. 이 사고는 대개 한 가지 사건에서 출발한다. 판매원이 고객에게 전화를 걸어 새로운 제품을 소개하지만 고객이 관심이 없다고 말한다고 해보자. 낙관적인 소프트웨어를 장착한 사람은 이렇게 생각할 것이다.

'뭐, 그럴 수도 있지. 이 제품이 필요하지 않나 봐. 아니면 이걸 파는 친척이 있든지. 아니면 멍청해서 이 제품의 가치를 몰라볼 수도 있어. 뭐, 다른 계획이 있을 수도 있고.'

그러고 나서 아무렇지도 않은 것처럼 재빨리 다음 고객에게 전화를 건다. 하지만 무기력을 학습한 판매원은 '전혀 다르게' 생각한다. 이제 3P가 이 상황을 해석하는 방식을 통제한다.

무기력을 학습한 판매원은 고객에게 거절당한 사건을 3P의 관점에서 매우 부정적으로 해석한다.

1. 첫 번째 P : 거절을 '개인화'한다

무기력을 학습한 판매원은 자신과 상관없는 외적인 일로 거절을 했다고 생각하지 않고, 그것을 '자신과 결부시켜 부정적인 방향으로' 해석한다.

"나는 형편없는 판매원이야. 나는 패배자야. 고객을 제대로 설득하지 못해. 고객들의 신임을 받지 못하고 있어. 고객들이 내게서 아무것도 사지 않는 것이 너무 당연해."

핵심: "이것은 내가 못났기 때문이야."

2. 두 번째 P : 거절을 '일반화'한다

그는 고객의 거절을 그 고객만의 '개별적이고 특정한 사건'으로 보지 않고 '모든' 고객에게 적용되는 사건으로 일반화한다. 하나의 사건이 일반적인 현실이 된다.

"이 고객만이 아니야. 모든 고객이 나를 그렇게 생각해. 아니, 고객들만이 아니야. 고객의 회사나 업계의 모든 사람이 나를 그렇게 생각해. 그리고 이 제품만이 아니야. 우리 제품은 다 형편없어. 효과가 없어. 이제 친구들도 나를 좋아하지 않을 거야. 내 삶 자체가 실패작이야. 엉망이야."

하나의 사건을 부정적으로 해석하여 전체 상황에 적용하고, '모든 것'을 부정적으로 보기 시작한다.

핵심: "잘되는 일이 하나도 없어."

3. 세 번째 P : 거절을 '영구화'한다

그는 고객의 거절을 한 차례 일어난 하나의 사건으로 보지 않고 영구적인 상황으로 본다. 계속해서 이런 식일 것이라고 생각한다.

"상황은 변하지 않을 거야. 계속 이럴 거야. 좋은 시절은 갔어. 예전의 수치로 다시 돌아갈 수는 없어."

현재의 부정적인 상황이 결국 지나가는 상황이 아니라 새로운 현실, 뉴 노멀이라고 받아들이며 희망도 없고 희망을 품을 이유도 없다고 생각해 버린다. 사고의 시간적 차원이 부정적으로 변하면 미래는 불투명하게만 보인다.

"내일도 상황이 안 좋을 거야."

핵심: "아무것도 달라지지 않을 거야. 그런데 뭣 하러 시도를 해?"

이처럼 무기력을 학습한 사고가 사업에 어떤 영향을 끼칠지 생각해보라. 결과를 전혀 통제할 수 없고 모든 결과는 부정적일 것이다. 그리고 실제로 자신은 무능력한 패배자이고 시장 상황도 철저히 절망적이기 때문에 노력해봐야 달라질 것이 없다고 생각한다면, 정말로 좋은 일이 거의 일어나지 않는다. 무기력을 학습한 사람은 자신이 할 수 있는 일은 아무것도 없다고 확신하는 사람이다. 이런 사고 패턴에 빠지면 어떻게 될까?

불행한 기분을 느끼고, 관계가 흔들리고, 성과가 땅에 떨어진다. 뇌도 변한다. 경제가 무너진 해와 그 이듬해에 나는 이런 증상이 부동산에서 금융 서비스, 의료, 소비자 제품까지 여러 업계로 광범위하게 퍼진 것을 보았다. 금융 붕괴라는 부정적인 외부 상황이 사람들의 내부 소프트웨어를 바꿔놓았다. 그들은 점점 다른 사람이 되어갔다. 이전에는 높은 성과를 내던 사람들도 악영향을 받아, 마치 아무것도 할 수 없는 사람처럼 행동했다.

그런데 일부 사람들이 자신의 내부 소프트웨어를 바꿀 수 있다는 사실을 발견했다.

내부 소프트웨어를 바꾸면 모든 것이 좋은 쪽으로 바뀌기 시작한다.

같은 불경기 속에서도 어떤 증권 중개인은 무기력에 빠져 실적을 올리지 못하는 반면, 다른 중개인은 최고의 해를 보내는 이유가 여기에 있다. 어찌된 일일까? 두 사람의 사고가 완전히 다르기 때문이다.

첫 번째 중개인은 이렇게 생각한다. '주가가 폭락한 후 나는 신뢰성을 완전히 잃었어. 이제 어떤 고객도 내가 제시하는 종목을 거들떠보지 않을 거야. 이 일에서 나는 뭐 하나 잘하는 것이 없어. 게다가 시장 상황은 나쁘고, 앞으로도 좋아질 일이 없어. 계속 이 상태일 거야.' 그 결과, 사실상 일을 손에서 놓거나 일을 해도 마지못해 한다. 새로운 고객을 얻지 못하고 기존 고객도 제대로 관리하지 못한다.

하지만 두 번째 중개인은 생각을 바꾸기 시작한다. 자신에게 수백 명의 고객이 있다는 사실이 떠오른다. 많은 고객이 그의 실적을 탐탁지 않게 여기지만 그것은 그의 잘못이 아니라고 생각한다. 시장 폭락이 문제였다. 그래서 그는 그 상황을 개인화하지 않는다. 대신 중요한 깨달음을 얻는다. 고객들이 그를 믿지 못해 다른 중개인을 물색한다면, 그것은 '다른' 중개인들에게 실망해서 새로운 중개인을 찾는 고객도 수천수만이라는 뜻이다! (이는 내가 실제로 한 중개인 그룹과 토론한 내용이다. 그중 한 명이 경기 몰락 이후로 자신의 모든 고객이 자신을 미워한다고 말했다. 나는 이렇게 물었다. "그러면 수백만 명의 다른 고객들은 지금 자신의 중개인을 어떻게 생각하고 있을까요? 그들에게 전화를 해보면 어떨까요?")

갑자기 세상이 훨씬 밝아진다. 사업 성장 가능성이 그 어느 때보다도 커 보인다. 중개인을 바꾸려는 고객이 수없이 많다. 모두가 잠재 고객으로 보이기 시작한다. 그래서 그는 쉴 새 없이 전화를 돌리고 사람들을 만나, 불경기에서 살아남는 전략에 관심이 있는지 묻는다. 그 결과, 그의 사업이 전에 없이 번창하기 시작한다.

두 중개인은 같은 시장에서 활동하는데 결과는 완전히 달랐다. 이유는 전혀 다른 소프트웨어 때문이다.

나는 부동산 업계에서 이 차이의 힘을 실제로 확인했다. 내가 컨설팅했던 한 회사에는 직원들이 불경기 때 무기력에 빠지는 것을 절대 허용하지 않는 리더가 있었다. 그의 팀은 불경기로 신용 등급이 크게 떨어지는 바람에 집을 구매하지 못하는 사람들이 많다는 사실을 확인했다. 잠재 구매자들이 무기력에 빠져 있었다. 그래서 영업부서는 주택 판매 전략의 일환으로 신용 상담 서비스를 제공하는 전략을 개발했다. 그들은 잠재 고객들이 신용상의 문제점을 해결해서 주택 구매를 위한 대출금을 받을 길을 찾아주었다. 당연히 신용 점수를 올리고 싶은 사람들은 수없이 많았다. 그들이 서비스를 신청했고, 그중에서 많은 사람이 새집을 살 자금을 확보할 수 있었다. 시장은 전과 똑같았지만 회사의 성과는 달라졌다. 왜일까? 부정적이고 무기력한 회사의 운영 시스템을 긍정적인 시스템으로 바꾸고 나서 적극적으로 활로를 찾았기 때문이다.

그리고 이 모두는 리더가 부정적이고 무기력한 생각을 차단하는 바운더리를 설정했기 때문이다.

자신의 생각을 점검하라

자신이 통제할 수 있는 것들이 있다고 믿으면 뭐라도 '하게' 된다. 다음 장에서 그 방법을 살펴보고 리더가 긍정적인 팀과 문화를 가꾸는 청지기가 되어야 하는 이유를 더 깊이 파헤치도록 하겠다. 일단 여기서는 앞서 했던 말을 한 번 더 하고 싶다. **리더에게 전적으로 책임이 있다!**

당신의 팀과 문화, 조직 안에 부정적인 생각이 스며들어 있다면 그것은 어디까지나 리더인 '당신'이 그 생각을 허용하고 있기 때문이다. 따라서 먼저 당신 자신이 어느 정도 부정적인 생각의 희생자인지부터 점검해봐야 한다. 시장 혹은 다른 요인으로 '3P'를 경험하고 있는가?

- 개인화 : "어쩌자고 내가 리더가 될 생각을 했을까? 내가 허우적거리는 것은 이 일을 맡을 능력이 없기 때문이야. 어떻게 내가 이 일을 감당할 수 있다는 생각을 했을까?"
- 일반화 : "내가 손을 대는 일마다 실패하는 것 같아. 하나도 내가 원하는 대로 되질 않아."
- 영구화 : "이 상황은 변하지 않을 거야."

이런 말은 극단적으로 보이지만, 실제로 리더들의 머릿속에서 이런 생각이 맴돌며 문제를 일으킬 수 있다. 그리고 2장에서 살폈듯이 리더의 태도와 사고방식은 전염성이 있다. 리더가 뭔가를 할 수 있다고 생각하면 팀원들도 그렇게 생각하게 된다. 반대로, 리더가 아무것도 할 수 없다고 생각하면 팀원들도 무기력에 빠진다. 팀원들은 리더의 에너지를 느끼고 리더의 행동을 유심히 관찰한다.

팀원들의 사고방식을 점검하라

자신의 생각을 확인한 뒤에는 눈을 돌려 직속 부하들, 팀, 조직의 문화 전체를 점검해야 한다. 부정적이고 무기력한 목소리가 들리는가? 그런데 팀원들이 개별적으로 무기력을 토로하지 않는다면 '집단적인' 무기력은 없는 것일까? 그렇지 않다. 무기력은 개인들 못지않게 집단 내에서도 자주 나타난다.

예를 들어, 우리는 주로 '나는 패배자다'와 같은 개인들의 3P를 확인한다. 하지만 개인들만 보면 리더십의 큰 부분을 놓칠 수밖에 없다. 3P는 조직 내에서도 존재할 수 있기 때문이다. 조직 내에서 다음과 같은 개인화의 생각이 들릴 수 있다.

회사의 외부 환경에 관한 부정적인 목소리

"우리 브랜드는 경쟁사의 브랜드만큼 강하지 않아."

"우리 제품은 경쟁사의 제품만큼 멋지지 않아."

"우리는 R&D에서 경쟁사에 한참 뒤져 있어."

"경쟁사는 우리보다 훨씬 커."

회사의 내부 환경에 관한 부정적인 목소리

"우리 부서는 판매부서만큼 자원을 갖추고 있지 못해."

"사장이 상황을 이해하지 못하고 있어."

"경영진(혹은 소유주나 이사회)이 필요한 자원을 제공해주지 않아."

"인력을 더 확충하기 전까지는 해낼 수 없어."

영구화의 바이러스

"경기가 바뀔 때까지 상황은 좋아지지 않을 거야."

"은행이 돈을 풀기 전까지 우리는 이 상황에서 벗어날 수 없어."

"고객들의 구매력이 살아날 때까지 상황은 변하지 않을 거야."

이런 생각은 분명 현실에 근거한 생각이다. 학습된 무기력을 현실 부인으로 바꾸는 것은 무의미하다. 외부의 현실을 직시하되 무기력이 아닌 실제 현실을 다룰 방법을 찾아내야 한다. 분명히 할 수 있는 일이 있다. 리더는 어떤 상황에서라도 학습된 무기력을 차단하는 강한 바운더리를 설정해야 한다. 고객의 절반이 자사에 분노해 있다면 나머지 고객들은 다른 회사들에 분노해 있다는 사실로 시각의 균형을 잡으라.

어떤 장애물이 눈앞에 나타나도 팀원들이 무기력에 빠지지 않으면 극복해낼 수 있다. 단지, 리더가 비관론과 무기력에 대해 얼마나 강한 바운더리를 설정하느냐에 달려 있다. 예를 들어, 위 사례들 중 첫 번째 집합에 대해 리더는 팀원들에게 다음과 같은 사고를 불어넣어야 한다.

"우리 포지셔닝은 경쟁사만큼 강하지 않아. 그래서 우리는 새로운 활로를 찾아야 해."

"우리 제품은 경쟁사의 제품만큼 멋지지 않아. 그래서 제품을 최대한 빨리 개선하는 동시에 우리가 경쟁사보다 비교 우위에 있는 서비스 분야에서 가치 제안을 잘 부각시켜야 해."

"우리는 R&D에서 경쟁사에 한참 뒤져 있어. 그래서 따라잡을 전략을 마련해야 해. 기술 공백을 메워줄 인수 합병을 모색하고 좋은 개발 파트너를 찾아야 해."

"경쟁사는 우리보다 훨씬 커. 따라서 우리의 규모가 가진 장점을 찾아 활용해야 해. 고객들에게 우리의 규모가 오히려 장점이라는 점을 보여주어야 해."

위대한 리더들은 환경으로 인해 팀원들이 무기력에 빠지도록 방치하지 않는다. 마틴 루터 킹 주니어 Martin Luther King Jr.가 더 이상 피부색을 따지지 않는 나라를 꿈꾸었을 때, 당시 상황에는 비관적일 수밖에 없는 이유가 너무도 많았다. 당시 피부색은 누구도 건드릴 수 없는 장애물이었다. 하지만 그는 상황을 변화시킬 힘을 믿었고, 지금 우리는 전혀 다른 세상에서 살고 있다. 그는 거대한 장애물 앞에서도 무기력에 굴복하지 않았다.

리더가 팀원들에게서 찾아야 할 것은 부정적인 현실을 적극적으로 다루는 태도다. 상황이 힘들어질 때 팀원들이 어떻게 하는가? 수동적으로 변하는가? 부정적인 생각과 무기력에 빠져드는가? '3P'의 생각이 들려오는가? 아니면 그들이 적극적으로 움직이는가? 그들의 뇌가 즉시 행동에 돌입해 활로를 찾기 위해 창의력과 지혜를 발휘하는가?

비관할 수밖에 없는 상황 속에서도 리더는 자신에게 전적으로 책임이 있다는 사실, 그리고 비관적인 사고가 자신의 조직에 스며들도록 허용하지 말아야 한다는 사실을 기억해야 한다. 리더는 어떻게든 상황을 변화시켜야 한다.

생각하며 길을 찾아라

7월 4일, 나는 태평양에서 처남 마크 메테렐Mark Methérell을 기리는 행사에 참여했다. 행사에는 서핑 보드 위에 누워 '팔을 허우적거리는' 순서가 포함되어 있었다. 네이비실이었던 처남은 2008년 이라크에서 임무 수행 중에 전사했다. 남편이자 아버지였고, 형제이자 친구였던 처남은 전쟁 영웅이 되어 위대한 미국인으로 기억될 것이다.

열 살인 내 딸 올리비아Olivia는 삼촌을 기리는 서핑 보드 행사에 참석하기를 원했다. 그래서 우리는 보드를 빌려 서퍼들이 모여 있는 해변으로 걸어가며 내가 올리비아의 보드까지 같이 들어주었다. 나는 올리비아가 삼촌을 기리는 행사에 참여한다는 사실이 무척 기뻤다. 덩치 큰 사람들과 태평양으로 뛰어들겠다는 용기도 가상했다.

나는 임무를 멋지게 완수하고 해변으로 돌아온 올리비아를 꼭 안아주었다. 올리비아는 삼촌을 무척 자랑스러워했고, 우리는 한참 동안 그에 관한 이야기를 나누었다. 이윽고 주행사가 열리는 언덕까지 긴 오르막길을 오르기 위해 사람들이 모두 모였다. 그런데 올리비아를 비롯한 몇몇 사람들은 바다로 다시 들어가 파도를 더 즐기기로 했다.

"아빠, 여기서 조금만 더 있다가 갈게요. 이따가 저 아저씨들이랑 같이 올라갈게요"

하지만 나는 어린 딸을 홀로 두고 갈 수 없었다. 게다가 올리비아가 그 큰 서핑 보드를 들고 언덕을 올라올 수도 없었다.

"사촌과 둘이서 올라오겠다고? 미안하지만 그건 안 된다. 너무 위험해."

"아빠, 괜찮아요. 다른 아저씨들도 있어요. 아저씨들과 같이 올라가면 돼요."

"아니야. 그냥 지금 아빠랑 가자. 그것이 편해."

나는 그렇게 말하고서 비장의 카드를 꺼냈다.

"더군다나 보드는 네가 들고 다니기에는 너무 무거워. 아저씨들은 각자 자기 보드를 들어야 해서 네 것까지 들어줄 수는 없어. 만약 지금 같이 가면 아빠가 들어줄게. 지금 아빠랑 같이 가지 않으면 그 무거운 걸 들고 어떻게 언덕을 올라가려고 그러니?"

이쯤하면 올리비아가 백기를 들리라 생각했다.

하지만 이 아이가 누구의 딸이라는 걸 잠시 잊고 있었다.

"아빠! 걱정 마세요. 방법을 '찾아'낼게요."

올리비아가 목소리에 힘을 주어 말했다.

그 말이 내 마음을 울렸다. 왈칵 눈물이 쏟아지려고 해서 말을 멈출 수밖에 없었다. 올리비아의 말은 빈말이 아니었다. 우리 딸은 반드시 길을 '찾아'낼 아이였다. 내 눈에서 눈물이 나오려고 한 것은 단순히 올리비아가 자랑스럽기 때문이 아니었다. 내 아이의 미래에 대한 확신이 생겼기 때문이다.

심리학자로서 나는 세상에 두 종류의 사람들이 있다는 것을 안다. 환경에 굴복하는 사람들과 환경을 굴복시키는 사람들이다. 심리학자로서 딸의 말은 단순히 조금 더 놀기 위해서 하는 말로 들리지 않았다. 그것은 딸의 내면 깊은 곳, 딸의 태도와 행동을 만들어낸 운영 시스템에서 자동적으로 나온 말이었다.

"방법을 찾아낼게요."

이런 사고방식이라면 앞으로 어떤 일이 닥쳐도 잘 헤쳐나갈 수 있다는 확신이 들었다. 올리비아는 언제나 '길을 찾아낼' 것이 분명했다.

"좋아. 가서 놀고 와."

"아빠, 갔다 올게요."

올리비아는 손을 흔들며 조르르 달려갔다.

이제 조금도 걱정이 되지 않았다. 두 시간 뒤 딸과 함께 거대하고 무거운 서핑 보드는 원래의 자리로 돌아왔다.

리더로서 당신도 부정적인 생각을 차단할 강한 바운더리를 설정하여 '길을 찾는' 조직을 구축한다면 조금도 걱정할 필요가 없다. 결국 일이 잘 풀릴 줄 알고서 밤에 단잠을 잘 수 있다. 왜일까? 당신의 팀원들은 시장 상황이 어떠하든 기어코 '길을 찾아낼' 것이기 때문이다.

낙관주의와 적극성의 문화를 창출했다면 이것을 확신할 수 있다. 리더가 그런 문화를 창출하고 그런 문화에 반하는 것을 허용하지 않으면 팀원들은 낙관적이고 적극적인 생각을 한다. 리더는 이런 생각을 가진 사람들을 고용하고, 기존 팀원들도 이런 생각을 하도록 훈련시켜야 한다. 그리고 이런 생각을 하지 않는 팀원들이 조직 내에서 계속 부정적인 생각을 하지 못하도록 바운더리를 설정해야 한다. '우리가 할 수 있는 것은 아무것도 없어'라는 생각이 미묘하게라도 드러나지 않도록 강한 바운더리를 설정해야 한다. '3P'는 어떤 형태로든 허용하지 말아야 한다. 동시에, 성공을 믿는 낙관적인 조직을 적극적으로 구축해야 한다.

성공할 것이라는 믿음이야말로 목표 달성의 가장 중요한 열쇠라는 사실이 연구를 통해 계속해서 증명되고 있다. 위대한 리더들은 사람, 팀, 조직에 이 믿음을 불어넣는다. 그들은 팀원들이 뭐든 해낼 수 있다고 믿어준다. 그러면 팀원들은 아무리 암담한 상황에서도 '길을 찾아'낸다. 그들은 통제할 수 없는 부정적인 요소가 넘쳐나는 상황 속에서도 내가 '낙관주의 통제권'이라고 부르는 힘을 발휘한다.

학습된 무기력은 주도적인 태도와 인내력을 잃게 하는 반면에 낙관주의 통제권은 정반대다. 낙관주의 통제권은 적극성과 인내를 되찾게 만든다. 다음 장에서는 부정적인 무기력을 극복하고 낙관주의와 자신감을 회복하는 방법을 살펴보자.

리더십 바운더리를 위한 질문

· 부정적인 생각의 바이러스를 퍼뜨리는 팀원들이 있는가? 그들을 어떻게 다루어야 할까?

· 당신의 팀 혹은 조직의 주된 사고는 어떠한가?

· 부정적이거나 무기력한 생각을 없애고 적극적이고 긍정적인 생각을 강화하기 위해 당신이 특별히 개입해야 할 부분들은 무엇인가?

· 당신의 팀 내에 시장이나 회사에 관한 학습된 무기력의 '3P'가 존재하는가? 어떻게 하면 그런 생각을 긍정적이고 적극적인 생각으로 바꿀 수 있을까?

· 비관주의의 바이러스를 퍼뜨리는 팀원들이 있는가? 그들을 어떻게 다루어야 할까?

7

○

●

통제와 성과

BOUNDARIES

1996년 토니 던지Tony Dungy가 감독으로 부임할 때 탬파베이 버커
니어스Tampa Bay Buccaneers는 13시즌 연속 부진한 시기를 보내고 있었다.
사람들은 하나같이 토니에게 감독 자리를 맡지 말라고 충고했다. 다
들 버커니어스 팀으로는 우승할 가능성이 없다며 말렸지만 토니는
결국 감독으로 부임했다.

구단 연고지에 도착한 토니는 팀의 형편없는 성적에 대한 온갖
변명을 들었다. 어떤 이들은 스타디움이 낡고 시설이 열악한 탓이라
고 했다. 또 다른 이들은 낮은 입장료 수입 때문에 우승에 필요한 선
수들을 영입하지 못하는 것을 결정적인 원인으로 꼽았다. 추운 날씨
탓을 하는 이들도 있었다. 영하 5도 이하일 때는 팀이 승리한 적이
없다고 했다. 가장 황당한 주장은 따로 있었다. 일부 팬들은 소위 더
그 윌리엄스의 저주Doug Williams Curse를 언급했다. 더그 윌리엄스가 구단
을 떠나자 그의 열혈 팬인 부두교 무당이 팀에 저주를 걸었고, 그 저
주가 풀리기 전까지는 팀이 우승을 할 수 없다는 것이었다.

이런 걸림돌을 검토하던 중, 토니는 중요한 무언가를 깨달았다.
이것들은 하나같이 자신이나 선수들의 '통제권 밖에' 있다는 사실이
다. 그는 슈퍼스타들을 영입할 예산이 없었다. 화려한 새 스타디움을

지을 능력도 없었다. 날씨를 통제할 수도 없었다. 부두교 무당이 누구인지 알 수 없었고, 안다 한들 죽일 수도 없는 노릇이었다. 지난 장의 표현을 빌자면, 토니는 '아무것도 할 수 없는 무기력한' 상황에 처해 있었다. 그럼에도 그는 무기력과 절망감에 굴복하지 않았고, 남들의 절망적인 태도도 용인하지 않았다. 그는 즉시 위대한 리더라면 누구나 하는 행동을 했다. 이 행동의 힘은 실로 엄청났다. 바로 다음과 같이 날카로운 질문을 던진 것이다.

"성공을 위해 우리가 통제할 수 있는 요인들은 무엇인가?"

토니는 즉시 우승 팀들의 통계를 분석하는 작업에 돌입했다. 그 결과, 세 가지 특징이 눈에 들어왔다. 우승 팀들은 선수들이 실책을 하거나 가로채기를 당하는 경우가 적고, 페널티를 덜 받으며, 스페셜팀(킥오프, 펀트, 펀트 리턴을 하는 후보 선수들)의 실력이 좋았다. 토니는 이 중 처음 두 가지 특징을 '자초한 상처'라고 불렀다. 공을 상대 팀에 패스하거나 감정을 주체하지 못해 경고를 받는 플레이는 스스로 초래한 실수다. 마지막 범주인 스페셜 팀은 잘 드러나지 않지만 주축 선수들의 플레이에 중요한 역할을 한다.

토니의 우승 전략은 자신과 선수들의 통제권 안에 있는 이 세 가지 요인에 집중하는 것이었다. 결국 그는 팀을 부진에서 건져냈고, 팀이 통제할 수 있는 것에 집중하는 전략을 인디애나폴리스 콜츠Indianapolis Colts까지 가져가 슈퍼볼 XLI2007 우승으로 이끌었다.

토니 감독의 이야기가 리더들에게 주는 교훈은 분명하다. 원하는 결과를 얻을 수 있는 요인 중에서 팀원들이 스스로 통제할 수 있는 것에 집중하게 하라. 그렇게 하면 두 가지 강력한 일이 일어난다. 첫째, 원하는 결과를 얻는다. 둘째, 팀원들의 뇌가 바뀌어 점점 더 많은 결과로 이어지는 선순환이 발생한다. 이 두 가지가 다 중요하다.

뇌를 기억하라

앞서 우리는 뇌가 최상의 상태를 유지하려면 주의 집중, 억제, 작업 기억이라는 집행 기능이 이루어져야 한다고 말했다. 그다음에는, 좋은 감정적 환경, 연결성, 긍정적인 생각이 뇌의 기능에 도움을 준다고 말했다. 이제 이 처방전에 더없이 중요한 또 다른 요소를 더하자. 그 요소는 바로 '통제'다. 자신을 통제하고 있다는 느낌은 사람의 뇌를 변화시켜 성과에 막대한 영향을 미친다. 팀원들이 스스로 결과에 영향을 미치는 통제권을 갖고 있다는 것을 알고, 그 통제권을 발휘할 수 있게 되면 그들의 뇌는 엄청난 힘을 뿜어낼 것이다.

그러면 역동적인 변화가 일어난다. 뇌가 최상의 기능을 발휘하면 팀원들은 창의적으로 문제를 해결하고 적극적으로 목표를 추구한다. 또한 에너지가 넘치고 행복감을 느낀다. 여기서 리더가 얻어야 하는 교훈은 팀원들에게 더 많은 통제권을 주면 그들이 승승장구한다는 사실이다. 나아가, 그들이 그 통제권을 성과를 낳는 부분에 집중하도록 도우면 조직 전체가 승승장구할 것이다.

우리 뇌는 통제하는 것을 좋아한다. 결과에 큰 영향을 미치는 것을 자신이 통제할 수 있다는 생각이 들면 신이 나서 일하게 되어 있다. 학습된 무기력에 빠진 경우와 정반대 상황이다. 자신의 통제권을 인식하면 무기력에 빠지는 대신, 더욱 힘을 내서 일한다.

신경과학은 스스로 통제하는 상황을 많이 경험할수록 상부 뇌가 더 잘 움직인다는 사실을 증명해 보였다. 하지만 우리의 통제권 밖에 있는 요인들에 영향을 받는 상황에서 다른 요인들을 통제할 수 있다는 자신감을 회복하지 못하면, 뇌의 기능이 완전히 저하된다. 자신에게 선택권이 별로 없다고 생각하는 사람들이 삶을 포기하고 부정적인 소용돌이에 빠지는 이유가 여기에 있다. 반면에 자신이 조금이라도 통제할 수 있다는 생각을 회복하면 놀라운 일이 벌어진다. 이것이 리더가 '통제광'이 되어야 하는 이유다. 우리가 흔히 생각하는 의미에서의 통제광을 말하는 것이 아니다. 리더는 사람들을 통제하는 통제광이 아니라, 조직의 성과를 위해 사람들 스스로 통제해야 할 것을 통제하도록 도와주는 의미에서 통제광이 되어야 한다.

위대한 리더들은 사람들을 통제하는 것과 정반대의 행동을 한다. 그들은 모든 통제권을 자기 손아귀에 쥐는 대신 아낌없이 내어준다. 사람들이 자기 자신과 자신의 기능을 통제할 수 있도록 도와준다. 일반적으로 말하는 통제광은 모든 것을 스스로 통제하려고 함으로써 주변 모든 사람을 힘들게 하는 사람이다. 여기서 내가 말하는 통제광은 팀원들이 '자신에 대한' 통제권을 회복하고 성과를 만드는 활동에 열심을 다하도록 적극적으로 돕는 리더를 의미한다.

뇌 작동 중단

금융 위기 이후 한 판매 조직에서 강연을 하게 되었다. 나는 먼저 그 어두운 시기에 여러 업계에서 '학습된 무기력'을 경험한 이야기부터 시작했다. 그리고 수많은 사람들이 낙심과 패배감에 빠져 예전처럼 성과를 거두지 못하는 이유를 설명했다. (자신이 어떤 감정을 느끼는 이유를 아는 것만으로도 큰 도움이 된다. 나는 그들이 정신적인 문제가 있어서 그렇게 된 것이 아니라는 점을 이해하기를 바랐다.) 그런데 그때 특히 판매원들에게서는 절대 듣고 싶지 않은 말이 들렸다.

한 참가자가 말했다.

"그렇다면 결국 답이 없다는 뜻이네요. 불경기가 우리의 뇌를 이렇게 만들었다면 경기가 회복되기 전까지는 패배감에서 벗어날 수 없다는 거잖아요?"

이어서 그의 입에서 내가 가장 싫어하는 말, 내가 수많은 곳에서 수없이 들은 말이 나왔다.

"그렇다면 이건 '뉴 노멀New normal'인 거네요."

나는 소리를 지르고 싶었다. 하지만 감정을 절제하고서 그 순간을 기회로 삼기로 했다.

"네, 맞습니다. 이것이 뉴 노멀이 되었습니다. 그리고 바로 이것이 '당신의' 문제점입니다."

"무슨 뜻이죠?"

"당신의 경우에는 어떻게든 노력해서 이기려는 적극성이 완전히 사라졌어요. 뇌가 일종의 멈춤 현상을 일으켰습니다. 경기를 통제할 수 없으니까 아무것도 통제할 수 없다고 생각하시는 것 같군요. 그런 생각을 하다 보니 뇌가 지금 상황이 새로운 현실이라는 착각에 빠졌습니다. 당신이 할 수 있는 것은 아무것도 없으며, 답도 없다고 착각하게 된 겁니다. 그런 식으로 무기력에 빠져 있는 것이 당신의 말처럼 '노멀', 즉 정상 상태가 되어버렸습니다."

"그래서 정말로 답이 없다는 겁니까? 계속해서 이런 무기력에 빠져 있어야 합니까?"

"아닙니다. 그런 말씀을 드린 적은 없습니다."

계속해서 나는 그가 '뉴 노멀'이라고 부른 것이 사실상 '그의 머릿속의 상태'라는 점을 설명했다.

"지금처럼 무기력을 느끼는 것이 정상 상태가 되어버렸습니다. 일단 정상 상태라고 생각하면 그 상태를 바꾸기 위한 노력을 할 리가 없지요. 지금이 정상이라고 생각하니까 할 수 있는 일이 없다고 생각하는 겁니다."

"정말 그렇습니다. 지금 무기력한 기분입니다. 무엇을 해야 할지 모르겠어요."

"그럴 겁니다. 하지만 이곳에서 무엇을 해야 할지 아는 사람이 있다면 바로 당신일 겁니다. 당신은 이 회사의 리더이고, 이 업계에서 십 년 넘게 잔뼈가 굵은 분이니까요. 게다가 지금까지 많은 성과를 거두었고요. '당신'이 무엇을 해야 할지 알아내지 못한다면 누가 알아내겠습니까?"

나는 각자 자기 팀으로 돌아가 아래와 같은 활동을 하게 했다. 그렇게 하자 대화의 방향이 곧바로 변했다. 이제 그들은 결과에 영향을 미치는 것들 중에서 스스로 통제할 수 있는 것을 알아내 그것을 하기 시작했다. 그러자 사업만이 아니라 그들의 뇌에서 정말 좋은 일이 일어났다. 사실, 뇌에서 일어나는 일이 훨씬 더 중요하다. 여기서 핵심은 학습된 무기력을 떨쳐내고 뇌를 다시 움직이게 만드는 것이었다. 일단 뇌만 움직이기 시작하면 베테랑과 슈퍼스타들은 이기는 법을 알아낼 것이 분명했다. 누군가는 이기게 되어 있고, 그들의 머리가 다시 돌아가면 그들도 충분히 승자가 될 수 있었다.

이런 상황에서 리더가 취해야 할 행동은 바로 토니 감독이 취한 행동이다. 결과에 영향을 미치는 것들 중에서 자신이 통제할 수 있는 것을 찾아서 그것에 집중하라. 좋은 소식은, 통제권을 되찾으면(부정적인 사고 패턴을 제한하는 바운더리를 설정하는 동시에 자신이 통제할 수 있는 요인들을 찾으면) 학습된 무기력을 떨쳐낼 수 있다.

앞서 말한 뇌의 집행 기능들이 기억나는가? 주의 집중, 억제, 작업 기억을 기억하는가? 학습된 무기력에도 같은 방식으로 바운더리를 설정할 수 있다. 토니의 팀은 스타디움이 낡고, 자금이 부족하고, 날씨가 나쁘고, 저주를 받아서 우승할 수 없다고 생각했다. 하지만 토니는 자신이 통제할 수 있는 요인들인 실책과 가로채기, 페널티, 스페셜 팀에 집중함으로써 학습된 무기력에 바운더리를 설정했다. 아울러 그는 마지막 장거리 역전 슛을 성공시키거나, 스타디움을 새로 짓거나, 부두교 무당을 제거하거나, 슈퍼스타를 영입하는 것 등에 한눈을 팔지 않도록 억제시켰다. 그리고 계속해서 실책과 가로채기, 페널티, 스페셜 팀에 초점을 유지함으로써 작업 기억을 유지시켰다.

그렇게 했더니 상황이 점점 좋아졌다. 다시 말하지만, 리더는 자신이 창출하고 허용한 것만을 얻는다. 토니는 스스로 통제할 수 있다는 자신감을 창출했고 무기력한 생각을 허용하지 않았다. 그러자 그의 팀은 다시 승리하기 시작했다.

학습된 무기력을 떨쳐내라

학습된 무기력과 부정적인 생각을 다룰 방법은 많다. 내가 컨설팅을 하면서 큰 효과를 본 방식은 지금까지 살핀 요소들을 모두 합쳐서 만든 강력한 프로그램을 적용하는 것이다. 결과는 대성공이었다. 프로그램의 모든 요소는 사람이 일하고 뇌가 기능하는 방식에 관한 과학적 연구 결과에 근거하고 있기 때문이다.

리더와 조직이 부정적인 생각과 무기력에 빠졌을 때 빨리 떨쳐내고 다시 전진하도록, 그리고 잘할 때는 더 잘하도록 돕기 위해 고안된 프로그램은 다음과 같은 다섯 가지 요소로 구성되어 있다.

- 연결하라
- 통제권을 되찾으라
- 3P에 주의하라
- 구조와 책임성을 더하라
- 옳은 종류의 행동을 취하라

1. 프로그램을 진행하기 위해 연결하라

연결에 관해서는 4장에서 다루었기 때문에 세세한 내용을 다시 반복하지는 않을 것이다. 여기서는 서로 지지해주는 작은 팀이나 그룹 안에서 학습된 무기력을 효과적으로 다룰 수 있다는 말을 하고 싶다. 몇 사람만으로도 충분하다. 큰 기업에서는 수천 명을 대상으로 프로그램을 진행하기도 하지만, 대개는 그들을 여러 팀으로 나누어 진행한다. 이왕이면 이미 구성된 업무 팀끼리 모이는 것이 좋다.

6~10명이 가장 좋지만 단 두 명이 프로그램을 진행했을 때도 성과의 반전이 나타나는 경우가 많았다.

부동산 업계에서 활동하는 한 여성은 심지어 자기 업계와 상관없는 친구와 단둘이서 이 프로그램을 진행한 결과, 최악의 해를 성공적인 해로 마무리할 수 있었다. 하지만 내 판단에는 서로 공통된 경험들이 있으면서 어느 정도 크되, 모두가 각자의 시각을 나눌 시간이 없을 정도로 크지는 않은 숫자가 바람직하다. (연구와 경험에 따르면 6~9명이 가장 효과적이다.)

4장에서 설명했듯이 서로 지원하는 관계는 위협을 덜 느끼게 만든다. 그러면 뇌의 화학 구조가 변하고 상부 뇌의 기능이 다시 활성화된다. 또한 난관에 부딪힌 사람이 자신만이 아니라는 사실, 자신만 힘든 것이 아니라는 사실을 알게 되면 더 효과적이다. 남들도 비슷한 감정과 경험을 갖고 있다는 것을 알면 갑자기 덜 힘들어진다. 누군가는 이런 말을 했다.

"당신도 나처럼 힘들다는 걸 알고 나니까 기분이 한결 나아지네요."

그러므로 사람들이 함께 프로그램을 정기적으로 진행할 시간과 공간을 찾아내라. 이전 모임의 효과가 희석되지 않도록 시간 간격을 너무 크게 잡지 마라. 내 경험상, 효과는 매우 빨리 나타난다. 하지만 당장 효과가 나타났다고 그만두지 말고, 프로그램을 지속적으로 진행하여 문제 해결과 연결을 위한 메커니즘으로 자리 잡게 만드는 것이 좋다.

그리고 횟수에 상관없이 분위기를 긍정적으로 유지하는 것이 중요하다. 목표는 문제 해결이기 때문이다. 그렇다고 부정적인 상황을 말하지 말아야 한다는 뜻은 아니다. 오히려 부정적인 상황을 직시하고 다루어야 한다. 다만 분위기와 말투가 긍정적이며 안전해야 한다는 의미다. 안전한 환경에서만 연결이 이루어진다.

사람들이 자신의 장점만 떠들거나 남들을 비판하지 않고, 창피한 부분을 포함하여 자신의 문제점을 솔직히 나눌 때 진정한 연결이 가능하다. 팀원들이 자신의 성공담만 자랑하는 것이 아니라 실패담을 솔직히 나눌 때, 진정한 연합이 이루어지고 강한 팀이 탄생한다. 이런 팀은 서로에게 불편한 진짜 모습을 있는 그대로 드러낸다. 완벽하지는 않지만 난관과 문제를 극복해나가는 사람들을 우리는 받아들이고 따른다.

프로그램과 토론을 진행할 사람을 세울 수도 있고, 리더가 직접 이 과정을 진행할 수도 있다. 내가 컨설팅했던 한 기업에서는 약 만 명의 사람들을 이끌고 프로그램을 진행할 수 있도록 4백 명의 관리자를 훈련시켰다. 이렇게 하면 원활한 진행이 가능하다. 리더가 꼭 혼자서 다 할 필요는 없다.

리더가 프로그램을 진행할 때 완벽한 모습을 보여야 한다는 강박관념을 가질 필요도 없다. 앞서 말했듯이 자신의 약점을 보이면 오히려 연결이 강해진다. 따라서 팀원들이 자신의 문제점을 알까 봐 두려워할 필요가 없다. 오히려 리더가 도저히 따라갈 수 없을 만큼 완벽한 사람이라는 인상을 주면 팀원들은 리더의 통찰에서 유익을 얻지 못할 수 있다.

팀원들이 다음 두 가지 사실을 알게 하는 것이 바람직하다. 첫째, 리더가 난관을 극복하면서 승리를 거두고 있다는 사실. 둘째, 리더도 문제와 약함으로부터 완전히 자유롭지 못하다는 사실. 인디애나 존스_{Indiana Jones}의 대사 "나는 뱀이 싫어"를 기억하는가? 하지만 그는 두려움에도 불구하고 승리를 거두었다.

2. '통제권 나누기'를 통해 통제권을 되찾으라

이 프로그램의 다음 단계는 너무 단순해 보여서 그 안에 담긴 엄청난 가치를 놓치기 쉽다. 하지만 나를 믿고 한번 해보라. 당신의 사업뿐만 아니라 인생 전반에 걸쳐 큰 도움이 될 것이다.

이런 식으로 생각하면 이해가 쉬울 것이다. 의사가 작은 알약 하나를 복용하라고 처방한다면 그것은 지극히 간단한 지시다. 하지만 매일 알약 하나를 먹는 간단한 행위가 놀라운 결과를 낳는다. 모든 것이 변한다. 감염된 사람이 건강해지고 열이 가라앉고 피곤한 사람이 활력을 얻는다. 간단한 알약과 간단한 처방이 이처럼 큰 변화를 일으키는 것이다.

간단한 알약 이면에는 엄청난 양의 과학이 있다. 알약은 생화학자들과 전염병 전문가들이 수년간의 연구 끝에 완성해낸 결과물이다. 내가 '통제권 나누기'라고 부르는 것도 마찬가지다. 통제권 나누기 프로그램은 간단한 도구지만 막대한 효과를 낳는다. 지금부터 이 도구에 대하여 살펴보자.

첫째, 종이 한 장을 꺼내 중간 위에서 아래로 줄을 그어 두 칸을 만들라. 첫 번째 칸에는 경기, 주식시장, 고객들의 자금 사정, 은행, 상사, 모회사, 의료비 증가, 회사의 전체 예산, 이사회, 선거, 회사에 악영향을 끼치는 뉴스 기사처럼 당신의 일을 힘들게 만들지만 당신이 전혀 통제할 수 없는 것들을 다 적으라. 이 목록은 당신에게 실질적인 영향을 미치지만 당신이 전혀 통제력을 발휘할 수 없는 것들이다. 첫 번째 칸에 이것들을 생각나는 대로 다 적으라.

그다음에는, 혼자서든 팀으로서든 이렇게 작성한 목록들에 관해서 '깊이' 걱정하고 생각하라. 단, 5~10분간만 그렇게 하라. 그리고 다음날 다시 생각할 때까지 보지 마라. 물론 다음날에는 목록들을 다시 생각해야 한다. 그 이유는, 반드시 그렇게 해야 하기 때문이다! 몇 분간 목록들을 생각하며 걱정하라. 여기에 적힌 일들은 정말 안 좋은 일이다. 현실을 부인하거나 현재 상황이 얼마나 안 좋은지를 당신의 뇌가 정확히 파악하지 않으면 계속해서 이 일들이 생각날 것이다. 한밤중에도 생각나고, 좋은 아이디어가 떠오를 때도 생각나서 당신의 삶과 일을 방해한다. 따라서 통제할 수 없는 목록들에 대해 집중적으로 생각하되, 딱 5~10분간만 그렇게 하라.

그렇게 '걱정하는 시간'을 마친 뒤에는 그 칸에 대하여 생각하는 것을 멈추라. 칸에 적힌 목록도 보지 마라. 대신에 그 목록에 바운더리를 설정하라. 필요하다면 목록 위에 빨간색 펜으로 '그만!'이라고 쓰라. 어떤 식으로든 더 이상 그것들을 생각하지 마라.

그다음이 가장 중요한 순서다. 두 번째 칸으로 가라. 두 번째 칸에는 당신이 통제할 수 있는 것들 중 성과에 도움이 되는 내용들을 적으라. 한 번에 확정할 필요는 없다. 다른 행동들을 생각나는 대로 추가해도 좋고, 시간이 지나 상황이 바뀌면 수정을 해도 좋다. 하지만 일단 처음 목록을 만든 뒤에는 매일 그것에 집중하라. 이런 행동을 가장 중요한 하루 일정으로 삼으라. 그리고 이 목록을 계속해서 다듬으라.

이처럼 간단한 활동의 효과가 강력한 이유는 우리 뇌의 집행 기능과 통제 욕구에 직접적으로 작용하기 때문이다. 이 활동을 통해 뇌는 스스로 통제할 수 있는 실제 행동들(경기 자체)에 '집중하고' 긍정적인 행동을 방해하는 생각과 정보(스타디움과 부두교 무당에 신경을 쓰는 것)를 '억제하기' 시작한다. 개인적으로든 그룹 차원으로든 이 활동을 하면 작업 기억이 강화되고, 긍정적이고 적극적인 행동들이 나타난다. 이는 더 좋은 결과, 새로운 제품, 새로운 제휴, 새로운 고객, 일의 즐거움으로 이어진다. 그렇게 뇌가 진흙탕에서 빠져나오기 시작한다.

거창하고 야심찬 행동도 필요할 수 있지만, '지극히 단순한' 행동이 큰 결과를 낳기도 한다. 예를 들어, 내가 만난 한 여성의 사례를 생각해보자. 그 여성은 금융 위기가 한창일 때 기술 컨설팅업체에서 일했다. 나는 그 회사의 강점과 문제점을 파악하는 중이었다. 회사의 다른 직원들은 현실을 외면한 채 성과 하락을 지켜만 보고 있었지만, 유독 그녀만 불경기 속에서도 빛나는 성과를 거두고 있었다. 그녀의 비결이 바로 방금 전에 내가 설명한 것이었다.

그 여성은 자신의 성공 비결을 이렇게 설명했다.

"매일 저는 사무실에 들어와 책상 앞에 앉으면 컴퓨터 화면 위의 저 작은 노랑 포스트잇 노트를 봅니다. 거기엔 내가 열정과 낙관적인 자세로 일할 수 있고, 모든 것은 내가 선택하기 나름이라고 적혀 있죠. 고객들에게 다가가 그들이 이 불경기에 어떻게 지내고 있는지 살피고, 정기적으로 그들에게 전화를 걸어 상황을 확인합니다. 남들보다 앞서기 위한 행동을 규칙적으로 하고, 매일 정해진 숫자만큼 새로운 고객들에게 다가갑니다. 그리고 그들에게 잠재 고객들의 니즈를 파악해서 알려줄 뿐만 아니라 저의 컨설팅이 어떤 도움이 될지 말해 줍니다. 때로는 기업들에 워크숍을 제안하기도 하고요. 매일 저는 이렇게 일합니다. 여기에 집중하면 정말 기분이 좋아지고, 실제로 좋은 일이 일어납니다."

그 여성은 스스로 통제할 수 있고 성과에 도움이 되는 구체적인 행동에 초점을 맞추었다. 그렇게 그녀는 학습된 무기력이 파고들 틈을 완벽히 봉쇄했다. 그녀의 행동이 전혀 특별한 것이 아니라는 점을 주목하라. 그녀는 매우 간단한 행동을 했다. 그저 기본적인 것들을 꾸준히 했더니 큰 효과가 나타났다. 덕분에 그녀는 긍정적이고 희망적인 태도를 얻었고, 거기서 발생한 열정과 활기는 모든 것을 포기한 동료들의 분위기와 너무도 달랐다. 그녀가 이야기하면 고객들과 잠재 고객들은 귀를 기울이고 관심을 보였다.

낙관주의는 강력하다. 하지만 자신이 통제할 수 있는 것이 있다는 생각을 회복하기 전까지 낙관주의는 뿌리를 내리지 못한다.

내가 호황과 불황의 시기에 다양한 분야의 리더들과 협력하며 발견한 사실은 리더와 팀원들이 통제권을 되찾기만 하면 모든 종류의 성과 부진을 극복하는 것이 가능하다는 점이다. 어떤 금융 서비스업체의 리더는 신뢰를 되찾기 위해 고객들을 한자리에 모아 설명회를 가졌다. 그는 내게 이렇게 말했다.

"시장은 통제할 수 없지만 지속적인 관심과 지원으로 사람들에게 어느 정도 안정감은 줄 수 있습니다."

이렇게 자신이 통제할 수 있는 것들을 열심히 한 결과, 그의 사업은 불경기에도 승승장구했다.

내가 컨설팅했던 한 의료 업체는 의료 개혁(그들이 통제할 수 없고 기껏해야 제한적으로 영향을 미칠 수밖에 없는 일)으로 미래가 불투명해지자 다가올 변화에 대비해 고객들을 교육하는 일종의 싱크탱크를 구성했다. 앞으로 어떤 비즈니스 모델을 추구해야 할지 불확실했고 새로운 환경이 요구하는 것들을 전혀 통제할 수 없었지만, 고객들과 어떻게 상호작용할지에 대해서는 통제할 수 있었다. 이 의료 업체가 통제할 수 있는 것들을 통제하자 경쟁사들보다 앞서기 시작했다. 경쟁사들은 손가락만 만지작거리며 상황이 변하기만 기다리다가 결국 아무것도 할 수 없었다. 그러나 이 업체는 신세한탄을 하기보다는 고객들과 협력하여 의료 환경의 변화를 다루어나갔다.

팀원들이 스스로 통제할 수 있는 것들을 생각하고 찾아서 행동으로 옮기면 큰 성과가 나타날 수 있다. 뇌가 변하면 행동도 변한다.

나는 여행을 할 때마다 같은 항공사를 자주 이용한다. 그런데 그 항공사의 기업 문화는 조직 개편으로 인해 큰 변화를 겪고 있다. 고객도 분명히 느낄 수 있을 정도다. 게이트 직원들과 승무원들은 부정적인 생각에 흠뻑 젖어 있고, 대놓고 말은 못하지만 고객들뿐만 아니라 고용주를 향한 불만이 가득했다. 리더십 컨설턴트로서 나는 조직 개편이 어떤 식으로 이루어지고 있는지 궁금해서 승무원들에게 회사의 상황과 회사의 조치가 마음에 드는지를 자주 물어본다. 그런 대화를 수없이 나누었는데 긍정적인 말은 한 번도 들어보지 못했다. 그나마 긍정에 가장 가까운 말은 "두고봐야죠"였다. 그들은 아무것도 할 수 없다는 무기력에 빠져 있었다. 자신들의 힘으로 회사를 도울 수 있는 것이 '아무것도' 없다는 생각에 갇혀 활기라곤 눈곱만큼도 없었다. 학습된 무기력의 함정이 그만큼 강력하기 때문이다.

이 항공사의 경우도 결국 마찬가지다. 자신이 통제할 수 있는 것들을 스스로 통제하도록 직원들에게 권장하면, 항공사의 경영진은 큰 효과를 낼 수 있는 사소한 변화들을 보게 될 것이다. 일단, 직원들은 기쁘게 웃으며 승객들을 맞이하고 적극적으로 도울 수 있다. 승객들이 환영받는 느낌과 감사하는 마음을 느낄 수 있도록 승무원들이 그렇게 작은 노력을 시작하면, 당연히 승객들은 그 항공사를 더 자주 이용하려고 할 것이다.

승무원들이 '경영진'의 결정이나 큰 환경을 통제하지는 못하지만 비행기가 날아가는 몇 시간 동안에는 그들이 고객 경험을 전적으로 통제한다. 그리고 승객들 입장에서는 그 몇 시간이 항공사와 상호작용하는 시간의 대부분을 차지한다. 리더가 조직 전체에 이런 메시지를 전달한다면 직원들의 기분이 달라지고, 그 좋은 기분은 다시 고객들과의 상호작용에서 그대로 묻어나올 것이다. 그렇게 해서 실질적인 매출 성장이 나타나면 직원들은 '자신들에게' 일어나는 임금과 복지에 관한 일도 어느 정도 통제할 수 있다는 사실을 깨닫게 된다.

회사는 매출이 늘어나면 직원들에게 더 많은 월급과 혜택을 줄 수 있다. 리더와 직원들이 모두 이 점을 깨닫고 같은 팀이 되어야 한다. 그리고 이런 인식과 문화를 창출하는 것은 전적으로 리더의 책임이다. 명심하라. 리더는 스스로 창출하고 허용한 것을 얻는다.

직원들이 높은 주인 의식을 갖고 스스로 통제할 수 있는 요인들을 관리하는 회사에 가면 그로 인한 효과를 분명히 느낄 수 있다. 물론 비즈니스의 세계에는 우리가 통제할 수 없는 요인들이 너무도 많다. 하지만 그렇다고 해서 우리가 통제할 수 있는 것들까지 포기하는 것은 있을 수 없는 일이다. 경쟁사들은 그렇게 하지 않을 것이다. 따라서 우리도 그러지 말아야 한다. 미식축구에서처럼 전반적인 환경에 대해서는 양 팀이 똑같다. 비가 오면 둘 다 빗속에서 경기해야 한다. 따라서 통제력을 발휘해서 우천 경기를 이겨야 한다. 상황에 상관없이 최선을 다해 경기해야 한다는 말이다.

위대한 기업들은 매일 모든 직원에게 이런 메시지를 전하며, 직원들이 통제할 수 있는 것들을 통제하여 결과를 만들어내도록 권장하고 지원한다. 나머지는 더 길게 말할 필요가 없을 것이다.

3. 3P에 주의하라

다행히 3P를 제거하는 것은 보기보다 어렵지 않다. 연구를 바탕으로 검증한 간단한 활동이면 충분히 제거할 수 있다. 그 활동은 3P의 패턴을 관찰하고 기록하고 반박하는 것이다.

- 관찰(Observing)
- 기록(Logging)
- 반박(Refuting)

3P의 습관을 뿌리 뽑는 방법은 먼저 자기 관찰을 통해 자신의 생각 패턴을 확인한 다음, 그 생각들을 일지나 일기, 노트에 적는 것이다. 그다음에는, 적어 놓은 생각들을 하나씩 검토하면서 그것들을 반박할 반대 주장과 실제 사실을 하나씩 찾아내는 것이다.

'이 전화는 해봐야 아무런 소용이 없다.'

이런 생각으로 무기력에 빠져 있다면 다음과 같은 반대 주장으로 반박하라.

"모든 전화가 거래 성사로 이어지지는 않겠지만 많은 전화가 거래 성사로 이어질 것이다. 그리고 어떤 전화가 거래 성사로 이어질지는 전화를 해봐야 알 수 있다. 일이 뜻대로 풀리지 않아도 나쁜 것만은 아니다. 뭔가를 배울 수 있으니까 완전한 실패는 아니다."

다시 말해, 부정적인 생각들을 적은 다음, 그 생각들 하나하나에 대해 반박할 반대 주장을 쓰라. 그리고 그 반대 주장을 믿고 행동을 취하라.

한 훈련 모임 때 나는 이 방법의 효과를 증명해 보이기 위해 한 참가자에게 머릿속에 맴도는 3P를 다른 참가자들에게 나누도록 권했다. 그러자 그는 전화를 걸 때마다 이런 생각이 든다고 말했다.

'이 고객은 바쁜데 전화를 걸었다며 화를 낼 것이다. 그는 그렇지 않아도 나와 내 제품의 성능을 탐탁지 않게 여기고 있는 터라 내 이야기를 듣기 싫어할 것이다. 나와 상종도 하기 싫으니 전화를 걸어봐야 역효과만 낳을 뿐이다.'

이제 나는 전화를 걸기 전마다 그런 생각을 모두 일지에서 왼쪽 칸에 적으라고 했다. 그다음에는, 위에서 설명한 것처럼 그 생각들을 반박하는 구체적인 반대 주장을 차례로 적으라고 했다. 그리고 전화를 걸고, 전화를 한 뒤에는 '실제로' 일어난 일을 적게 했다. 다시 말해, '현실'을 기록하게 한 것이다.

그랬더니 정말 뜻밖의 결과가 나타났다.

며칠 뒤 그 참가자는 다른 참가자들에게 자신이 늘 예상했던 부정적인 상황과 실제로 일어난 상황이 너무도 달라서 놀랐다고 보고했다.

"고객들이 귀찮아할 거라고 예상했습니다. 하지만 뜻밖에도 내가 관심을 갖고 연락한 것에 고마워하는 고객들이 많았습니다. 알고 보니 그들도 자신의 힘든 상황을 도와줄 사람을 찾던 중이었습니다. 그래서 좋은 대화를 통해 문제를 꽤 해결하고, 다음 주에 몇몇 고객들과 만나기로 약속했습니다. 이럴 줄은 정말 몰랐습니다."

그는 인식, 반대 주장, 행동을 통해 무기력을 몰아낼 수 있었다.

그 참가자에게 전화 통화 테이터를 계속해서 수집하라고 부탁한 결과, 그의 생각 중 거의 90퍼센트가 그의 표현을 빌자면 '미친' 생각으로 드러났다. 그는 의욕을 되찾았고 곧 성과가 회복되었다. 두려움에 아무것도 하지 않던 모습은 온데간데없이 사라지고 다시 좋은 성과를 내기 시작했다.

그런데 참가자들에게 서로의 일지를 나누게 하자 더 놀라운 일이 벌어졌다. 첫째, 그들은 모두가 어느 정도 3P의 사고에 빠져 있다는 사실을 알게 되었다. 그로 인해 자신만 두려움과 걱정에 시달린다는 착각에서 오는 외로움을 떨쳐낼 수 있었다. 둘째, 그들은 자신들의 예측이 대부분 틀렸다는 사실을 발견했다. 그 결과, 이제 그들은 일어나지도 않을 문제를 머릿속으로 상상하며 끙끙 앓기보다는, 실제 문제를 객관적으로 보고 적극적으로 다루기 시작했다. 옛 생각의 패턴(부정적, 매우 주관적)을 새로운 생각의 패턴(객관적, 현실 근거)으로 바꾼 덕분에 개인적인 실패와 패배 대신 기회를 볼 수 있게 되었다. 부정적이고 막연했던 주관적 생각이 머릿속에서 빠져나가자 실질적인 관점에서 상황을 인식하여 문제를 극복할 수 있는 전략을 발견했다. 우리는 진짜 문제만을 해결할 수 있으며 상상 속의 괴물을 실제로 죽일 수는 없다.

그리고 부정적인 생각을 반박하는 과정은 전前과 후後로 이루어진다. '전'은 전화를 걸지 못했던 참가자의 경우처럼 앞으로 나아가는 행동을 막는 부정적인 생각을 반박하는 것이다. 그는 전화를 걸기 전에 부정적인 생각을 기록하고 구체적인 반대 주장으로 반박한 뒤에 행동을 취했다.

3P를 바꾸는 작업은 다음과 같은 방식으로 이루어진다.

전화를 걸기(행동하기) 전의 개인화

옛 생각 : 나(우리)는 이걸 해낼 만큼 뛰어나지 못해. 엉망이 될 거야. 고객들은 나를 더 싫어하게 될 거야.

새로운 생각 : 해낼 수 있어. 이 통화를 할 수 있어. 최선을 다하면 돼. 거래가 성사되지 않더라도 내가 패배자인 것은 아니야. 내가 형편없는 것은 아니야. 끝이 아니야. 다음 통화에 중요한 것을 이번 기회에 배울 수 있어. 점점 나아질 거야. 세상이 끝나는 것도 아닌데 뭐. 실패해도 유익해. 한걸음을 내딛을 때마다 점점 더 좋아질 수 있어. 해낼 수 있어.

전화를 걸기 전의 일반화

옛 생각 : 모든 것이 엉망이야. 우리가 하는 일마다 실패야. 이번 통화도 실패할 거야.

새로운 생각 : 모든 것이 엉망은 아니야. 성사되는 거래도 있어. 매일 좋은 일도 일어나고 있어. 행동하지 않으면 좋은 일은 일어나지 않아. 따라서 움직여야 해. 또한 이 거래 하나가 인생의 전부는 아니야. 이 거래가 성사되지 않는다고 해서 전부를 잃는 것은 아니야. 이건 수많은 거래 중 하나일 뿐이야. 그러니 해보자. 전체 그림을 보면 잘된 점도 많아.

전화를 걸기 전의 영구화

옛 생각 : 내일도 다르지 않을 거야. 계속 이럴 거야.

새로운 생각 : 계속해서 노력하면 이 상황을 바꾸고 성과를 거둘 수 있어. 시장은 언제나 반등하기 마련이야. 적극적으로 행동하면 시장이 반등할 때 유리한 고지를 선점할 수 있어. 나아가, 우리가 시장을 반등시키는 주역이 될 수 있어.

자기 자신, 전체적인 상황, 미래, 객관적인 현실에 관한 세 가지 부정적인 P를 떨쳐내면 뇌는 주관적이고 막연한 두려움과 불안에서 벗어난다. 그리고 뇌의 이성적인 부분이 개별적인 상황과 문제를 구체적이고도 현실적으로 다루기 시작하고, 뇌가 실제로 풀어낼 수 있는 객관적인 문제들에 집중한다. 뇌는 막연하고 주관적인 문제를 다루지 못하고, '구체적인' 상황을 긍정적인 태도와 '구체적인' 행동으로 다룰 수 있다. 이 문제를 잘 해결하면 거기서부터 운동력이 발생한다. 문제가 잘 해결되지 않아도 처음의 접근법을 그대로 유지하면 된다. 즉, 그 상황을 일반화하지 않고 특정한 상황으로 다루고 긍정적으로 해석한다. 자, 3P에 대한 '사후' 반박의 실례를 보자.

사후 개인화

옛 생각 : 나는 철저한 패배자야. 이 일에 전혀 소질이 없어.

새로운 생각 : "이것은 한 번의 거래일 뿐이고, 이 고객은 나와 잘 맞지 않았을 뿐이야. 매번 거래를 성사시키는 사람은 없어. 한 번 거부를 당했다고 패자자인 것은 아니야. 이번에 배운 것을 다음번에 적용해서 성과를 거두면 그만이야. 이 고객은 뭔가 나름대로 거절할 수밖

에 없는 이유가 있었을 뿐이야. 나는 매번 나아지고 있어."

사후 일반화

옛 생각 : 모든 것이 엉망이야. 모든 것이 엉뚱한 방향으로 가고 있어. 단지 일만이 아니야. 내 커리어 전체, 아니 삶 전체가 엉망이야.

새로운 생각 : 모든 것이 엉망은 아니야. 성사되는 거래도 있어. 매일 좋은 일도 일어나고 있어. 지금까지 많은 거래를 성사시켰고, 남들보다 앞선 면도 많아. 행동하지 않으면 어떤 거래도 성사시킬 수 없어. 따라서 움직여야 해. 또한 이 거래 하나가 인생의 전부는 아니야. 이 거래가 성사되지 않는다고 해서 전부를 잃는 것도 아니야. 이건 수많은 거래 중 하나일 뿐이야. 그러니 해보자. 전체 그림을 보면 잘된 점도 많아. 감사할 거리가 많아.

사후 영구화

옛 생각 : 완전히 엉망진창이고, 이 상황은 전혀 변하지 않을 거야. 이번에도 저번 통화처럼 끝날 거야. 그러니까 뭘 해봐야 소용이 없어. 이것이 뉴 노멀이야.

새로운 생각 : 이것은 한 번의 거래일 뿐이야. 여기서 배운 것을 적용해서 다음번에는 반드시 성공시키겠어. 누군가는 거래를 성사시킬 것이고, 그것이 내가 되지 말라는 법은 없지. 나는 해낼 수 있어. 그러니 주저앉지 말고 다시 시도하자. 사람들은 이런 제품을 사야 해. 내 제품을 필요로 하는 사람을 찾아내고야 말겠어.

내가 컨설팅했던 한 업체는 주요 경쟁사가 미디어를 통해 매우 강력한 홍보 전략을 펼치는 바람에 더 이상 희망이 없다는 결론을 내려버렸다. 하지만 관찰, 기록, 반박을 통해 3P를 극복한 뒤에는 자신들이 통제할 수 있는 부분이 생각보다 훨씬 많다는 사실을 깨달았다. 그 업체는 매스미디어 대신 각 고객에게 맞춤 서비스를 제공하는 경쟁 전략을 개발했다. 덕분에 무기력과 절망에서 희망과 승리로 나아갈 수 있었다. 고객들은 특별히 자신에게 맞춘 서비스에 감동했다. 대부분의 경우, 좌절과 실패의 원인은 머릿속에 있다.

4. 구조와 책임성을 더하라

사회심리학 연구에 따르면, 특정한 시간과 장소 내에서 특정한 업무와 목표를 완수해야 할 때에 성공 확률이 300퍼센트까지 높아진다. "이번 주에 1킬로그램의 살을 빼겠어"라고 말하는 것과 "월요일, 수요일, 금요일 오전에 헬스클럽을 다니겠어"라고 말하면서 달력에 표시를 하는 것은 큰 차이가 있다. 구조, 규칙성, 예측 가능성이 갖추어져야 뇌의 기능이 최고도로 발휘된다.

이것이 내가 이런 문제를 다룰 때 구조와 책임성을 강조하는 이유다. 예를 들어, 이 프로그램을 할 때는 '모두 모이게 될 때'나 '시간이 날 때'가 아니라 시간과 횟수를 정해야 한다. 대부분의 경우, 스스로 통제할 수 있는 활동들을 찾기 위해 특정한 시간을 따로 설정해야 변화와 회복이 일어난다. 특정한 시간과 장소에 다 함께 모여 스스로 통제할 수 있는 것과 없는 것에 관해 논하고 부정적인 3P 생각들을 다룬 다음, 각자 통제할 수 있는 것들을 한 뒤에 특정한 시간에 특정한 장소에 모여 서로 보고해야 한다. 그리고 두 번째 칸에 적은 행동들에 대해 서로에게 책임을 지고 성과에 영향을 미치는 것들 중 스스로 통제할 수 있는 것을 했는지도 서로 점검해야 한다.

개인적인 차원에서도 낮은 성과를 반전시키기 위한 구조가 매우 중요하다. 나는 큰 성과를 내는 사람들을 포함해서 개인들에게 매일의 활동을 아주 잘게 쪼갤 것을 권한다. 작게는 30분 단위로 쪼개서, 각 시간에 무엇을 할지 구체적으로 계획을 세우게 한다. 이론에 불과한 말처럼 들리지만 실제로 통한다. 30분 단위마다 목표를 종이에 써보면 3P 생각으로 인해 하지 못하고 있는 행동들을 찾아낼 수 있다.

3P 생각이 막연하고 구조화되지 않은 불안감을 낳는다는 점을 생각하면 이 방법이 효과적인 이유를 알 수 있다. 두려움과 불안에 빠진 사람은 무기력해진 채로 아무것도 하지 않고 하루를 허비한다. 하지만 구체적인 행동을 찾고 그것을 실천할 특정한 시간을 정하면 무기력에서 벗어나 실제로 행동할 수 있다. 그렇게 행동을 시작하면 자신감과 운동력이 생겨, 점점 다른 힘든 일들도 해낼 수 있게 된다. (두 번째 칸의)특정한 행동들에 대해 특정한 시간을 설정함으로써 구조를 더하라.

'구조'라는 말만 들어도 답답해서 견디지 못하는 스타일인가? 걱정할 필요 없다. 모든 사람이 '남은 평생' 이렇게 해야 한다는 뜻은 아니기 때문이다. 구조는 '학습된 무기력'의 역학이 깊이 자리를 잡았을 때 필요한 프로그램이며, 동시에 다른 역학의 시동을 걸기 위한 프로그램이다. 다만, 한번 이런 활동을 시작하면 무기력의 안개가 걷힌 뒤에도 지속적으로 이 활동을 하게 되는 경우가 많다. 처음에는 프로그램을 정식으로 해보고 나서, 늪에서 나온 뒤에는 각자의 상황에 맞게 변형해도 좋다.

운동력을 얻기 위한 최선의 방법은 어떻게든 일단 움직이는 것이다. 학습된 무기력은 목표 지향적인 행동이 사실상 멈춘 상태다. 그러면 부정적인 정신이 점점 강해진다. 따라서 일단 움직여야 변화가 시작된다. 이것이 이 구조가 그토록 강력한 이유 중 하나다. 하지만 공이 계속해서 굴러가게 만들기 위해서는 두 가지를 더 챙겨야 한다. 첫째, '옳은' 종류의 행동이 필요하다. 둘째, '옳은' 종류의 책임감이 필요하다.

5. 옳은 종류의 행동을 취하라

여기서 '옳은 종류의 행동'은 단순한 행동을 말하지 않는다. 그저 바쁜 것은 운동력이나 결과를 낳는 행동이 아니다. 리더가 원하는 행동은 실제로 결과를 낳는 행동이다. 그리고 리더가 원하는 책임성은 단지 결과를 평가하고 점수를 매기는 것이 아니라 실제로 성과를 이끌어내는 책임감이다. 많은 사람들이 판매 실적과 같은 결과를 평가한다. 물론 매출 목표 달성, 판매 실적, 시장 점유율 증가는 점검하고 평가해야 할 중요한 척도다. 하지만 이것들이 반드시 성공을 '낳지는' 않는다. 단지 성공을 '측정하는' 척도일 뿐이다. 여기서 내가 말하는 것은 높은 성과와 결과를 '낳는' 책임성이다. 그것이 무엇인지 알아내면 반드시 좋은 결과를 얻을 수 있다. 다시 말해, 점수에 초점을 맞추지 마라. 점수를 높여주는 행동에 초점을 맞추라.

토니 감독이 기억나는가? 책임성을 위한 그의 초점은 슈퍼볼에서 우승하는 것이 아니었다. 그의 초점은 실책과 가로채기, 페널티, 스페셜 팀의 통계였다. 매주 선수들이 몇 번이나 공을 놓치고 몇 번이나 상대편에게 잘못 패스했는지, 혹은 몇 번이나 페널티를 받았는지에 대해 책임을 지는 것은 결국 시즌 우승이나 슈퍼볼 우승과 같은 결과로 이어질 '행동들'에 초점을 맞추는 것이다. 슈퍼볼 우승은 토니가 옳은 종류의 책임감에 초점을 맞춘 결과였다. 토니는 경기의 최종 점수와 같은 결과 자체가 아니라, 결과를 '낳는' 행동들에 초점을 맞추었다. 당신도 그래야만 한다.

팀원들이 통제할 수 있는 행동들의 목록에서 실제로 결과에 영향을 미치는 행동들을 찾게 하라. 그들이 매주 고객들에게 몇 번이나 전화를 하고 있는가? 프레젠테이션을 얼마나 자주 했는가? 인수 표적을 몇 군데나 찾아냈는가? 그 기업들 중 몇 군데에 대해서 기업 실사를 마무리했는가?

경영자의 경우, 핵심 팀원들에 대한 훈련 프로그램을 몇 번이나 진행했는가? 얼마나 많은 지사를 방문했는가? 팀원들의 잘못된 행동을 바로잡고 있는가? 전략적 계획과 전술에 관한 진행 상황 검토를 얼마나 자주 하는가? 성공의 열쇠는 단순한 행동이 아니라 실질적으로 결과를 낳는 행동에 시간과 노력을 집중하는 것이다.

거래를 성사시키는 횟수뿐만 아니라 얼마나 많은 전화를 하느냐가 중요하다. 전화가 결국 거래를 성사시키는 것이기 때문이다. 팀원들이 이런 행동을 규명하고 나서, 팀원들끼리 혹은 리더들과 함께 명확한 목표와 마감일을 정하면 옳은 행동에 대해 서로에게 책임을 질 수 있다.

공개적인 책임감은 매우 강력한 효과가 있다. 그룹 내에서 서로 책임을 지면 학습된 무기력에서 나오는 변명을 늘어놓기가 힘들다. 하겠다고 말한 일을 하고, 실질적인 결과를 만들어내는 행동을 할 수밖에 없다. 모든 팀원이 하나의 목표를 공유하면 서로에 대한 긍정적인 압박이 발생한다. 그러므로 해야 할 일을 할 수밖에 없는 것이다.

매출과 직접적인 관련이 없는 역할을 맡은 팀들도 자신들의 행동이 회사의 성과와 하나로 연결되어 있다는 점을 알아야 한다. 그리고 자신들이 조직에 어떻게 기여하고 자신들의 노력에 대해 어떻게 책임을 지게 될지도 정확히 알아야 한다. 승무원들은 기업들과 대형계약을 체결하는 역할을 맡고 있지 않다. 하지만 그들이 미소를 짓고 고객들에게 좋은 경험을 선사하면 어떤 일이 벌어질지 생각해보라. 그 비행기를 탄 승객들이 자신들의 회사가 이용할 항공사를 선택하게 될 것이다. 그러므로 승무원은 '영업'을 하지는 않지만 간접적으로 매출을 높이는 행동들을 분명히 통제하고 있다. 앞서 말한 항공사가 내 오랜 단골이 아니라면 나도 승무원들이 미소를 짓는 항공사로 갈아타고 싶다.

긍정적인 에너지장

변화는 에너지를 필요로 하며, 에너지를 일으키는 것이 리더의 가장 중요한 일 중 하나다. 학습된 무기력과 단짝인 부정적인 생각은 조직의 에너지를 빨아먹는다. 따라서 리더는 무기력과 부정적인 생각이 틈타지 못하도록 강력한 바운더리를 설정해야 한다. 그리고 팀원들이 움직이도록 연료를 공급해야 한다. 이것은 팀원들이 결과에 긍정적인 영향을 미치는 행동 중 스스로 통제할 수 있는 행동에 집중하도록 만들고, 결과에 나쁜 영향을 미치는 팀원들의 생각과 행동을 억제시키는 것이다. 이는 리더가 정체된 곳에 에너지를 불어넣는 가장 강력한 방법 중 하나다.

한 가지 사례를 더 들면서 이번 장을 마무리하고자 한다. 내가 컨설팅했던 주거형 부동산 개발업체는 매우 혹독한 시장 상황에 처해 있었다. 그 업체만이 아니라 모든 경쟁자가 큰 매출을 올리지 못하고 있었다. 부동산 사업에서 중요한 척도 중 하나는 건물이 팔리기 전까지의 보유 비용이다. 완성된 건물이 팔릴 때까지 대출금을 안고 있어야 한다. 그래서 판매되기까지 시간이 오래 걸릴수록 많은 비용이 발생하고, 비용이 커질수록 수익은 줄어든다. 따라서 계약 성사를 앞당기는 것이 성공의 중요한 요인이다. 다시 말해, 재고를 빨리 없애는 것이 관건이다.

이 CEO는 팀원들이 경쟁사를 앞지르기 위해 통제할 수 있는 요인들을 날마다 강조했다.

"여러분은 세 가지를 통제할 수 있습니다. 최고의 상품을 찾을 수 있고, 최고의 판매원들을 고용할 수 있고, 최상의 가격을 제공할 수 있습니다."

불경기는 통제할 수 없지만 이 세 가지는 확실히 통제할 수 있었다. 처음 두 가지 요인인 상품과 판매원의 질을 개선했지만 매출은 오르지 않았다. 그러자 CEO는 남은 한 가지인 '가격'에 초점을 맞추기 시작했다.

당시 경쟁사들은 다른 업체들이 가격을 낮춰 계약을 성사시키면 뒤늦게 가격을 그 업체들의 수준에 맞췄다. 이 CEO가 볼 때 이것은 수동적인 반응이었다. 그는 가격 전쟁에서 앞서가는 유일한 길은 먼저 치고 나가는 것이라고 판단했다. 그래서 마진은 잊고 오직 '거래 성사'에 집중하기로 했다. 통제할 수 있는 행동, 즉 '먼저 가격을 많이 낮추는 것'을 통해 성과를 내기로 결정했다. 단기적으로는 마진이 줄어들겠지만 침체된 시장에서는 다른 측면에서 이익을 챙길 수 있었다. 그래서 그는 팀원들에게 그들이 통제할 수 있는 한 가지 목표를 제시했다.

"무조건 거래를 성사시키라. 가격을 확 낮춰서라도 거래를 성사시키라."

CEO가 팀원들에게 가격 조율의 전권을 넘긴 결과, 경쟁사들을 크게 앞질렀다. 그렇게 경쟁사들을 따돌리고 업계 최고가 되자 결국 가격을 덜 깎을 수 있게 되었고 비싼 보유 비용도 거의 사라졌다. 그 해에 그 업체는 적자를 기록하지 않은 유일한 개발회사였다. 그 업체는 통제할 수 있는 것들에 집중했고, 팀원들이 서로에게 책임을 졌다.

답보 상태에 빠져 집중력과 에너지가 고갈된 상태였던 회사는 팀원들이 결과를 낳는 것들 중 스스로 통제할 수 있는 것들에 집중하면서 상황이 180도 달라졌다. 팀원들에게 스스로 상황을 통제할 수 있다는 확신과 에너지를 불어넣는 것이 리더십의 중요한 역할이다. 가치와 목표를 설정하는 것도 중요하지만, 리더가 팀원들이 조직을 전진시킬 수 있는 행동들을 스스로 통제하도록 구체적인 여건을 마련해주면 확실한 경쟁 우위를 확보할 수 있다.

· 당신은 팀과 조직의 사람들에게 얼마나 많은 통제권을 주고 있는가?

· 그들이 결과에 영향을 미칠 힘이 자신에게 있다고 믿는가?

· 어떤 배경이나 관계에서 학습된 무기력을 떨쳐내기 위한 프로그램을 적용
할 수 있을까?

· 어떤 영역에서 팀원들의 일과 생각이 무기력해졌는가?

· 연결, 통제, 생각의 변화, 구조, 책임성, 행동 같은 프로그램의 여러 요소를
어떻게 실행할 수 있을까?

· 이번 장에서 리더십에 관한 어떤 내용이 가장 마음에 와 닿았는가?

8

B O U N D A R I E S

잘 기능하는 팀

BOUNDARIES

HIGH-PERFORMANCE TEAMS

"이제 서랍에서 죽은 생선을 꺼내야 할 시간입니다. 제리_{Jerry}가 우리 회사에 정말 오랫동안 몸을 담았고 여러분이 그를 아낀다 해도 공장을 다른 나라로 이전하는 프로젝트를 성공적으로 이끌기에는 역부족입니다."

경영팀 모임의 서두에서 CEO는 그렇게 말했다.

당신이 이 모임에 방문자로 참석을 하면 도대체 무슨 말인지 고개를 갸웃거릴 것이다. 제리라는 사람이 지난밤에 책상 서랍에 초밥을 넣어놓고 깜박 잊고 퇴근했나? 어쨌든 그것이 제리가 프로젝트를 맡지 못하는 것과 무슨 상관인가?

하지만 당신이 여기 경영진의 일원이라면 이 말이 무슨 뜻인지 '정확히' 알 것이다. 여기서 '죽은 생선'은 회사의 경영팀이 지금까지 미루어왔던 까다로운 대화를 말한다. 죽은 생선? 경영진은 듣자마자 무슨 뜻인지 이해했다.

그렇다면 경영진은 어떻게 해서 이 말의 뜻을 곧바로 이해했을까? 다음 말을 들으면 이해가 갈 것이다.

"제리에 관한 이야기는 다 알다시피 유쾌하지 않은 주제입니다. 악취가 나지요. 악취가 나도 아무도 처리하려고 하지 않아요. 그래서

193

이 문제는 서랍 속에 조용히 숨겨져 있습니다. 하지만 우리는 언젠가 때가 되면 죽은 생선을 서랍에서 꺼내기로 약속했습니다. 그래서 이제 이 이야기를 해야 합니다. 자, 다들 동감하시죠?"

여기저기에서 무거운 한숨이 터져 나온 뒤 팀원들은 본격적인 논의에 돌입했다. 그리고 거의 만장일치로 제리가 사임해야 한다는 결론이 나왔다.

아직도 정확히 무슨 말인지 모르겠는가? 그럴 수밖에. 어떻게 '죽은 생선'이 이 팀의 사전에 등재되었는지를 알려면 몇 년 전 상황으로 돌아가야 한다.

'악취 나는' 팀워크의 사례

이 글로벌 가전제품 회사의 CEO가 내게 새로운 경영진 구축에 도움을 요청할 때 나는 그를 처음 만났다. 그는 막 CEO에 임명된 상태였고, 좋은 팀을 구축하기를 원했다. 그때 나는 내가 생각하는 좋은 팀을 구축하기 위해서는 관계와 커뮤니케이션 기술 이상의 것이 필요하다고 설명했다. 물론 그런 기술이 팀원들을 강하게 결집시키는 데 매우 중요하지만, 팀 구축에서는 비즈니스에 필요한 실질적인 요소가 빠지는 경우가 많다. 제대로 된 팀을 구축하려면 관계와 커뮤니케이션이 높은 성과high-performance와 연결되어야 한다.

높은 성과는 팀의 최우선 조건이며, 모든 팀원이 비전과 목표를 공유하고 그것들을 중심으로 행동과 관계를 정렬할 때 달성된다. 팀원들이 서로 잘 어울리면서도 아무런 성과를 내지 못할 수 있기 때문에 실질적인 성과를 거두려면 단순히 잘 어울리는 것 이상이 필요하다. 즉, 팀원들이 같은 목표를 위해 적절한 시간에 적절한 방식으로 적절한 것들에 협력하고, 팀이 제대로 기능해야 한다. 그러려면 팀워크가 필요한데, 팀워크는 공통의 목적이나 목표에서만 가능하다.

그래서 나는 CEO에게 팀의 실질적인 기능에 초점을 맞추고, 함께 공통의 목표를 추구함으로써 높은 성과를 거두는 팀을 구축해야 한다고 말했다. 아울러 좋은 관계와 커뮤니케이션의 필요성을 강조했다. 실제로 이런 측면이 매우 중요하다.

일단 나는 일련의 오프라인 모임을 계획하고 CEO를 통해 한 가지 숙제를 내주었다.

"팀원들에게 각자 사업에 관련된 네 개의 사례 연구를 완성해서 모임에 가져오게 해주십시오. 매우 성공적인 사례 두 개와 크게 실패한 사례 두 개, 이렇게 네 개입니다. 어떤 사례도 좋지만, 조직 전체나 경영진 전체가 관련될 만큼 큰 사례여야 합니다."

"네, 알겠습니다. 뭐, 어렵지 않겠네요. 성공한 경우 못지않게 실패한 경우도 많으니까요."

CEO가 다소 씁쓸한 표정으로 말했다.

"한 가지 더 있습니다. 각 사례를 발표할 보고자를 지정해주시면 좋겠습니다."

그는 고개를 끄덕였고 우리는 대화를 마무리하고 헤어졌다.

모든 팀원이 모였을 때 나는 첫 번째 보고자에게 먼저 이야기를 발표해달라고 부탁했다. 첫 보고자의 시나리오는 제품 출시가 실패로 끝난 2년 전 이야기였다. 모두가 기억할 만큼 오래되지 않은 동시에, 객관적인 시각으로 바라볼 만큼 오래된 일이었다.

당시 상황을 요약해보면 다음과 같다. 신제품으로 경쟁사를 이기려는 마음이 너무 앞서다 보니 많은 부분이 엉망이 되었다. 일단, 마케팅 부서와 판매 부서는 실제로 제품을 만들 개발 부서에 제대로 확인도 하지 않고서, 제품에 특정한 기능을 탑재하겠다고 고객들과 소매점들에 약속했다. 나중에 이 사실을 알게 된 개발 부서는 감정이 상해 시간이 꽤 흐른 뒤에도 제품에 새로운 기능을 추가할 수 있을지 확답을 주지 않았다. 그 결과, 판매 부서는 약속한 시간 내에 완성하지도 못할 기능을 탑재한 제품을 판매하겠다고 준비를 하고, 개발 부서는 고객의 피드백에 따라 설계를 바꿔야 할 필요성을 느끼지 못한다고 고집을 부렸다. 그렇게 조직이 분열되었다.

결국 제품 출시가 늦어졌다. 회사의 고객들은 출시가 늦어진 것만이 아니라 약속된 기능이 탑재되지 않은 것에 격렬하게 분노했다. 당연히 언론에서도 신제품에 대한 나쁜 평가가 잇따랐다. 회사는 팀의 분열에 톡톡히 대가를 치러야 했다. 이 대가가 특히 뼈저린 것은 기술과 인재가 부족해서 생긴 일이 아니라는 점이다. '계획'이 엉망인 탓도 아니었다. 실패의 원인은 팀원들이 목표를 위한 하나의 팀으로 협력하지 않았기 때문이다.

'비즈니스' 기술과 기능 때문에 실패한 것이 아니다. '팀' 기능이 문제였다. 그들은 팀이 해야 할 가장 중요한 일을 하지 않았다. 혼자서는 할 수 없는 성과를 달성하기 위해 '협력'하는 것, 바로 그것이다. 사실, 협력하지 않으면 팀이라고 말할 수 없다.

문제 팀 바로잡기

팀원들이 이 기억을 곱씹고 있을 때 나는 한 가지 질문을 던졌다.

"만약 모두가 함께 공유한 팀 운영 가치가 있었다면 이런 일이 일어났을까요?"

"무슨 말씀이신가요?"

CFO가 고개를 갸웃거렸다.

"음, 팀원들의 '행동'을 결정하는 특정한 가치가 있다고 해봅시다. 팀이 어떻게 협력할지 결정하고, 팀원들이 이처럼 나쁜 결과를 낳는 방식으로 일하지 않도록 막아주는 가치 말입니다. 그런 가치가 있다면 무엇일까요?"

"그것을 어떻게 알아내야 합니까?"

다른 사람이 물었다.

"일단 여러분의 이야기를 좀 더 자세히 들여다보죠. 이 제품 출시 과정에서 실제로 어떤 일이 벌어졌는지 봅시다. 여러분이 어떻게 '행동'하고 '일'했기에 이런 결과가 나왔는지 보시죠."

나와 함께 팀원들은 구상부터 출하까지 제품 출시의 전 과정을 해부하기 시작했다. 일정, 의사 결정 과정, 누가 참여하고 참여하지 않는지, 의사 결정 모델과 리스크 분석의 기준, 계획과 실행 등등을 조목조목 따져보았다.

모두가 문제를 인식했지만 문제를 다루기 위해 팀으로 지금까지 한 번도 함께 협력한 적이 없다는 사실이 곧 눈에 들어왔다. 두 파벌은 마치 그 문제를 '서랍 속에서 썩어 가는 죽은 생선'처럼 서로에게 미루기를 반복하고 있었다. "약속된 날짜에 출시할 수 없습니다"라고 말하고 싶은 사람은 아무도 없었다. CEO의 매출 실적 압박이 심하기 때문에 '실적을 내지 못할 것 같은 일'은 모두 '죽은 생선'이 되어 '서랍' 속으로 들어갔다. 누구도 이 생선을 꺼내 "이번 목표는 달성하기 힘듭니다"라고 말하기를 꺼려 했다. 시간이 지날수록 악취는 점점 심해져만 갔다.

그렇다면 약속을 지키지 못한 일에 대한 책임감은 어떠했을까? 이 부분에서도 두 팀은 내부의 동료들에 대한 약속과 외부의 고객들에 대한 약속 모두를 지키지 못한 데 대해 서로에게 책임을 돌렸다. 약속을 지키지 못한 것보다 더 안타까운 사실은 동료와 고객에게 약속을 지키지 못했음에도 아무런 조치가 취해지지 않았다는 점이다. 회사 내부에서 약속을 지키지 못한 경우가 너무 빈번해서 그것이 당연한 일처럼 넘어갔다. 약속 이행이 시체라면 책임성은 아예 토막 시체인 상태였다.

팀원들이 최악의 시나리오를 계속 곱씹는 동안 나는 이야기의 모든 요소를 플립 차트로 만들었다.

- 안 좋은 이야기를 공개적으로 하기 힘들게 만드는 실적에 대한 압박 상황
- 각 사람이 실제 상황과 기대 사항에 대해 서로 다르게 이해한 채 모임을 나가는 상황
- 대화가 주로 '상대방을 설득하기' 위한 시도인 상황
- 부서마다 목표가 다르고, 모두에게 중요한 것을 중심으로 정렬이 이루어지지 않은 상황
- 문제를 알면서도 모두 쉬쉬하는 상황

이 목록의 흥미로운 점은 팀원들이 나눈 다른 이야기에서 취한 목록들과 거의 동일했다는 것이다. 세부 사항은 달라도 패턴과 문제는 똑같았다. 이는 내가 컨설팅 일을 하면서 자주 발견하는 상황이다. 팀마다 어떤 프로젝트를 하든 나름의 작업 '방식'을 갖고 있기 때문이다. 이 회사의 경우, 프로젝트가 팀의 행동이나 운영 방식과 잘 맞아떨어지면 프로세스가 원활하게 진행된다. 하지만 그렇지 못할 경우에는 서랍 속에서 썩은 냄새가 진동하기 시작한다. 예외가 있다면, 외부적인 상황으로 인해 팀이 어쩔 수 없이 평소와 다른 '방식'으로 일해야 하는 경우다. 그러면 이 '운'으로 인해 성공한다.

예를 들어, 더 나은 행동 패턴이나 관행을 사용하는 다른 팀과 협력하는 경우가 그렇다. 가끔 이런 식으로 좋은 결과가 나오면 팀은 현실에 안주하고 만다. 다른 누군가가 공백과 약점을 메워준 것인데 자신들이 잘해서 성공한 줄 알고 바뀔 생각을 하지 않는다. 하지만 그 성공은 어디까지나 도움을 받은 것일 뿐이다.

행동 변화 = 결과의 변화

이제 플립 차트를 통해 그들의 문제점이 훤히 보였다. 이런 순간은 충격적이면서도 중요한 깨달음의 순간이 될 수 있다. 그때 옳은 질문을 던지면 변화가 시작된다.

"자, 여기서 여러분이 통제할 수 없는 것들이 있나요?" ('전적인 책임'이란 말이 기억나는가?)

그들은 차트를 보았다. 나쁜 결과들은 하나같이 그들이 가지고 있는 지식이나 기술과 관련이 있었다. 불경기처럼 그들의 통제권 밖에 있는 힘과는 아무런 연관성이 없었다. 말하자면, 나쁜 결과들은 전부 자신들의 행동과 관련이 있는 것들이었다.

우리가 행동에 관해서 알고 있는 한 가지 사실은 그것이 우리의 통제권 안에 있다는 점이다. 이 사실을 이해하면 무기력에서 빠져나올 수 있다. 그리고 나쁜 결과를 초래하는 모든 것을 바꿀 힘이 자신에게 있고, 좋은 결과를 낳는 모든 것이 자신의 행동과 연결되어 있다는 사실을 깨닫게 된다. 행동이 변하면 결과가 바뀌고 무기력에서 벗어나 힘을 낼 수 있다.

오프라인 모임의 다음 단계는 플립 차트의 요소들을 범주들로 묶는 것이었다. 그렇게 했더니 내가 먼저 던진 질문에 대한 답이 드러났다.

- 실질적으로 비즈니스의 성과를 결정하는 가치와 행동은 무엇인가?
- 어떤 가치와 행동이 좋은 일을 낳는 동시에 나쁜 결과를 막는가?

그들은 좋은 결과를 만들어내고 대실패를 막아줄 가치들을 함께 찾아냈다.

진정한 운영 가치라면 실질적인 행동과 결과로 드러난다. 그렇지 않으면 진정한 운영 가치가 아니라 벽에 붙은 플래카드에 불과하다. 앞서 말했듯이 리더는 자신이 창출하는 것이나 허용하는 것을 얻는다. 팀의 운영 가치는 특정한 종류의 행동들을 허용하고 특정한 종류의 행동들을 억제하는 환경을 만들어낸다.

가치와 관련된 또 다른 중요한 점은 권장하거나 억제하고 싶은 행동들의 바운더리에 구조와 정체성을 더해주는 핵심적인 언어를 정할 수 있다는 것이다. 모든 팀은 행동을 권장하고 억제하는 바운더리가 무엇인지 소통하기 위해 공통의 언어와 사전을 필요로 한다. 이 팀의 경우에는 누군가가 "서랍에서 나온 죽은 생선"이란 말을 꺼내면 모두가 그 뜻을 정확히 이해하고, 이 말이 나올 때마다 팀원들은 사전에 합의한 가치를 중심으로 즉시 협력한다. 모두가 귀를 기울이기 시작한다. 내가 아는 어떤 팀은 "마지막 10퍼센트를 알려달라"는 말을 사용한다. 이는 "내가 들어야 할 말을 숨기지 않기를 바란다. 말하기 힘든 마지막 10퍼센트까지 다 말해달라"는 뜻이다. 이 말이 나오면 그 팀의 구성원들은 완전히 솔직해진다. 이는 바로 공통의 언어 덕분이다. 언어는 행동을 이끌어낸다.

언어에 관한 이야기는 나중에 하도록 하고, 지금은 플립 차트를 통해 문제점을 발견하고 실패를 막아줄 가치들을 찾아낸 팀의 이야기로 돌아가 보자. 여기서 팀이 찾아낸 가치들을 다 살펴보지는 않을 것이다. 이제 요지는 이해했을 테니, 그들이 찾아낸 좋은 가치들을 몇 가지만 살펴보고 넘어가자. 그들의 사업에서 '나쁜 결과'를 막아주고 '좋은 결과'를 보장해줄 가치들에는 다음과 같은 것들이 있다.

이해와 소통 : 우리는 서로의 말을 완벽히 이해하는 것을 추구한다. 우리는 예의 있고, 협력적이고, 시기적절하고, 완전한 대화를 한다. 우리는 생각과 관점을 분명하고도 직접적으로 전달하는 동시에 다른 시각에도 마음을 연다. 우리는 메시지와 서로에 대한 기대 사항을 이해하기 위해 귀를 기울이고, 분명하게 파악하고 정중하게 질문한다. 우리는 중요한 문제를 솔직하게 의논하고 듣기 힘

든 메시지를 신중하게 전달한다. 우리는 중요한 문제를 숨기지 않고 그 문제를 들어야 할 사람이 아닌 다른 사람에게 말하지 않는다.

중요성과 긴급성 : 우리는 중요한 것에 대해 행동을 취한다.

우리는 중요한 것과 단순히 긴급한 것을 구분한다. 우리는 전략적으로 정렬된 분명한 목표를 설정하고, 단기적으로 필요한 것들과 장기적으로 필요한 것들 사이의 균형을 유지한다. 우리는 우선적인 일의 실행에 집중한다. 우리는 적극적으로 장애물을 제거하고, 문제를 해결하고, 중요한 일을 이룰 수 있도록 올바른 우선순위를 유지한다. 우리는 언제나 중요한 것을 정의하고 실행한다.

글로벌 인식 : 우리는 글로벌 사업에 참여하는 것이 우리의 일에 어떤 영향을 미치는지 이해한다.

우리는 여행, 포용, 포럼, 지분 스왑, 글로벌 커뮤니케이션을 통해 우리 사업과 관련된 글로벌 기회와 장애물을 지속적으로 파악한다. 우리는 정보를 우리의 의사 결정과 일에 적용한다. 우리는 전 세계의 동료들과 제휴해서 서로 문화적 차이와 지식을 나누고 활용함으로써 글로벌 시장과 국내 시장에서 효과적으로 경쟁한다. 우리는 글로벌 시민으로서 행동한다.

고객 친밀성 : 우리는 성공을 위해 고객 관계를 구축한다.

우리는 우리 회사의 존재 이유가 고객이라는 이해를 바탕으로 일을 한다. 우리는 고객들의 니즈를 깊이 이해하고 솔루션을 제공한다. 우리는 사업의 성장과 수익을 위해 고객과의 강한 협력 관계를 효과적으로 추구한다. 우리는 구체적으로 고객들의 말에 귀를 기울이고, 그들의 세상과 우리 세상 모두에서 상호작용할 다양한 시간과 방식을 찾는다. 우리는 고객들에 관해서 우리가 아는 모든 것을 전 직원과 나눈다.

연결 : 우리는 성과를 내기 위해 동료들과 협력한다.

우리는 부서, 장소, 지역을 초월해서 모든 동료들과 협력한다. 우리는 의사 결정이나 프로젝트에 동참시켜야 할 사람들을 적극적으로 찾아 적절한 시간에 참여를 부탁한다. 우리는 조직의 목표를 달성하기 위해 담을 허물고 조직 전체에 신뢰 관계를 구축한다. 우리는 조직의 성과를 높이기 위해 정보와 모범실무를 적극적으로 공유한다. 우리는 서로에게 조기 경고음을 울려주는 레이더가 되어준다.

약속 이행 : 우리는 하겠다고 한 것은 반드시 한다.

우리는 각자의 역할에 서로 책임을 지고 약속을 이행한다. 우리는 역동적인 환경에서는 우선순위가 변할 수 있다는 점을 인식하고, 그런 일이 일어날 때 주주들에게 달라진 상황을 알리고 합의 내용을 다시 협의한다. 우리는 시기를 신중하게 결정하고, 지난 경험을 토대로 팀의 기능을 끊임없이 개선한다. 우리는 인재를 찾고 훈련시키며, 인재들과 함께 모든 목표를 달성하기 위해 필요한 역량을 키운다.

재능 개발 : 우리는 자신과 동료들의 발전을 끊임없이 추구한다.

우리는 함께 일하는 사람들의 재능과 기여를 높이 평가한다. 우리는 서로 의견이 일치하지 않을 때도 연합과 헌신 속에서 일한다.

우리는 동료들과 협력하여 난관을 극복하고 성공을 축하한다. 우리는 자신의 지식과 기술, 능력을 기르기 위해 노력하고, 서로 본을 보이고 조언하면서 동료들도 발전하도록 돕는다. 우리는 직원들과 수시로 상호작용하고 그들의 기능과 애로사항을 지속적으로 관찰하면서 피드백을 제공해준다.

결과를 낳는 가치들을 정의하라

이 목록에서 보듯이 좋은 가치들은 벽 어딘가에 걸린 공허한 상투 문구가 아니라 비즈니스와 실질적으로 연결되어야 한다. 예를 들어, 글로벌 인식이라는 가치는 회사의 비즈니스 방식이 미국과 유럽에만 맞을 뿐, 회사가 공략하고 있는 다른 국가들에는 맞지 않아 실적이 떨어지고 있다는 토론 결과에서 나왔다. 이 회사의 전략은 미국과 유럽 외의 국가들에서 성장하는 것을 포함하고 있었다. 그런데 미국(특히 이 본사가 위치한 서부 해안)의 프로세스, 제품, 업스트림 마케팅upstream marketing, 설계가 항상 다른 국가들에 맞지는 않았다. 이것이 종종 실망스러운 결과가 나온 이유였다. 경영진은 자사의 의사 결정이 너무 미국 중심적이라는 사실을 발견했다. 글로벌 기업으로서 성공하려면 최고 경영진 모임에서 미국 서부만이 아니라, 글로벌 시장을 고려한 논의가 이루어져야 했다. 그렇지 않으면 글로벌 성장이라는 비전에 도움이 되지 않는 의사 결정이 이루어질 수밖에 없었다.

마찬가지로, 경영진은 고객들과 많은 시간을 보내는 판매 부서와 마케팅 부서가 고객을 전혀 모르는 부서들과 협력하느라 진을 빼고 있다는 사실을 발견했다. 부서마다 제품을 이해하는 기준이 서로 달라 고객들이 원하는 기능을 제품에서 빼는 바람에 판매 실적이 크게 떨어졌다. 그래서 경영진은 고객 친밀성이 판매 부서와 마케팅 부서만이 아니라 조직 전체의 가치가 되어야 한다고 판단했다. 진정한 고객 중심이 되려면 '모두'가 고객들의 현실을 피부로 느껴야 했다. 그렇게 되면 R&D 부서와 판매 부서 사이, 혹은 판매 부서와 고객 서비스 부서 사이에 괴리가 없어진다. 경영진은 전 직원이 최종 사용자 경험을 더 깊이 이해하도록 할 방법을 찾았다. 그 결과, 모임에서 한 사람은 A를 이야기하는데 다른 사람은 B로 알아듣는 상황이 벌어지지 않고, 제대로 된 토론이 이루어질 수 있었다.

여기서 핵심은 어떤 가치와 행동이 비즈니스의 실질적인 니즈에 맞는지 판단하는 성과 중심의 방식이다.

팀 구축은 관계를 염두에 둘 뿐 아니라 실질적인 비즈니스 결과를 얻을 수 있는 쪽으로 이루어져야 한다.

좋은 관계가 필수적이지만 팀은 매우 구체적인 비전과 임무를 달성해야 한다. 다시 말해, 잘 '기능해야' 한다. 그러기 위해서는 목표를 향해 올바르게 정렬된 행동으로 비즈니스의 성과를 만들어내는 가치가 필요할 뿐 아니라, 비즈니스를 제한하거나 망가뜨리는 행동을 억제시키는 가치가 필요하다. 여기에 책임성을 더하면 팀은 제트엔진을 달게 된다.

팀은 단순한 '사람들의 집단'이 아니다. 팀은 하나의 목적이나 목표를 공유한 사람들의 집단이다. 목적이나 목표를 공유하면 그것을 달성하기 위해 협력하고 특정한 방식으로 상황을 바라보게 된다. 목표를 향한 가치와 그 가치에서 나온 행동은 팀의 목적이나 목표를 현실로 이루어낸다.

　리더의 역할은 공통의 목적이나 목표를 중심으로 팀을 구축한 뒤에, 그것을 달성하기 위해 팀이 어떤 가치를 갖고 어떤 행동을 해야 하는지를 함께 알아내는 것이다. 목표를 향한 가치와 행동을 정의하면, 필요한 것을 창출하고 목적이나 목표 달성에 방해가 되는 것들을 허용하지 않는 바운더리가 설정된다.

리더십 바운더리를 위한 질문

· 당신과 당신의 팀은 비즈니스 성과에 도움이 되는 어떤 운영 가치들을 정립했는가?

· 그런 운영 가치가 없다면 그것을 정의하는 프로세스를 어떻게 이끌어야 할까?

· 당신의 팀은 각자의 목적이 아닌, 정렬되고 공유된 목적에 따라 일하고 있는가?

· 이겨도 함께 이기고 져도 함께 지도록 모든 팀원을 공통의 목표 아래로 모으기 위해 어떻게 해야 할까?

· 특정한 행동에 관한 팀 서약을 어떻게 만들어야 할까?

· 팀원들끼리 어떤 식으로 책임을 질까?

BOUNDARIES

**신뢰는 팀이 제대로
기능할 수 있게 만든다**

BOUNDARIES

최근 한 CEO 고객과 팀 노력에 대한 대화를 하면서 많은 것을 깨달았다. 그는 불과 몇 주 전 매출액 5억 달러 상당의 새로운 기업을 인수했다. 그런데 막상 뚜껑을 열어보니 조직이 심각하게 분열되어 있고 명료함이라곤 찾아볼 수 없었다. 그는 조직을 정비하다가 지쳐 사무실에 털썩 주저앉았다. 새로 인수한 조직을 움직이게 만들 방법을 생각할수록 머리가 혼란스러웠다. 뜯어고쳐야 할 부분이 너무 많아서 어디서부터 손을 대야 할지 알 수 없었다.

내가 건넨 첫 번째 조언은 다음 두 가지 질문에 기초하여 사업을 두 영역으로 나누라는 것이었다.

첫째, 투자은행과 이사회가 요구하는 분기 목표를 달성하기 위해 즉시 실행해야 할 단기 활동들은 무엇인가?(뇌의 집행 기능들을 기억하라 : 주의 집중, 억제, 작업 기억)

둘째, 조직의 올바른 가치를 정립하고 장기적으로 성장과 투자 수익을 거두기 위해 필요한 활동들은 무엇인가?

이렇게 두 가지 특정한 범주에 집중하자 눈앞이 훤해졌다. 바로 이것이 뇌 집행 기능의 힘이다. 뇌의 집행 기능은 앞으로 나아갈 길을 밝혀주고 다른 길들을 억제한다. 이제 CEO는 이 두 가지를 붙잡고 씨름하기 시작했다.

다음 모임에서 팀을 주의 집중, 억제, 작업 기억으로 이끌기 위해 그가 시작한 강력한 조치를 내게 이야기해주었다. 그가 실행한 조치는 내가 2장에서 설명한 방식 그대로였다. 그의 표현을 빌자면 그는 팀이 '눈앞의 데이터'에 집중하도록 두 번의 월간 모임을 정했다(주의 집중, 억제, 작업 기억). 첫 모임은 "이 조직이 건강한가?"라는 질문을 중심으로 진행되었다.

"'건강'이란 무슨 뜻인가요?"

내가 묻자 그는 이렇게 대답했다.

"건강에는 두 측면이 있습니다. 저는 팀원들이 분명히 알고 기억할 수 있도록 조직의 건강을 두 가지 질문으로 정의했습니다. 첫째는 '예측 가능하고 형성 가능한가?'라는 질문입니다. 무슨 의미냐면, 우리가 얻겠다고 한 결과를 얻고 있는가 하는 것입니다(=예측 가능). 둘째는 '그렇지 못할 때 더 나은 결과를 형성할 수 있는가?'라는 질문입니다(=형성 가능)."

그의 말이 계속되었다.

"그래서 먼저 주요 지표와 척도를 모두 분석해서 어느 부분이 흔들리고 있는지 알아내야 합니다. 예상했던 성과를 내지 못하는 부분을 찾아내는 거죠. 그렇게 상황이 예상대로 흘러가지 않고 있는 부분에서 근본 문제를 진단하는 분석에 돌입해야 합니다. 비용이 예상과 다르다면 이유는 무엇일까? 성과를 만들어낼 사람을 특정한 날짜까지 영입하기로 했는데 그렇게 하지 못했다면 이유는 무엇일까? 이것이나 저것을 판매하겠다고 했는데 그렇게 하지 못했다면 이유는 무엇일까? 이 지역에서 이 정도 마케팅을 하면 어느 정도 매출이 나올 것이라고 예상했는데 그렇지 못했다면 이유는 무엇일까?

이런 질문을 던지면 우리가 '형성할' 수 있는 것은 무엇이며(앞서 내가 스스로 통제할 수 있는 것을 강조했던 것을 기억하라) 다음 달까지 그 것을 형성하기 위해 어떻게 교정을 할 것인지 알 수 있습니다. 우리 가 결과를 제대로 예측하지 못하고 있다면 결과를 형성할 수 있는 다 른 무언가를 해야 합니다. 그렇게 하면 조직은 다시 건강해질 수 있 습니다. 예상했던 결과가 나오지 않으면 무엇이 잘못되었는지, 그리 고 상황을 어떻게 바로잡을 것인가 하고 물어야 합니다.

여기서 끝이 아닙니다. 이건 정말 중요한 문제인데, 우리가 예측 한 결과를 얻지 못했다는 것은 우리의 계획과 예산에 '틈'이 생겼다 는 뜻입니다. 예를 들어, 회사에 가치를 더해줄 인재를 영입하기로 했는데 그렇게 하지 못했다면 계획에 차질이 빚어졌다는 사실을 즉 시 인정하고 상황을 바로잡아야 합니다. 여기서 생긴 틈을 메우지 않 으면 계속해서 뒤처질 겁니다. 다시 말해, 단순히 인재를 영입하는 것이 전부가 아니라는 말입니다. 계획 차질로 인해 새롭게 생긴 문제 도 바로잡아야 합니다… 이렇게 하면 집중해야 할 것에 집중하고, 해 서는 안 되는 일을 억제하면서 중요한 작업 업무를 늘 기억할 수 있 습니다."

그렇다. 뇌의 집행 기능이 관건이다.

그는 계속해서 이렇게 말했다.

"모임에서 깨달은 것이 또 하나 있습니다. 조직의 상황을 전혀 몰 랐던 사람들이 있는지 확인해야 한다는 점입니다. 자기 부서에 어떤 문제가 있는지 모른다면 부서를 실제로 운영하고 있지 않은 것이지요. 이런 것에 대해서는 항상 '작업 기억'을 갖고 있어야 합니다. 문제를 바로잡기 위해 모임을 갖더라도 문제 자체는 이미 알고 있어야 합니다. 그렇지 않다면 운전대만 잡고 있을 뿐, 졸음운전을 한 것이지요."

이어서 그는 주의 집중, 억제, 작업 기억이라는 뇌의 집행 기능에 대하여 다음과 같이 말했다.

"지난번에 뇌의 집행 기능(주의 집중, 억제, 작업 기억)이란 개념에 대해 이야기를 나누고 나서 저의 지난 사업이 왜 잘 되었는지, 그리고 현재의 팀에 대해서 무엇을 해야 할지를 분명하게 알게 되었습니다. 우리 팀이 주의 집중과 억제, 작업 기억의 기능을 제대로 하게 만들어야 합니다. 이번 모임은 그런 노력의 일환입니다."

앞서 그는 두 번의 모임을 계획했다고 말했다. 그래서 이번에는 두 번째 모임에 대해 묻자 그는 다음과 같이 대답했다.

"두 번째 모임의 목적은 모두가 부서를 초월해서 현재 진행 중인 몇 가지 중요한 일을 중심으로 하나가 되게 만드는 것이었습니다. 제품 출시, 특정 제품의 매출 신장, 지역 공략, 지속적인 개선, 고객과의 상호작용 등, 우리가 가장 중요하게 여기는 다섯 가지 정도의 핵심적인 일은 부서를 초월합니다. 그래서 모두가 '하나의 팀으로서' 핵심적인 일을 최우선시하고 서로 필요한 자원을 공유해야 합니다. 진정한 팀워크를 이루어야 합니다. 여기서 관건은 팀을 공통된 목적이나 목표 아래로 정렬시키는 것입니다. 이런 일은 어느 한 사람의 일이 아닙니다. 팀 전체가 감당해야 할 일입니다. 팀 전체가 협력해야 이 일을 이룰 수 있습니다. 협력이야말로 팀의 본질이지요. 모두가 하나의 목적이나 목표 아래로 정렬되면 협력적인 행동이 나타나게 되어 있습니다.

'이런저런 일을 추진하기 위해 며칠 정도 당신 부서의 이 사람들이 필요합니다'라고 스스럼없이 말할 뿐 아니라 모두가 공통의 우선순위에 합의하고, 그 일들을 이루기 위해 협력해야 한다는 것을 알게 되죠. 그 일들이 팀 전체의 목표라는 점을 인식하고 나면 모두가 함께 노력하고 서로를 돕습니다. 그리고 목표를 위해 서로에게 필요한 것을 아낌없이 주고 '이 사람은 내어줄 수 없어'라는 식의 말을 하지 않습니다.

이것이 중요한 이유는 제가 각 부서에서 정말 필요한 것들을 일일이 챙길 수 없기 때문입니다. 하지만 팀원들이 협력하면 원활하게 해낼 수 있지요. 이렇게 하면 제가 일일이 관여하지 않아도 팀원들 스스로 일을 해낼 수 있습니다. 이것이 중요한 것들에 집중하는 주의 집중의 힘입니다."

나는 흐뭇한 미소와 함께 엄지를 들어 보였다. 주의 집중, 억제, 작업 기억이 잘 이루어지는 팀의 좋은 본보기일 뿐 아니라 하나의 팀으로 뭉친 부서들의 훌륭한 사례였다. 그의 말을 듣다가 나는 너무 좋은 사례여서 리더와 팀의 집행 기능에 관한 책을 쓸 때 꼭 소개하고 싶다는 말을 했다. 그렇게 우리는 한바탕 웃었다. 잠시 후 그는 이번 장의 주제인 '신뢰'에 관한 이야기를 꺼냈다.

> "하지만 이 모든 것이 아무리 강력하다고 해도
> 우리가 팀 문화, 특히 신뢰의 문화를 미리 구축하지 않았다면
> 이 일은 불가능했을 겁니다."

나는 이렇게 말했다.

"맞는 말씀입니다. 신뢰야말로 출발점입니다. 신뢰가 바탕을 이루고 있어야 이 모든 일이 가능하지요."

"이런 모임에서는 '특히' 깊은 신뢰가 필요합니다."

"무슨 뜻인가요?"

"음, 이런 논의는 어렵기 때문입니다. 힘든 주제입니다. 어느 부분이 제대로 이루어지지 않고 어떤 아이디어가 실패하고 어떤 노력이 효과를 거두었는지 등에 관한 이야기는 쉽지 않습니다. 말하기도 힘들고 듣기도 힘들죠. 특히, 두 번째 모임에서처럼 부서끼리 협력하고 자원을 나누는 이야기를 할 때가 힘듭니다. 우리 팀원들은 때로 희생을 감수하면서까지 부서끼리 자원을 나누기로 약속했습니다. 그들은 '서로를 위해' 일합니다. 팀 전체의 유익을 위해 자신의 일정을 포기합니다. 이것은 협력과 신뢰의 문화에서 일할 때만 가능합니다. 서로를 정말, 정말 깊이 신뢰할 때만 가능하지요. 우리 팀원들은 서로 필요한 것을 스스럼없이 말하고, 상대방의 요청을 잘 받아들입니다. 그리고 자신의 일에 대해 서로에게 책임을 지지요. 이렇게 하려면 깊은 신뢰가 필요합니다. 우리가 얼마 전에 신뢰를 쌓는 작업을 했기 때문에 이것이 가능해진 겁니다."

그의 말이 옳았다. 서로를 믿는다는 것은 서로가 서로를 '위하고' 공유한 목적을 '위한다는' 사실을 서로 안다는 뜻이다.

신뢰 없이 조직 전체를 '위해' 자신의 자원을 내놓는 팀원들을 상상할 수 있는가? 모두가 공통의 목적 아래로 정렬되지 않고서는 그런 일은 불가능하다. 개인적인 일정과 부서의 목적이 조직 전체의 길을 방해하는 일이 계속해서 발생할 뿐이다. 하지만 앞서 살폈듯이 어떤 팀이 되어야 하고 어떤 가치에 따라 행동해야 하는지에 대해 모든 팀원이 합의하면 정렬이 이루어지고 신뢰가 싹튼다.

자, 이런 종류의 신뢰를 구체적으로 어떻게 이루어야 할까?

신뢰를 구축하는 유일한 길은 적극적이고도 부지런히 추구하는 것이다. 그리고 내 경험으로 볼 때, 두 가지 요소가 필요하다. 첫째, 신뢰란 무엇인가에 대한 좋은 '정의'가 필요하다. 개인으로서와 팀 전체로서 신뢰가 무엇을 의미하는지를 제대로 알아야 한다. 둘째, 신뢰를 어떻게 '실행'할지를 모두가 알아야 한다.

팀의 '신뢰'에 관한 합의된 정의를 얻으라

나는 팀을 컨설팅할 때 주로 신뢰의 본질에 대해 물으면서 시작한다. 신뢰는 무엇으로 이루어졌는가? 우리가 누군가 혹은 어떤 그룹을 신뢰하기 위해서는 어떤 요소들이 있어야 하는가?

지금까지 수많은 심리학자, 비즈니스 이론가와 실천가, 관계 전문가 등이 신뢰에 관한 책을 선보였다. 내가 가장 중요하게 여기는 요소들은 다음과 같다.[3]

- 이해를 통한 연결(Connection through Understanding)
- 동기와 의도(Motivation and Intent)
- 성품(Character)

---

3 이 요소들은 내 책 『인테그리티, 성과를 만드는 성품의 힘』과 스티븐 M. R. 코비(Steven Covey)의 책 『신뢰의 속도(The Speed of Trust)』(New York : Free Press, 2008)에도 소개되어 있다.

- 능력(Capacity and Ability)
- 실적(Track Record)

이해받는다고 느낄 때 신뢰가 자란다

신뢰 구축의 첫 번째 요소는 상대방을 이해함으로써 연결되는 것이다. 기억하라. 사람들은 자신을 이해하는 사람을 신뢰하지 않는다. 사람들은 상대방이 '자신이 이해한다는 것을' 이해할 때 그 사람을 신뢰한다. 무슨 말이냐면 우리가 이해하는 것만으로는 부족하다는 뜻이다. 우리가 이해한다는 사실을 상대방이 이해해야 한다. 그러려면 상대방의 상황을 이해하기 위해 귀를 기울이고 나서 이해했다는 표시를 해야 한다. 그럴 때 진정한 연결이 형성되고 신뢰가 싹튼다. 우리와 연결되었다는 것을 상대방이 알고 실질적으로 느껴려면 시간과 관심을 쏟아서 상대방이 자신의 사정과 속마음을 편하게 털어놓을 수 있도록 만들어야 한다. 팀에서는 각 사람과 그들이 속한 부서의 목적과 고충 등을 이해하기 위해 관심을 쏟는 시간이 반드시 필요하다.

신뢰를 쌓기 위해 시간과 관심을 쏟을 때 일어날 수 있는 일의 사례가 여기에 있다. 속도와 기민성을 높이려는 팀을 위해 오프라인 컨설팅을 진행한 적이 있는데, 내 진단은 '합의'를 너무 강조한 점이 문제의 원인이라는 것이었다. 사람들이 서로의 기분을 상하게 할까 봐 하고 싶은 말을 제대로 하지 못했기 때문에 실제로 실행 가능한 계획을 세우는 데 필요 이상으로 많은 시간이 걸렸다. 서로가 할 말을 거리낌 없이 할 수 있다면 시간이 훨씬 단축될 수 있다.

나는 두 가지 차원에서 신뢰를 강화해야 한다고 말했다. 첫째, 속에 있는 생각을 말할 수 있을 만큼 서로를 신뢰해야 한다. 둘째, 상대방이 말을 하면 의견이 달라도 잘 받아들일 수 있을 만큼 서로를 신뢰해야 한다.

그래서 나는 팀원들을 한자리에 모아 몇 가지 질문을 던졌다.

"팀 동료에게 듣기 힘든 진실이나 피드백을 전할 때 무엇이 두렵습니까?"

"그런 진실이나 피드백을 들을 때 무엇이 두렵습니까?"

나는 그런 대화가 특별히 훈훈하게 끝나거나 심하게 얼굴을 붉히면서 끝난 사례를 이야기하고, 진실이나 피드백을 어떤 식으로 듣고 싶은지 말해보게 했다. 결과는 놀라웠다. 어떤 이들은 좋게 끝난 경험을 이야기하면서, 분명한 피드백 때문에 듣기는 힘들었지만 덕분에 자신의 삶이나 커리어가 크게 변했다고 말했다. 아주 기분 나쁜 지적을 들었을 때 어떤 상황이 벌어졌는지를 이야기한 이들도 있었다. 기분 좋은 경험담도 있었고, 절로 인상이 찌푸려지는 경험담도 있었다.

한 여성은 비판적인 피드백이 자신에게 유익하고 스스로 원하기도 하지만, 한편으론 무척 두렵다고 했다. 그녀는 팀원들에게 이렇게 말했다. "일단은 먼저 이유없이 저를 좋아한다고, 저를 해고시키지 않을 거라고 다짐하고 나서 저의 잘못을 지적해주세요. 먼저 저를 안심시켜주세요."

모두가 깔깔거리자 그녀는 정색을 했다.

"농담이 아니에요!"

한 남성은 이렇게 말했다.

"저는 정반대에요. 저는 단도직입적인 걸 원해요. 헷갈리게 하지 않았으면 좋겠어요. 그냥 제가 뭘 어떻게 해야 할지 말해주세요."

세 번째 사람은 이렇게 말했다.

"제게 피드백을 해주실 때는 제가 무슨 행동을 하든 그 이유를 제대로 알고 말해주셨으면 좋겠어요. 잘 알지도 못하면서 말하는 분들이 계신데, 기분이 썩 좋지 않습니다. 제 사정을 제대로 알고서 말하신다면 무슨 말을 하셔도 좋습니다."

팀원들의 말을 가만히 듣고 있자니 몇 가지 내용이 눈에 들어왔다.

첫째, 팀원들의 시각은 천차만별이었다. 사람들의 생각과 경험이 전혀 다르다는 것은 그들에게 전혀 뜻밖의 사실이었다. 그러므로 이런 시간이 서로를 아는 데 큰 도움이 되었고, 그들은 서로의 커뮤니케이션 스타일을 존중하기 시작했다.

둘째, 그들은 피드백을 하거나 듣기 힘든 진실을 말할 때 서로가 무엇을 필요로 하는지를 알게 되었다. 덕분에 서로를 어떻게 대해야 할지 잘 알게 되어 차후에 문제가 발생할 소지가 크게 줄어들었다.

하지만 세 번째가 가장 중요하다. 그들은 신뢰라는 팀 가치의 중요성을 깨닫게 되었다. 팀원들의 공통점을 찾아보니 모두가 서로에게 진실을 말하기를 두려워하고 있었다. 피드백을 주는 것에 대한 두려움이 피드백을 받는 것에 대한 두려움보다 훨씬 컸다. 그들은 모두 팀원들이 자신에게 냉엄한 진실을 말해주기를 원했지만 팀원들에게 그것을 말하는 것에 대해서는 꺼려 했다. 다시 말해, 아무 이유 없이 두려워하는 사람이 너무도 많았다. 다들 솔직한 피드백을 원하는데 아무도 해주는 사람이 없었다. 모두가 솔직한 피드백을 원하니 사실 피드백을 하는 것을 두려워할 이유가 전혀 없는데도 모두가 불필요하게 서로의 눈치를 보고 있었던 것이다.

하지만 서로의 두려움과 경험을 듣는 시간을 통해 모두가 솔직한 피드백을 원한다는 사실을 알게 되었다. 이제 모두가 그런 피드백을 원하고 기꺼이 받아들이리라는 '믿음'이 생겼다. 피드백을 꺼려 할 필요가 전혀 없었다. 한 팀원은 이렇게 말했다.

"의사 결정이 훨씬 빨라졌습니다. 이제 중요한 정보를 얻기 위해 서너 번의 모임을 거쳐야 할 필요성이 사라졌습니다. 팀원들에게 말하기가 두려워 혼자만 알고 있는 정보가 모두의 발목을 잡는 일이 현저하게 줄어들었습니다. 그리고 이제는 누구도 기분 나쁘게 받아들이지 않는다는 것을 알기 때문에 뭐든 마음껏 말할 수 있습니다."

하지만 신뢰는 단순히 터놓고 이야기하는 차원의 개념이 아니다. 신뢰는 팀의 일, 나아가 회사 전체의 운영을 좌우한다. 이런 식으로 생각하면 편하다. 의사가 우리의 삶을 진정으로 이해한다면 적절한 처방을 내릴 수 있다. 그리고 의사가 우리에게 필요한 것을 이해한다는 것을 우리가 이해하면 그 처방을 더 열심히 따르게 된다. 의사를 믿기 때문에 그가 하라는 대로 하게 되는 것이다. 팀 내의 신뢰도 이런 효과를 가진다.

한번은 직원에게 기간 내에 처리해야 하는 프로젝트를 주었다가 곤혹을 치렀던 기억이 난다. 그는 그 일을 마감일까지 해낼 방도가 없다고 하소연했다. 나는 간단한 일인데 왜 못하냐고 반박하며 다른 업무에 지장을 받지 않고도 충분히 해낼 수 있다고 다그쳤다. 하지만 그가 계속해서 뒷걸음을 치니 점점 짜증이 났다. 나는 그가 일을 부정적으로 대하고 엄살을 피운다고 생각했다. 내가 볼 때 그것은 매우 간단한 일이고 맘만 먹으면 금방 뚝딱 해낼 수 있는 일이었다.

대화를 하다 보니 그가 점점 흥분하는 것이 보였다. 노골적으로

씩씩거리지는 않아도 턱이 떨리는 것이 슬픔이 아닌 분노가 분명했다. 말투가 점점 건조하고 싸늘해졌다. 그러다 마침내 그가 자리에서 일어섰다.

"좋습니다. 보여드리죠."

우리는 홀을 지나 그의 사무실로 갔다. 그곳에서 그는 내가 이런 식으로 맡긴 일이 산더미처럼 쌓인 것을 보여주었다. 이제 알 것 같았다. 내가 맡긴 일들은 사실 복잡하고 시간을 많이 잡아먹을 뿐만 아니라 여러 연방 기관과 전문 기관, 업체들에 전화를 돌리고 직접 찾아가야 마칠 수 있는 일이었다. 서류 뭉치들만 봐도 숨이 턱 막혔다. 나는 그를 보며 잠시 말을 잇지 못했다. 아무것도 몰랐던 것이 너무 창피하고 미안했다.

마침내 나는 고개를 들어 말했다.

"미안하네. 전혀 몰랐네."

그 순간, 그의 눈에서 눈물 몇 방울이 떨어지는 것이 보였다. 마침내 내가 자신을 이해해주었다는 사실에서 비롯된 눈물이었을 것이다.

이제 우리는 전체 모임으로 돌아가서, 우리가 함께 고민했던 계획과 일정을 다시 살펴보았다. 그런데 그에게서 전에 없던 활력이 보였다. 해법을 알아내는 일에 어찌나 열심히 참여하는지 부담스러울 정도였다. 그와의 상호작용이 완전히 달라졌다. 그는 더 이상 나를 공격적으로 대하지 않았다. 내가 자신을 이해한다는 것을 알았기 때문이다. 그리고 더 이상 방어적으로 대하지도 않았고 오히려 내가 하려는 일에 적극적으로 참여했다. 당연히 나도 이제는 그가 문제를 말하면 무조건 무시하지 않고 인정하며 함께 해법을 찾아

나갔다.

우리를 도와주려고 하는 상대방의 의도를 알면 신뢰가 자란다

일진이 사나운 날의 정의는 저널리스트 마이크 월러스Mike Wallace가 당신 집 문 앞에 나타나는 날이라는 말이 있었다. '60분60 Minutes'이라는 프로그램을 본 적이 있는 사람이라면 월러스가 예고 없이 찾아오는 것은 당신의 사업을 도와주기 위해서가 아니라는 것을 알 것이다. 그의 의도는 문제점을 폭로하는 것이었다. 그래서 그가 나타나면 으레 사람들은 카메라를 피해 줄행랑을 쳤다.

'의도'는 신뢰의 열쇠다. 우리는 상대방의 의도가 우리를 돕는 것임을 알면 마음을 열게 된다. 그에게 필요한 것을 주고, 그와 협력하고, 그에게 투자하고, 그에게 속을 털어놓고, 그를 위해 일하고, 심지어 그를 위해 죽기까지 한다. 하지만 상대방이 우리를 '위하지' 않는다면 두 가지 가능성밖에 없다. 그는 자기 자신을 '위하고' 우리에게는 중립적인 사람이거나 우리를 '반대하는' 사람이다.

『인테그리티, 성과를 만드는 성품의 힘』에서 나는 의도라는 주제를 다루었다. 그 책에서 나는 신뢰를 쌓으려면 상대방을 '위하는' 의도가 중요하다고 말했다. 그리고 그 예로 내가 알고 있던, 믿을 만한 사람에 관한 이야기를 했다. 그는 거짓말을 하거나 사기를 칠 사람이 아니었다. 하지만 지인이 그와 동업을 해도 좋겠냐며 내 의견을 물었을 때 나는 대답을 망설였다. 한참 뒤에 나는 그가 거짓말을 하거나 사기를 치지 않고 계약한 대로 이행할 사람이라는 점은 '믿어도' 좋다고 말했다. 하지만 이어서 이렇게 덧붙였다.

"뭐든 필요한 일이 있다면 계약할 때 확실히 밝히세요. 전부 계약서에 명시하세요. 왜냐하면 그 사람은 계약한 사항 이상의 도움은 주지 않거든요. 자신에게 손해가 되는 경우에는 더더욱 나서지 않을 겁니다."

이것이 내가 말한 '자신을 위하는' 사람과 '중립적인' 사람의 의미다. 그들은 특별히 우리에게 해를 끼치지는 않는다. 단지 자신을 챙길 뿐이다. 하지만 사람을 진정으로 신뢰할 수 있으려면 그 이상이 필요하다. 상대방이 자신만큼이나 우리를 위한다는 확신이 있어야 한다. 특히, 우리가 스스로를 챙기지 못할 때도 관심을 갖고 챙겨주는 사람을 우리는 진정으로 신뢰한다.

위의 사례를 내가 아는 업체의 CEO와 비교해보라. 그는 직원들을 위한 복리 후생에 예산보다 적은 비용이 들어간다는 사실을 발견했다. 부사장은 복리 후생에 들어가는 예산을 삭감하자고 제안했다. 하지만 그는 부사장의 제안대로 예산의 항목을 줄이는 대신 이렇게 말했다.

"우리는 원래 이 비용을 계획하고 예산을 세웠습니다. 따라서 이 비용은 어디까지나 직원들을 위한 것입니다. 그러니 남는 돈을 직원들의 퇴직금으로 줍시다."

그 CEO는 직원들에게 중립 이상의 마음을 품었다. 그는 수익을 생각하는 마음 못지않게, 직원들을 '위하는' 마음을 가졌다. 그래서 그는 직원들이 없는 자리에서도 그들의 이익을 대변했다. 직원들은 예산을 조율하는 자리에 없었지만 상관없었다. 그들을 대변해주는 CEO가 있었기 때문이다. CEO의 의도는 직원들을 '위하는' 것이었다. CEO는 직원들이 없는 자리에서도 그들의 이익을 챙겼기 때문에 직원들은 그를 깊이 신뢰했다. 수십 년간 사실상 아무도 회사를 떠나지 않고 젊음을 다 바친 것을 보면 알 수 있다.

서로가 서로를 '위하고' 모두가 공통의 목적을 '위한다는' 것을 알면 신뢰가 싹튼다. 그 효과는 실로 엄청나다. 팀이 내 부서 네 부서를 따지지 않고 각자의 부서보다 팀 전체를 우선하게 된다.

조직의 가장 큰 문제점 중 하나는 경영진이 각자 자기 지역구를 대표하는 국회의원처럼 자기 부서에 필요한 자원을 확보하고 자기 부서 사람들을 보호하기 위해 서로 다투는 것이다. 물론 자기 사람들의 이익을 추구하는 것은 잘못이 아니다. 하지만 경영진은 그래서는 안 된다. 경영진, 아니 공통의 목표를 가진 모든 팀원들은 팀을 먼저 생각하고, 조직 전체의 목표를 우선적으로 추구해야 한다.

매출액이 60억 달러 규모의 회사를 운영하는 CEO와 며칠을 함께 보낸 적이 있다. 그는 누구보다 유능한 재무 책임자를 해고하면서 이렇게 말했다.

"선택사항은 이렇습니다. 이제 재무 책임자 자리를 내놓으세요. 이유는 당신이 자신의 수직적 부서인 재무부서만을 생각하고 '수평적인 것', 즉 모든 수직선을 아우르는 회사 전체는 그만큼 생각하지 않기 때문입니다. 당신은 '전체'를 생각하지 않아요. 우리 경영진에는 자기 부서와 자기 사람들만이 아니라 '회사 전체'를 대표하는 사람이 필요합니다. 다른 직책에서 수평적인 것을 생각하는 법을 배우거나 아니면 지금 회사를 떠나세요. 수평적인 것을 생각하는 법을 배운다면 언젠가 신뢰받는 재무 책임자가 될 겁니다."

자신만이 아니라 '전체'와 '남'을 위하는 의도와 동기가 필요하다. 그래야 신뢰를 얻을 수 있다.

내 고객의 두 번째 모임을 기억하는가? 그때 팀원들은 전체를 먼저 생각하고 부서를 초월해서 자원을 나누기로 결정했다. 이제 그들은 목표를 달성하기 위해 서로를 '위하고' 팀을 '위하고' 조직 전체를 위할 것이다. 그리고 각자의 부서에 돌아가서도 '저 마케팅 부서 녀석들'에 관한 험담을 하지 않고 팀 전체의 공통 목표를 추구하며 부서나 자신보다 팀 전체를 우선할 것이다.

신뢰할 만한 성품을 보이면 신뢰가 자란다

성품은 측정하기 쉬운 종류의 성과들과 달리 딱 꼬집어 말하기가 어렵다. 그럼에도 신뢰에 관한 이야기를 하면서 성품을 말하지 않고 넘어가는 것은 사실상 불가능하다. 성품은 명확히 정의하기가 어려우면서도 지극히 실질적이다. 성품이 좋지 못한 사람을 보면 금방 알아채고 경계심을 갖게 되어 있다.

성품은 도덕과 윤리에서 개인적인 성격과 태도, 행동 방식까지 다양한 속성을 아우른다. 예를 들어, 충분히 생각하지 않고 섣불리 행동을 취하는 사람을 보면, 우리는 부도덕하다고 말하지는 않지만 성품에 문제가 있다고 인식한다. 남의 말을 경청하지 않거나 정치적 책략을 쓰거나 남을 통제하려는 사람을 보면, 비윤리적이라고 말하지는 않지만 뭔가 성품에 문제가 있다고 말한다. 이런 성품의 결함은 팀에 악영향을 끼친다. 이 외에도 다음과 같은 문제가 꾸준히 나타난다면 성품의 문제라고 할 수 있다.

- 좁은 시야
- 남들과 연결되지 못하는 것
- 팀플레이보다 개인플레이를 하는 것

- 팀의 이익보다 자신의 커리어에 더 신경을 쓰는 것
- 부정적인 현실(실패)이나 비판을 적절히 다루지 못하는 것
- 위험을 싫어하고 항상 안전한 길로만 가는 것
- 절제의 부족
- 소통이 서툴거나 두루뭉술하거나 거절하지 못하는 사람

이 문제들은 부도덕하거나 비윤리적인 것은 아니지만 성과에 '분명한' 영향을 미치는 특성들이다. 내가 말하는 '성품'은 '도덕'보다는 사람의 '전반적인' 특성이다. 비슷한 개념인 '인테그리티'는 '온전한' 혹은 '완전한' 리더를 지칭할 때 사용된다. (이 주제에 관해서는 내 책 『인테그리티, 성과를 만드는 성품의 힘』을 보라.)

우리 주변에는 경청하고, 진실을 추구하고, 인내하고, 지혜롭게 처신하려고 노력하고, 계산된 모험을 하고, 자신의 이익보다 팀을 우선하고, 희생하고 섬기고, 절제력을 발휘하고, 친절과 이해심을 보이는 좋은 성품의 특성을 지닌 사람들이 있다. 우리는 그런 사람을 신뢰한다. 우리는 그런 사람에게 끌리고, 그들에게 마음을 주며, 그들을 섬기기를 원한다. 그들에게는 투자할 만한 가치가 있다고 생각한다. 좋은 성품을 지닌 사람을 위해서 일하면 언제나 좋은 성과를 이룰 수 있지만, 성품 문제가 심각한 사람에게 우리 자신을 투자해봐야 시간과 노력만 낭비할 뿐이다.

우리는 특정 영역에 필요한 성품의 특징이 있는 사람을 그 영역 안에서 신뢰한다. 최근 내가 컨설팅을 했던 회사의 리더가 전 직원 앞에서 새로 계획하는 사업을 설명하기로 되어 있었다. 그런데 경영진이 내게 전화를 걸어 그 리더가 사업 설명 순서를 맡지 않게 할 방

법이 없냐고 물었다. 이유가 무엇이었을까? 경영진은 리더에게 새로운 사업에 관한 신뢰성이 전혀 없다고 말했다. 현재 리더는 전략적 사업에 필요한 성품의 특징이 없기 때문에 그가 나서서 말하면 도움이 되기는커녕 오히려 역효과만 생길 것이라고 했다.

따라서 팀 내부에서는 무엇보다도 사람을 잘 선택하는 것이 중요하다. 원하는 성과에 필요한 성품을 지닌 사람들을 선택하라. 네이비실이었던 내 처남 메테렐은 맡은 임무에 적합한 성품의 특징을 지니고 있었다. 용기, 끈기, 뛰어난 팀 기술, 절제력, 극심한 고통을 참아내는 능력 같은 특징들은 그 일을 하기에 최적의 조건이었다. 재능은 뛰어나지만 혹독한 훈련과 실전 상황에 필요한 성품적 특징이 없어서 네이비실 선발 테스트를 통과하지 못하는 사람이 수두룩하다. 사람을 선택할 때는 당신의 사업이 마주할 현실을 고려해서 적합한 성품을 지닌 사람을 선택하라.

상대방의 능력을 믿을 때 신뢰가 자란다

신뢰에 영향을 미치는 또 다른 요인은 우리가 어떤 일을 맡기면 상대방이 실제로 해낼 능력이 있느냐 하는 것이다. 연결과 이해 부분에서 아주 뛰어나고 우리에게 정말 좋은 의도를 품고 있다 해도 우리가 맡긴 일을 완수할 능력이 없다면 그 일에 대해서는 믿을 만하지 못한 것이다. '나쁜' 사람은 아니지만 그 일을 해낼 수 없기 때문에 그 일을 믿고 맡길 수가 없다.

내게 뇌수술을 믿고 맡겼다가는 큰일이 난다. 내가 당신을 이해하고 좋은 의도를 품고 좋은 성품을 지녔다 해도 엉뚱한 뇌 부위를 제거할지도 모른다. 그러면 당신이 눈을 깜박일 때마다 오른발이 발차기를 할 것이다. 그 정도로 끝난다면 그나마 다행이다. 하지만 당신의 리더십 문제를 파악하고 해결해주는 문제라면 자신 있다. 뇌수술에서는 능력이 없지만 리더십 방면에서는 나름대로 꽤 능력이 있다고 자부하기 때문이다. 두 분야가 비슷해 보여도 전혀 다르다.

팀 동료들과 함께 서로 어떤 일을 믿고 맡길 수 있고 어떤 일을 맡길 수 없는지 사전에 충분히 대화를 나누는 것이 좋다. 아울러 서로 능력을 기를 수 있도록 도와야 한다. 자신이나 상대방이 무엇을 제대로 해낼 수 있는지 솔직히 터놓고 이야기하는 시간도 필요하다. 서로가 서로를 '위한다는' 것을 안다면 충분히 그런 이야기를 할 수 있다.

팀원들끼리 "이 부분은 당신이 잘 해내지 못할 것 같습니다. 어떻게 해야 할지 의논해봅시다"라고 말할 수 있을 만큼 서로 신뢰가 쌓였는가? 이 말의 의도가 상대방과 팀, 조직 전체를 '위한' 것임을 상대방이 이해할 수 있는가? 상대방이 오히려 말을 해줘서 고맙다고 할 수 있을까?

서로 능력에 관한 대화를 나눌 만큼 신뢰가 쌓인 팀은 조직 내의 구멍을 찾아 메울 수 있다. 그 부분에 새로운 인재를 투입하거나 기존의 인력을 훈련시켜 능력을 더할 수 있다. 능력은 반드시 갖추어져야 한다. 그러기 위해서는 신뢰가 필수적이다.

좋은 실적을 쌓으면 신뢰가 자란다

루이지애나 주 남부의 작은 마을 행사에 참석하기 위해 레스토랑으로 가는 길을 물었던 적이 있다. 마을 주민은 가던 길로 8킬로미터쯤 가다가 첫 번째 신호등에서 좌회전을 해서 계속 가라고 설명했다.

"가다가 커다란 개가 누워 있는 걸 발견하면 우회전을 해서 3킬로미터쯤 더 가세요. 가다보면 왼쪽에 레스토랑이 보일 겁니다."

"잠깐만요, 개요? 개가 잔디에 누워 있다고요?"

"맞아요. 오른쪽 배수로 바로 옆에 누워 있을 거예요."

"아, 그런데 개가 거기 있는지 어떻게 아시나요?"

"항상 거기 있으니까요. 개가 보이면 우회전을 하세요."

내 평생에 들어본 가장 이상한 길 설명이었다. 하지만 당시는 내비게이션이 없던 시절이라 달리 방법이 없었기 때문에 그 설명대로 갔다.

좌회전을 해서 계속 가면서 오른쪽을 주시하다 보니 놀랍게도 정말 개가 있었다. 덩치가 산만한 셰퍼드가 도랑 바로 옆의 잔디에 배를 깔고 있었다. 직접 보고도 믿을 수가 없었다. 주위에는 아무도 없고, 목줄도 개집도 없었다. 그런데도 개가 정말로 그곳에 누워 있었다. 거기서 우회전을 하고 레스토랑에 도착하기까지 계속 어리둥절했다.

'그 사람은 개가 거기 있을지 어떻게 알았지? 개가 도로 옆에 앉아 있을지 어떻게 알았을까? 정말 희한한 노릇이군'.

그것을 알 방법은 하나뿐이다. 그 길을 수천 번은 가봐야 알 수 있다. 그 길을 갈 때마다 그 모퉁이에 여지없이 개가 누워 있었던 것이다. 그 개는 실적Track record이 있었다. 지난 기록이 있었기 때문에 개가 늘 그곳에 있으리라는 것은 믿을 만한 사실이었다. 하루도 빠짐없이 그곳에 있었던 개가 전에도 수천 번 넘게 그곳에 있었다면 그날도 그곳에 있을 확률이 매우 높았다. 만약 개가 그곳에 없다면 십중팔구 죽은 것이다.

다시 말해, 우리는 사람들이 전에도 해본 일을 또 할 수 있다고 믿는다. 그런 의미에서 미래 예측의 가장 정확한 지표는 바로 과거다.

기존의 방식을 변경시키는 개입이 있지 않는 이상, 과거의 상황은 그대로 미래로 이어진다. 실적대로 가는 것이다.

어떤 사람을 믿으려면 그 사람이 특정 영역에서 성과를 낸 기록이 필요하다. 능력을 발휘해서 큰 성과를 거둔 실적, 약속한 대로 차질 없이 이행한 전적, 최소한 이번에도 믿는 것이 합당할 만한 실적이 있어야 한다.

아울러 '팀 실적'도 중요하다. 팀 전체의 실적도 살펴봐야 한다. 어떤 일을 벌이려면 이렇게 물어야 한다.

"우리가 과거에 이 일을 얼마나 잘 해냈는가?"

이번 장의 앞부분을 보면 바로 이것이 내가 그 팀에 조언했던 조치다. 나는 팀의 패턴, 전적을 살펴 어떤 문제를 다루어야 하는지 파악하라는 처방을 내렸다. 앞서 내 고객의 월간 모임에 관한 사례에서도 고객이 취했던 조치다. 그는 팀원들에게 사업을 예측하고 쌓아온 실적을 돌아보아 앞으로 더 잘할 수 있도록 필요한 부분을 바로잡게했다. 사업을 예측하고 실적을 쌓는 능력을 믿을 수 있다면 과감하게 더 큰 투자를 할 수 있다.

투자는 언제나 신뢰를 바탕으로 이루어진다.

우리는 신뢰하는 사람에게 투자한다

생각해보면 우리가 인생에서 원하는 것은 '투자'다. 우리는 사람들이 우리에게 마음을 쏟기를 원하고 우리가 성취하려는 것에 팀이 온 힘을 쏟기를 바란다. 그리고 친구와 가족들이 우리에게 전부를 걸기를 원한다.

그렇다면 우리는 누구에게 투자를 하는가? 믿는 사람에게 투자한다. 우리는 우리를 위하는 의도를 지닌 사람을 믿는다. 그리고 상대방이 일관된 성품적 패턴을 보일 때 그가 앞으로도 그런 성품에 걸맞은 행동을 할 것이라고 믿는다. 또한 우리는 우리가 맡긴 일을 해낼 능력이 있는 사람과 좋은 성과와 긍정적인 행동을 보인 실적이 있는 사람을 믿는다. 이 모든 요소가 눈에 들어올 때 우리는 '투자'를 하고, 가치 있는 것을 신뢰하는 사람의 손에 쥐어주며 맡긴다.

신뢰하는 것은 곧 '신경을 쓰지 않는다'는 뜻이다. 생각해보라. 우리는 돈을 은행에 맡기고 나면 신경을 쓰지 않는다. 돈이 은행에 안전하게 있는지 매일같이 생각할 필요가 없다. 은행은 우리가 필요할 때 즉시 그 돈을 사용해야 한다는 점을 이해하고, 우리 돈을 안전하게 맡아두고 이자를 벌어줄 '의도'를 갖고 있다. 은행은 정직과 인테그리티라는 '성품적' 요소를 지니고 있을 뿐만 아니라 무장 경비, 예금 보험, 충분한 현금 보유를 통해 우리 돈을 안전하게 지켜줄 '능력'이 있다. 은행은 예금주들이 돈을 찾을 수 없는 파산이나 예금 지급 불능 사태를 겪은 '전적'이 없다. 그래서 우리는 은행을 믿고 우리 돈에 대해 '신경을 쓰지' 않는다. 신경은 은행이 쓴다. 그 결과, 우리는 마음 놓고 쉴 수 있으며 우리 돈이 안전한지 걱정하지 않고 밤에 발을 뻗고 잘 수 있다. 이것이 우리가 돈을 은행에 투자하는 이유다.

팀원들이 서로를 믿을 때도 신경을 쓰거나 걱정하지 않는다. 다른 팀원들이 우리의 이익을 추구할 것인지, 팀 전체의 이익과 목표를 추구할 것인지 걱정하지 않는다. 그들의 성품이나 능력에 대해 걱정하지 않고, 등에 칼이 날아올까 조심하지도 않는다. 그들을 믿는다.

그리고 그들의 실적을 알고 있다. 그래서 그들에게 우리 자신을 투자한다.

팀원들이 팀과 팀의 목표에 자신의 전부를 쏟아내려면 신뢰를 분명히 정의하고 부지런히 실행함으로써 신뢰를 구축해야 한다. 그런 의미에서 이제부터 신뢰의 두 번째 요소인 실행에 관해서 살펴보자.

성과로 이어지는 신뢰를 실행하라

앞서 팀 내의 신뢰는 두 가지를 통해 구축된다는 말을 했다. 첫 번째는 신뢰를 정의하는 것이다. 신뢰 자체가 어떤 요소로 이루어졌는지를 구성원들이 명확히 이해해야 한다. 앞에서 우리가 신뢰를 해부하면서 확인했듯이 신뢰의 구성 요소는 연결, 의도, 성품, 능력, 실적이다. 다음 질문은 어떻게 이런 요소를 중심으로 실제로 팀을 구축하느냐 하는 것이다. 어떻게 실행할 것인가?

'실행'은 '계획이나 설계에 따라 만들어내는' 것을 의미한다. 높은 신뢰 수준을 지닌 팀을 어떻게 만들어내야 할까? 많은 방법이 있지만 내가 팀의 신뢰 수준을 높이는 데 큰 효과를 본 방법을 소개한다. 다음과 같은 방법대로 하면 목표를 향해 정렬되고 성과 지향적이고 책임성이 있는 팀을 구축할 수 있을 것이다.

- 신뢰를 정의하라
- 팀으로서 공통의 목표를 정의하라
- 목표를 달성하게 해줄 운영 가치와 행동을 정의하라

- 사례 연구를 활용하라
- 행동을 위한 구체적인 서약을 하라
- 책임성 시스템을 개발하라
- 관찰하는 구조를 마련하라

신뢰를 정의하라

앞서 우리는 신뢰의 요소들에 대해 이야기를 했다(연결, 동기, 능력, 성품, 실적). 신뢰의 요소들을 실행하려면 그 목록을 갖고 팀 내에서 이야기를 나누어야 한다. 요소 하나하나를 자세히 살펴보고, 앞서 설명한 방식으로 모든 팀원들이 함께 이야기를 나누라. '이해를 통한 연결' 같은 한 가지 요소에 대해 몇 가지 질문을 하라.

"우리가 서로를 얼마나 잘 이해한다고 생각하는가?"

"팀 내에서 우리가 힘든 문제에 대해 거리낌 없이 이야기할 수 있는가? 그렇게 하는 데 걸림돌은 무엇인가? 어떻게 하면 상황을 개선할 수 있을까? 서로의 연결이 왜 어려운가? 상대방의 상황을 어떻게 다르게 볼 수 있을까?"

팀원들과 함께 모든 요소에 관한 이야기를 나누라. 팀원 모두가 팀, 회사, 조직 전체의 성과를 '위하는' 동기와 의도를 품고 있는가? 그렇지 못하다면 무엇이 문제인가? 이 상황을 어떻게 바꿀 수 있을까? 이런저런 문제에서 우리 팀의 전적은 어떠한가? 각 팀원이 잘 기능해왔는가? 우리가 더 많은 신뢰를 얻기 위해 무엇을 더 잘해야 할까? 이런 부분이 부족한 것은 '고의적인' 죄는 아니다. 다만 인간이란 존재는 함께 모여서 전체의 목적에 대해 깊이 생각해보지 않으면 자기 자신의 세상만 생각하게 되어 있다.

팀으로서 공통의 목표를 정의하라

지금까지 우리가 한 이야기는 대부분 팀 공통의 목표와 관련이 있다. 사실, '공통의' 목표나 목적을 추구하는 것이야말로 팀의 정의 자체다. 개인이 팀원들을 떠나 혼자 힘으로는 달성할 수 없는 목표를 추구해야 한다. 그렇지 않으면 목표는 단순히 매출만을 위해 개별적인 성과들을 모아 하나로 합치는 것에 불과하다. 팀은 '공통의' 비전이나 목표를 이루기 위해 '반드시' 협력해야만 하는 집단이다. 앞서 '수평적인 것을 위하지' 않는다는 이유로 재무 책임자를 해고했던 CEO도 협력의 중요성을 강조했다. 그가 항상 입에 달고 사는 말 중 하나는 이겨도 같이 이기고 져도 같이 진다는 것이다.

"어느 한 명만 이기고 나머지 모두가 지는 일은 있을 수 없다. 이 일에서 우리 모두는 하나다."

덕분에 그 팀원들은 개인적인 승리도 패배도 없다는 사실을 배웠다. 언제나 함께 이기고 함께 진다.

이런 수준에 이르기 위해서는 팀원이 공통의 목표가 무엇인지를 분명히 알아야 한다. 우리가 모두의 힘을 합쳐야만 하는 어떤 일을 '함께' 하고 있는가? 최근 적절한 부지를 찾아 대형 매장을 짓는 일을 맡은 한 소매 체인의 팀을 컨설팅한 적이 있다. 그 팀에는 여러 부서가 있지만 조직의 성장과 빠른 확장을 위해 모든 부서가 협력을 해야만 했다.

하지만 그전까지는 협력이 잘 이루어지고 있지 않았다. 새로운 장소를 찾는 부서는 매년 찾은 새로운 부지의 개수를 성공으로 정의하고 있었다. 그런데 설계 부서는 소비자들의 취향을 잘 반영하여 매출을 얼마나 높였느냐에 따라 평가를 받았다. 두 부서가 서로 '매우'

다른 기능을 추구하고 있었던 것이다. 두 기능은 서로 상충했다. 설계를 생각하지 않으면 빨리 부지를 찾고 매장을 지을 수 있다. 반대로, 설계를 너무 따져서 건설 기간이 크게 늘어나면 매출이 심각한 타격을 입을 수밖에 없다.

두 부서는 팀 전체의 '공통' 목표를 추구할 필요가 있었다. 공통 목표는 조직 전체의 성과를 끌어올리는 것이었다. 그러려면 건설 속도와 쇼핑 경험의 질이 모두 필요했다. 건설 속도도 쇼핑 경험도 아닌 조직 전체의 성과가 목표라는 사실을 깨닫자 두 부서의 행동이 변했다. 그 결과, 팀이 건설 속도와 설계의 질을 모두 고려해서 매장을 짓기로 하고, 두 부서는 공통의 목표를 바라보면서 이런 질문과 씨름하기 시작했다. 공통의 목표를 달성하려면 무엇이 필요한가? 그 목표를 이루기 위해 서로에게 어떻게 행동해야 할까?

목표를 달성하게 해줄 운영 가치와 행동을 정의하라

팀의 공통 목표를 분명히 정의하라. 가치에 대해서 팀원들에게 다음과 같은 몇 가지 질문을 던지라.

- 팀의 공통 목적은 무엇인가?
- 팀이 무엇을 이루기를 원하는가?
- 이것을 이루고 싶다면 팀이 어떤 모습을 갖추어야 할까?
- 팀이 어떻게 운영되어야 할까?
- 어떤 가치가 팀의 비전을 현실로 이루어줄까?
- 이 가치가 비전이나 목표 등과 구체적으로 어떻게 연결되는가?
- 이 가치가 어떤 식으로 목표 달성을 이끌어낼까?

- 이 가치에 따라 어떤 행동을 해야 할까?
- 어떤 행동을 해야 목표를 이룰 수 있을까?

이런 질문을 던지면 위의 사례 연구들처럼 팀원들은 성과와 관련된 중요한 것들을 생각하게 된다. 예를 들어, 끊임없이 변하는 시장을 따라가려면 '속도'의 가치와 함께 신속한 정보 습득과 결정이 필요하다는 사실을 깨닫는다. 그리고 구체적으로 어떻게 행동해야 하는지를 계속 생각한다.

그러면 팀원들은 현재의 일하는 방식을 점검하여 행동을 어떻게 바꿔야 할지 고민하기 시작한다. 합의한 목표를 이룰 수 있는 팀이 되기 위해서는 행동을 어떻게 바꾸어야 할까? 토니 감독의 표현을 빌자면, 공을 자주 떨어뜨리는 팀이라면 슈퍼볼에서 우승할 수 없다. 그렇다면 어떻게 해야 그렇게 하지 않는 팀이 될 수 있을까? 공을 자주 떨어뜨리고 가로채기를 당하지 않으려면 무엇을 해야 할까?

비전을 실현하기 위해 속도가 필요한 사업을 하고 있다면 속도를 높이기 위해 어떤 방식과 행동이 필요할까? (토니 감독 팀의 경우에는 공을 꽉 붙잡는 행동이 될 수 있다.)

사례 연구를 활용하라

결과가 좋았거나 나빴던 사례들을 돌아보면서 스스로에게 다음과 같은 질문을 하라.

- 어떤 가치가 있었다면 이런 나쁜 결과를 막을 수 있었을까?
- 좋은 결과를 얻기 위해 어떤 가치가 필요했을까?

- 어떻게 할 때 우리가 성과를 거두었고, 그 이유는 무엇이었을까?
- 어떻게 할 때 우리가 실패했고, 그 이유는 무엇이었을까?

이런 질문은 팀이 성과를 낼 때 어떤 식으로 일하고, 실패할 때 어떻게 일하는지를 파악하는 데 도움을 준다. 그러면 나쁜 결과가 일상이 되지 않게 해줄 가치를 알아낼 수 있다.

흥미로운 사실은 사업과 목적에 따라 팀마다 매우 다른 가치를 가질 수 있다는 점이다. 예를 들어, 어떤 팀은 목표를 달성하기 위해 '높은 연결 수준'의 가치가 필요할 수 있다. 반면에 다른 팀은 목표를 달성하기 위해 '높은 자치 수준'이 필요하고 너무 깊은 연결은 오히려 방해가 될 수 있다. '혁신'과 '모험'이 필요한 팀이 있고, '안전'과 '강력한 리스크 관리'가 필요한 팀이 있다. 이것이 내가 원하는 결과를 낳을 수 있는 가치와 행동을 구체적으로 알아내라고 말하는 이유다.

행동에 대해 구체적인 서약을 하라

서약은 이행하겠다는 약속이다. 팀원들이 함께 모여서 어떤 식으로 행동하겠다는 서약을 하는 것이 바람직하다. 앞서 소개했던 가치 목록과 비슷하게 하면 된다. 그 목록을 다시 읽어보면 서로에게 구체적으로 어떻게 행동하겠다는 것이 능동태 동사들로 표현되어 있다. 그들이 이 서약대로 하면 가치를 실현하고 목표를 이룰 것이다. 그들은 서로에게 다음과 같이 행동하기로 서약했다.

- 성과를 거두기 위해 동료들과 협력한다.

- 고객들과 협력 관계를 적극적으로 구축한다.
- 분명하고 전략적으로 정렬된 목표들을 설정하고, 사업의 단기 목표와 장기 목표 사이의 적절한 균형을 유지하면서 우선적인 목표들을 실행한다.
- 서로의 상황을 분명히 알기 위해 귀를 기울이고 정중하게 질문한다.
- 팀이 함께 모여 가치를 실현하고 성과를 얻기 위해 어떤 행동을 해야 할지 알아내고 그 행동을 하기로 서약한다.

책임성 시스템을 개발하라

앞서 말했듯이 좋은 팀은 성과를 추구한다. 성과를 가져오는 몇 가지 요소가 있는데, 그중에서 가장 중요한 두 가지는 측정과 책임성이다. 따라서 팀은 다음과 같은 질문을 던지고 합의된 답을 도출해내야 한다.

- 팀원들이 잘 '행동하고' 있는지 어떻게 측정할 것인가?
- 모두가 하기로 합의한 것에 대해 서로 어떻게 책임을 질 것인가?
- 가치에 대해서는 어떻게 책임을 질 것인가?
- 목표를 향해 나아가고 있는지 어떻게 알 수 있는가?
- 목표를 이루어주는 요소들에 대해 어떻게 서로 책임을 질 것인가?
- 평가의 척도는 무엇인가?
- 결과를 어떻게 정의할 것인가?

하지만 앞서 말했듯이 결과를 측정하고 주시하는 것만으로는 충분하지 않다. 결과만이 아니라 그 결과를 만들어내는 요인들도 중요하다. 미식축구 경기에서 점수는 결과이고 실책과 가로채기, 페널티의 숫자는 결과를 만들어내는 요인들이다. 결과를 만들어내는 요인들은 결국 행동이다. 판매량은 점수지만 실질적인 잠재 고객을 얻기 전에 했던 프레젠테이션의 횟수는 결과를 만들어내는 요인이다. 앞서 말했듯이 모든 팀원들이 합의한 목표를 이루어주는 행동들을 알아내고, 그 행동들에 대해 서로 책임을 지는 시스템을 만들라. 그리고 누구라도 뒤처지거나 버거워하는 부분이 있다면 서로 도울 수 있도록 신뢰를 구축하라. 일이 제대로 진행되고 있지 않다고 솔직히 인정하고 도움을 구할 수 있는 분위기를 조성하라.

관찰하는 구조를 마련하라

팀이 사용할 수 있는 가장 강력한 방법 중 하나는 '자기 자신을 관찰하는' 것이다. 경기장에서는 이것이 너무도 당연하다. 팀은 계속해서 자신의 점수와 성과를 보며 필요한 부분을 수정한다. 하지만 여기서 내가 말하는 관찰의 대상은 점수나 성과와 같은 결과가 아니다. 결과를 만들어내는 행동을 관찰하는 것이다.

팀 가치와 행동, 혹은 신뢰를 만들어주는 요소를 정했거나 서약을 했다면 이제 자신이 그것들을 어떻게 실행하고 있는지 관찰해야 한다. 자신이 판매한 제품의 숫자만 세지 말고 자신이 팀이 정한 가치에 따라 행동하고 있는지 관찰하라.

구체적으로 어떻게 해야 할까? 아주 간단하다. 첫째, 정기적인 팀 모임 때 5~10분간 "오늘 우리가 우리의 가치를 얼마나 잘 실천했는가?"라고 묻는 시간을 가지라. 하겠다고 한 행동을 얼마나 잘했는지 관찰하라. '죽은 물고기'를 서랍에서 꺼냈는가? 서로를 이해하기 위한 소통을 했는가? 팀의 부서들이 서로 '연결되게' 했는가? 어떻게 하면 더 잘할 수 있는가? 팀원들과 함께 정한 가치를 오늘 얼마나 잘 실천했는가?

둘째, 각 모임에서 리더들에게 팀의 가치를 어떻게 실천했는지 발표하게 하라. 혹은 자신이 관찰한 남들의 사례를 나누게 하라. 팀 가치의 중요성을 보여주는 뉴스 기사를 소개하게 해도 좋다. 핵심은 팀원들이 가치를 잘 실천하고 늘 의식하도록(작업 기억) 돕는 것이다.

셋째, 팀을 구축하기 위한 시간을 내라. 이것은 아무리 강조해도 지나치지 않다. 최고의 기업들은 좋은 진행자를 섭외해서 팀원들끼리 모이는 시간을 갖는 방식으로 팀 구축에 많은 시간과 노력을 투자한다. 팀 구축은 시간, 노력, 돈을 필요로 한다. 최고의 기업들은 좋은 팀이 저절로 만들어진다고 생각하지 않는다. 그런 생각으로는 게으르고 무기력한 팀밖에 얻을 수 없다.

하지만 시간과 노력을 투자하면 그만큼 열매를 거둔다.

리더십 바운더리를 위한 질문

· 당신 팀의 현재 신뢰 수준은 어떠한가?

· 신뢰를 어떻게 정의하고 구축할 것인가?

· 어떻게 서로를 이해할 것인가?

· 이번 장에서 기술한 신뢰의 정의와 요소들로 볼 때, 당신의 팀은 이해를 통한 연결, 동기와 의도, 성품, 능력, 실적 측면에서 얼마만큼 신뢰를 쌓았는가?

10

BOUNDARIES

리더 자신을 위한 바운더리

BOUNDARIES

부지불식간에 리더들에게 영향을 미치는 리더십의 물리법칙이 있다. 리더가 주의하지 않으면 피해를 당하지만 잘 다루기만 하면 큰 도움이 되는 법칙이다.

"리더가 높은 자리에 오를수록 다른 사람들과 외부 요인의 통제를 덜 받는다."

이 법칙이 그것이다. 리더는 높은 자리에 올라갈수록 성과의 압박만을 받는다. 집중력과 에너지를 포함한 자신의 길을 외부 요인의 통제없이 스스로 통제해야 한다.

예를 들어, 마트 계산대에서 일하면 무엇을 어떻게 해야 하는지가 분명하게 정의되어 있다. 외부 요인들의 통제를 받기 때문에 그렇다. 물론 계산대 직원이 스스로 통제할 수 있는 행동들이 마트 매출에 영향을 미칠 수 있다. 하지만 기본적으로 그가 해야 하는 행동은 이미 정해져 있다. 반면에 CEO의 경우는 정책 방향과 매출 목표액 등을 정하는 이사회가 있기는 하지만 그 결과를 어떻게 달성할지는 스스로 결정한다. 대부분의 '어떻게'는 CEO에게 달려 있으며, CEO는 그렇게 해서 나온 결과에 책임을 진다.

따라서 조직의 방향은 대부분 리더의 손에 달려 있다. 이렇게 리더에게 많은 것이 달려 있기 때문에 "자신을 어떻게 이끌 것인가?"라는 질문이 매우 중요하다.

그런데 리더십 물리법칙에 한 가지 문제가 있다. 어깨 너머로 감시하는 사람이 없다 보니 리더가 상황에 자주 끌려다닌다는 점이다. 상황에 끌려다니는 리더는 외부 요인과 문제들에 수동적으로 반응하고 자신이 집중해야 할 역할과 목적을 자주 잊어버린다. 당장 불을 꺼야 하는 위기 상황, 해야 할 일의 목록, 문제를 일으키는 팀원들 등 온갖 잡다한 일에 끌려다니며, 하루 종일 총을 쏘고 총알을 피하는 전쟁과도 같은 상황에 처하게 된다. 이 분주한 활동 중에 리더는 스스로를 관리해야 한다는 사실을 까마득히 잊어버린다. 리더 스스로 관리하지 않으면 다른 누군가가 해줄 수 없다. 스스로를 관리하지 않는 리더는 '자기' 리더십의 주요 바운더리가 없기 때문에 업무와 책임의 방향성도 사라진다.

누구도 리더를 위해 리더십 바운더리를 설정해 줄 수 없다. 위대한 리더 모두가 알고 있는 사실, 그리고 모든 리더가 결국 알게 되는 사실은 스스로 바운더리를 설정해야 한다는 것이다. 세월의 격변을 끝까지 이겨내는 리더가 되려면 그렇게 해야 한다. 지금부터 리더 자신을 위한 바운더리를 자세히 살펴보자.

리더는 외부의 도움에 자신을 열어야 한다

열역학 제2법칙은 우주의 모든 시스템이 점점 에너지가 줄어들고 무질서해진다는 자연 현상이다. (사업에 관한 이야기 같지 않은가?)

그런데 이 법칙의 중요한 측면 중 하나는 닫힌 시스템에만 적용된다는 점이다. 즉, 열역학 제2법칙은 외부의 개입으로부터 차단되어 모든 것을 전적으로 자기 마음대로 하는 구조에만 적용된다. 아이들에게서 이런 모습을 볼 수 있다. 주말에 아이들만 집에 두고 외출했다가 돌아오면 집안이 엉망이 되어 있다. 아이들이 모든 것을 자기 마음대로 하는 닫힌 시스템이 되어 무질서를 허용했기 때문이다.

하지만 열린 시스템에서는 전혀 다른 결과가 나타난다. 무질서와 쇠퇴가 필연적이지 않다. 시스템이 두 가지에 자신을 열면 이 흐름을 뒤집을 수 있다. 그 두 가지는 새로운 '에너지' 원천과 '템플릿template'(템플릿은 가이드나 패턴, 모델 역할을 하는 틀을 의미한다)이다. 리더는 외부의 '힘'과 판단에 도움을 주는 외부의 '정보'를 필요로 한다. 이 두 가지가 있으면 질서정연한 기능이 가능해진다. 매우 실질적인 의미에서 이것이 리더가 하는 일이다. 즉, 리더는 조직이나 팀에 '에너지'와 '옳은 방향'을 제공한다.

하지만 리더 자신은 어떻게 하는가? 리더도 하나의 시스템이다. 그래서 '자기 마음대로 하게 놔두면' 외부와 단절된 상태에서 에너지가 줄어들고 무질서해진다. 반대로, 외부의 에너지와 정보에 자신을 열면 에너지를 얻고 질서를 찾는다. 그래서 첫 번째 자기 바운더리가 필요하다.

'닫힌 시스템'이 되기 쉬운 경향에 바운더리를 설정하고, 에너지와 옳은 방향을 제공해주는 외부의 도움에 자신을 열라.

최근 한 친구와 대화를 나누었다. 그는 서너 개의 발명 특허를 보유하고 그중 하나를 제품으로 출시하여 큰 성공을 거둔 천재였다. 이 친구의 작은 프로젝트가 순식간에 거대한 사업으로 발전했다. 덕분에 그는 갑자기 자신의 전문 분야와 상관없는 온갖 질문을 마주하게 되었다. 자금 대출, 아웃소싱 생산, 해외 확장, 브랜드 구축, 포장 같은 것들에 관한 질문들은 성장을 위해 필수적인 요소지만 그의 전문 분야가 아니었다. 결국 이사회에서 외부 전문가들에게 도움을 받으라고 제안하자 친구는 기분이 상했다. 언제나 무리에서 가장 똑똑한 사람이었는데 갑자기 입지가 흔들리는 것 같아 마음이 불안했던 것이다. 게다가 '대인관계 기술'을 다듬어줄 전문가를 찾으라고 하자 그는 화가 머리꼭지까지 올랐다. 이사회는 그가 이제 지하실에 처박힌 과학자가 아니라 리더이기 때문에 외부의 도움이 필요하다고 판단했다. 나와 대화하는 내내 친구의 목소리가 짜증과 불안감으로 떨렸다.

리더십 컨설턴트로서 나는 이 친구와 같은 반응을 수없이 보았다. 처음 리더가 된 사람들이 으레 그렇듯 그는 회사에서 모든 것을 다룰 수 있는 능력을 얻었다. 그렇다 보니 점점 교만이 싹텄다. 교만은 그를 고립으로 몰아갔고, 고립은 그의 아킬레스건이 되었다. 반면에 노련한 리더들은 주변에 강한 지지 시스템을 갖추고 있다. 개인적인 자문 위원회, 코치, 수많은 멘토를 통해 새로운 에너지와 정보를 얻는다. 위대한 리더들은 모든 결과를 전적으로 책임지되, 정상은 외롭다는 말을 인정하지 않는다. 모든 결과가 리더의 책임이라면 리더 자신이 고립되는 상황은 반드시 피해야 한다.

고립, 그러니까 리더가 외부의 어떤 지원이나 정보도 거부한 채 방어막을 치면 조직에 불필요한 위험 요소가 생긴다. 리더는 조직 내부와 이사회에서 제공하는 정보나 도움 이상의 것을 필요로 한다. 대부분의 리더들에게는 회사 내부에 문제를 논의할 멘토나 상사가 있다. 하지만 거기서 끝이라면 여전히 '닫힌 시스템'이다. 여기서 내가 말하는 도움과 정보는 '외부'에서 오는 것이다. 개인적으로나 업무적으로 아무런 이해관계가 없어서 리더의 성장과 사업 결과에 객관적인 시각을 유지할 수 있는 사람들의 도움을 말한다. 리더와 그의 이해관계자들을 돕는 것 외에 다른 마음은 일체 없어야 한다. 리더가 새로운 힘과 의욕을 얻고, 발전하고, 힘든 시기를 이겨내고, 장애물을 극복하기 위해 외부의 도움이 필요하다. 리더가 자신의 잘못된 본능을 따르다가 실패하지 않도록 조직 외부의 사람이 도와주거나, 특정한 상황에서 새로운 사업 방식과 리더십 모델을 알려줄 사람이 필요할 수도 있다. 리더는 단순히 실수를 피하기 위해서만이 아니라 리더다운 리더로 성장하기 위해 외부로부터 적절한 도움을 받아야 한다.

어느 금요일 아침에 내 고객 중 한 명이 이사회 의장으로부터 자신을 신랄하게 비판하는 이메일을 받았다. 둘 사이의 해묵은 갈등에서 비롯된 일방적인 결론과 감정 섞인 비난으로 채워진 이메일이었다. 안타깝게도 그런 이메일이 처음이 아니었다. 결국 내 고객은 폭발하고 말았다. 그는 의장의 주장을 조목조목 반박하며 굴욕을 주는 이메일을 썼다. 글의 어투는 차분하고 객관적이었지만 은근히 속을 긁는 표현이 가득했다. 마치 상대방을 깔아뭉개기로 작정한 토론 배틀 참가자와도 같았다. 그는 '발송' 버튼을 눌러 이사회 전원에게 이메일을 전달하기 전에 내게 전화를 걸기로 결정했다.

"의장의 이메일에 대한 답장을 선생님께 보냈습니다. 의장과 이사회에 발송하기 전에 의견을 좀 듣고 싶습니다."

"좋습니다. 금방 보고 연락드릴게요."

나는 이메일을 읽고 깜짝 놀랐다. 그렇게 독할 수가 없었다. 글은 정중했지만 상대방을 공개적으로 매장시키려는 의도가 분명했다. 하지만 그것은 전투에서는 이기고 전쟁에서는 지는 꼴이었다.

나는 그에게 전화를 걸었다.

"자, 자리에 앉아서 차분히 들어보세요. 이렇게 하시지요. 집에 가서 샤워를 하고 영화 한 편을 보며 주말 동안 기분을 전환하시고, 그리고 월요일에 이메일을 다시 읽고서 저한테 전화를 주세요. 아무튼 지금 바로 발송하지는 마세요."

"이유가 뭔가요?"

"당신을 알기 때문입니다. 당신이 원하는 상황이 벌어지지 않을 거예요. 오히려 당신이 원치 않는 나쁜 일이 벌어질 겁니다."

"정말인가요? 정말 그렇게 안 좋아요?"

"안 좋은 정도가 아닙니다. 그러니까 일단 이 일은 잊고 다음 주에 전화하세요."

다음 주에 이야기를 나누어보니 그는 객관적인 시각으로 돌아와 있었다. 자신은 '정확한 사실에 근거해서' 이메일을 썼다고 생각했지만, 화가 나서 완전히 이성을 잃은 채 글을 썼다는 사실을 깨달았다. 감정이 폭발한 상태에서 자신의 바운더리를 놓치고 분노 때문에 자신의 큰 목표를 보지 못했던 것이다. 이제는 그것이 보였다. 하지만 그러기까지는 상황을 정확하게 이해하고 객관적인 시각, 그러니까 그가 분노한 상태에서는 얻을 수 없는 시각을 제공해줄 '외부의 눈'이 필요했다.

우리 모두는 지나치게 주관적으로 흘러 자기 자신이나 남들에 대한 전체적인 진실을 보지 못할 때가 있다. 그래서 우리를 도와줄 외부의 눈이 필요하다. 어떤 상황인지 들어줄 다른 귀와 교만에 빠지지 않게 깨우쳐줄 다른 목소리가 필요하다. 고립된 리더가 되지 않도록 바운더리를 설정하지 않으면 오직 자신의 눈으로만 보고 자신의 귀로만 듣게 된다. 기껏해야 자신의 닫힌 시스템 안에 있는 사람들에게만 전화를 건다. 자신만 생각하는, 이름뿐인 고문들로 이루어진 작은 우주에 갇힌다. 그들은 웬만해선 솔직한 의견을 내놓지 않는다.

최근 한 CEO가 다른 CEO에게 내 이야기를 했다.

"헨리가 당신에게 큰 도움이 되는 이유 중 하나는 그가 당신을 필요로 하지 않는다는 겁니다. 그는 당신의 사업을 필요로 하지 않고, 당신의 비위를 맞출 필요도 없습니다. 그래서 남들이 말하기를 꺼려하는 진실을 말해줄 겁니다."

이것이 외부 시각의 가치다. 외부 사람들은 내부의 갈등에 신경을 쓰지 않는다. 내부의 고문들은 갈등이 심화될까 봐 쉬쉬하는 문제를 외부 사람들은 거리낌 없이 말할 것이다. 내부의 고문들 못지않게 외부의 고문들이 필요한 이유가 그 때문이다. 내부 사람들과 아무런 이해관계가 없는 외부 고문들은 순수한 마음으로 도와줄 수 있다.

리더는 새로운 시각이 필요한 부분을 규명해야 한다

리더가 열린 시스템이 되어야 하는 또 다른 이유는 처음 접해보는 상황을 만날 수 있기 때문이다. 한 CEO가 내게 컨설팅을 요청하면서 이렇게 말했다.

"우리 조직의 문화를 바꾸는 데 도움을 받고 싶습니다. 현재의 조직 문화로는 제가 추구하는 비전을 이룰 수 없습니다. 새로운 문화가 필요합니다. 어떤 문화가 필요한지는 정확히 알고 있습니다. 내용을 정리해서 보내드릴 테니 한번 보시고 이야기를 나누시죠.”

그가 보낸 문서를 보고 나는 감탄했다. 철저한 고민 끝에서 나온 결론임이 분명했다. 비전이 무엇이고 비전을 이루기 위해 어떤 계획과 행동이 필요한지 더없이 정확히 기술한 문서였다. 그런데도 내게 전화를 건 것을 보면 그가 열린 시스템의 사고를 지니고 있음을 바로 알 수 있었다.

“보내주신 문서를 잘 읽어보았습니다. 무엇을 해야 할지 정확히 아시는 것 같은데 제가 왜 필요하신가요?”

“무엇을 해야 할지는 잘 압니다. 다만 그것을 어떻게 해야 할지를 모르겠어요. 조직의 문화를 바꿔본 경험이 없어서요. 경험 많은 분의 도움이 필요합니다. 어떻게 해야 할지 알려주시겠습니까?”

나는 이 고객과 함께하는 컨설팅 프로젝트의 가능성을 직감했다. 그는 어떤 부분에서 조언이 필요한지 알았다. 자신이 한 번도 접해보지 못한 상황에 처했고 그 상황을 헤쳐나가려면 외부의 도움이 필요하다는 사실을 경험에서 배웠기 때문이다. 그를 알아가면서 그의 생각 수준을 보면 볼수록 그가 왜 그렇게 큰 성공을 거두었는지 이해할 수 있었다. 그는 자기 사고의 틀에 갇혀 있지 않았다. 더 나은 결과가 필요할 때마다 믿을 만한 조언자들을 찾았고, 그럴수록 점점 더 발전했다. 자신을 열고 성장을 받아드린 결과였다.

열린 시스템의 의미는 기본적으로 자신이나 자신의 조직이 모든 답을 알고 있다고 생각할 만큼 오만하지 않다는 뜻이다. 그리고 자신이 모든 답을 알아야 한다고 생각하지도 않는 것이다. 이런 사람은 외부의 경험과 에너지가 자신과 조직에 큰 도움이 될 수 있다는 것을 알고 스스로를 연다. 내 경험상 조직에 문제가 있을 때는 십중팔구 그 중심에 객관적인 조언을 받아들이지 못하는 오만한 리더가 있었다. 그런 리더는 '예스맨들'에 둘러싸여 있다. 그들은 두려워서 진실을 말하지 않는 사람들만 곁에 둔다. 그들에게 진실을 말했다가는 당장 변방으로 쫓겨난다.

다음 질문에 대해 생각해보라. 당신은 외부에서 오는 정보, 피드백, 지원, 에너지, 전문성 등에 얼마나 열려 있는가? 이 질문에 대한 답은 당신이 고착 상태에 빠져 있는 이유, 물리법칙이 당신에게 불리하게 작용하는 이유를 설명한다. 당신 스스로 만들어낸 닫힌 시스템이 발목을 잡고 상황을 점점 더 혼란스럽게 만들고 있는 것이다. 그렇다면 이제 어떻게 해야 할까?

나의 조언은 자신과 조직 밖에서 도움을 찾으라는 것이다. 코치를 받고, 리더십 그룹이나 포럼에 참여하고, 교육 프로그램에 등록하고, 리더십 콘퍼런스에 참석하라. 내가 아는 최고의 리더들은 외부의 교육 프로그램을 적극적으로 활용한다. 예를 들어, 내 고객 중 한 명은 고위급 리더들을 하버드 비즈니스 스쿨Harvard Business School 경영자 프로그램에 수시로 등록시킨다. 아울러 외부에서 리더십 코치들을 영입한다. 열린 시스템으로 변화하는 것이 그의 회사 문화의 중요한 일부다. 이 방법은 큰 효과를 내고 있다. 회사는 매년 폭발적인 성장을 거듭하고 있으며, 사업만 성장하는 것이 아니라 리더십도 함께 발전하고 있다. 바로 이런 리더십이 사업 성장의 원동력이다.

물리법칙은 분명하다. 닫으면 나빠지고, 열면 좋아진다.

리더들은 피드백에 목말라해야 한다

켄 블랜차드Ken Blanchard는 피드백이 "챔피언들의 아침 식사"라는 말을 했다. 참으로 맞는 말이다. 우리가 어떻게 하고 있으며 어떻게 하면 더 잘할 수 있는지를 배우는 것이야말로 모든 성과의 열쇠다. 몰입flow 연구가 미하이 칙센트미하이Mihaly Csikszentmihalyi에 따르면 가장 즉각적인 피드백, 즉 일 자체로부터 피드백을 얻으면 최상의 성과를 거둘 수 있다.

그런데 실제로는 남들이나 결과 자체로부터 피드백을 얻는 순간, 문제가 발생하는 경향이 있다. 그 순간, 리더십의 질이 드러난다. 피드백이 우리에게 필요한 아침 식사라는 블랜차드의 말이 옳기는 하지만, 모두가 이런 아침 식사를 원하는 것은 아니다. 아침에 눈을 뜨자마자 아침 식사를 원하는 사람들이 있는가 하면, 피드백만 생각하면 구역질이 나는 사람들도 있다. 어떤 사람들은 피드백에 '알레르기'가 있다.

뇌 연구에 따르면 피드백을 위험이나 공격으로 받아들이는 사람은 우스꽝스러운 행동을 하게 된다. 뇌가 생화학적으로 엉망이 되어 피드백으로부터 도망치거나 싸운다. 이것이 사람들이 방어적으로 변해 피드백과 사투를 벌이는 이유다. 다시 말하지만 싸움 아니면 도망의 반응은 무언가를 위험으로 간주했을 때만 나타난다. 바로 이 점이 관건이다. 피드백을 위험한 것으로 보면 털을 곤두세우고 공격을 하지만, 피드백을 로또 당첨 같은 뜻밖의 횡재로 보면 오히려 그것을 찾아 나서고 자신을 연다. 때로는 돈을 주고서라도 피드백을 얻는다. 바로 이것이 좋은 성품을 지닌 사람들이 하는 행동이다. 그들은 피드백에 목말라한다.

자신의 잠재력을 최대로 이끌어내려면 피드백을 향한 목마름을 길러 그것을 최고의 선물로 여길 수 있어야 한다. 이것이 리더십에서 열린 시스템의 의미다. 리더가 좋은 피드백을 기꺼이 수용하면 자신뿐 아니라 팀에도 큰 유익이 있다.

한번은 어떤 기업의 리더십 훈련 모임을 진행했는데, 경영진이 내게 토론을 한 가지 주제 쪽으로 교묘하게 이끌어달라고 부탁했다. 토론하는 자리에서 말하고 싶지만, 자신들이 직접 이야기를 꺼내고 싶지는 않은 주제였다. 내가 그들에게 그 주제를 직접적으로 다루지 않고 '교묘하게' 말을 꺼내야 하는 이유에 대해 계속 질문하자 결국 경영진은 진짜 의도를 털어놓았다.

그들은 그 주제에 관해서 그리 듣기 좋지 않은 피드백을 CEO에게 하고 싶지만 그의 심기를 건드리고 싶지는 않았다. CEO가 자신에게 피드백을 하기 위해 계획적으로 이 주제를 거론했다는 사실을 알면 역효과만 낳을까 봐 걱정이 되었던 것이다. 경영진은 분위기가 적당할 때 그 이야기를 꺼내주길 원했다. 하지만 나는 그렇게 하는 것이 적절하지 않고, 성공 확률도 낮다고 판단했다. 그래서 그들의 우려는 이해하지만 다른 좋은 방안이 있다고 말했다.

모임이 시작되자 나는 앞서 설명했던 '리더십의 물리법칙'과 열역학 제2법칙에 대해 설명했다. 고위 리더들이 피드백을 잘 받아들이는 본보기로서 열린 시스템이 되는 것이 얼마나 중요한지 설명하고, 피드백에 자신을 여는 것은 단순한 리더십이 아니라 좋은 성품의 증거라는 점을 강조했다. 좋은 성품을 지닌 사람은 피드백을 환영하고, 그렇지 못한 사람은 피드백을 한사코 거부한다. (피드백과 성품에 대하여 더 알고 싶다면 내 책 『엔딩Necessary Endings』을 보라.)

내 말 때문인지, 아니면 분위기 때문인지 모르겠지만 CEO의 반응은 전혀 뜻밖이었다. 경영진이 CEO를 오해했다는 생각이 들 정도였다. 내가 "말하기 힘들지만 조직의 비전을 위해 꼭 해야 하는 말을 하라"고 말하자 한 중간 관리자가 용기를 냈다. 그는 CEO가 자신들에게 필요한 것을 제공하지 않을 뿐 아니라, CEO의 리더십 스타일이 경영진과 조직 전체의 성과에 걸림돌이 되고 있다고 말했다. 나는 숨을 죽인 채 훈련 모임이 난장판이 되기를 기다렸다. (나는 그런 상황을 좋아한다. 그런 상황이 가장 강력한 변화의 순간이 되곤 하기 때문이다.)

CEO는 온 경영진 앞에서 자신을 향한 쓴 소리를 유심히 들었다. 그러고 나서 뛰어난 리더라면 누구나 하는 행동을 했다. 그는 그 질책을 받아들이고 감사를 표시했다.

경영진은 모두 놀란 표정을 지었다. 하지만 더 놀라운 것은 이어진 논의였다. CEO는 지금의 리더십 스타일을 만들어낸 자신의 열정과 장단점을 이야기했다. 그의 솔직함은 막힌 담을 허물었고, 경영진은 CEO의 단점을 극복할 수 있는 방안들을 내놓았다. 분위기를 반전시킨 것은 경영진의 말을 듣고 받아들인 CEO의 열린 태도였다. CEO는 쓴소리를 기꺼이 듣고 변화의 의지를 내비쳤다. 그가 그런 선택을 한 이유는 외부 사람인 내 말을 들었고, 내가 그에게 피드백을 받아들여야 한다는 말을 해주었기 때문이다. 그로부터 4년이 지난 지금도 그 순간은 회사 내에서 "우리가 솔직해진 순간"으로 회자되고 있다. 그때가 조직 전체의 문화가 변하기 시작한 시점이었고, 변화는 바로 피드백에 대한 CEO의 열린 태도에서 촉발되었다.

당신은 어떤가? 피드백을 잘 받아들이고, 나아가 피드백을 적극적으로 구하는 편인가? 아니면 방어적인가? 혹은 반응적인가? 피드백을 적대적인 것으로 해석하면 당신의 뇌는 피드백과 싸우거나 피드백으로부터 도망칠 수밖에 없다. 그러지 말고 피드백을 받아들이는 것을 가치체계의 일부로 삼으라. 피드백을 인생에서 가장 좋은 선물 중 하나로 여기라. 그러면 변화에 열린 시스템이 될 수 있다. 피드백에 끌리고 피드백을 찾게 된다. 심지어 피드백을 해줄 사람을 '돈'을 주고 모셔오게 된다. 이렇게 하면 성장 가능성은 무궁무진하다.

인간은 피드백을 받으면 방어적으로 대하거나 비난하거나 부인하는 경향이 있다. 자신의 이런 본성을 억제하기 위해 강력한 바운더리를 설정하라. 약한 리더들은 피드백에 위협을 느낀다. 그래서 지혜의 말에 귀를 완전히 닫아버린다. 반면에 강한 리더들은 피드백을 찾고, 이해하려고 노력하며, 실제로 활용한다. 심지어 의견이 달라도 방어적으로 대하지 않는다. 오히려 적극적으로 대화에 참여하고 자신의 의도와 상대방의 인식 사이에 격차가 발생하는 이유를 알아내기 위해 솔직한 질문을 던진다. 피드백이 잘못된 경우에도 강한 리더들은 일단 받아들여 이해하려고 노력한다. 동의하지 않아도 받아들이는 것이 가능하다. 피드백으로부터 도망치지 말고 오히려 더 다가가라.

생각과 두려움에 대한 바운더리

항상 100퍼센트 합리적으로만 생각하는 리더는 본 적이 없다. 모

255

든 인간은 사건과 상대방의 동기를 어리석게 혹은 왜곡되게 해석할 수가 있다. 극도의 스트레스 하에서는 특히 그렇다. 우리 모두는 예민한 부분을 안고 살아간다. 그 부분을 건드리면 이성을 잃어 상황을 잘못 이해하고 위험을 확대해석한다.

그러므로 자신의 예민한 부분이 무엇인지 알아내야 한다. 자신의 패턴을 알면 이런 예민한 부분을 바꿀 수 있다. 성과에 악영향을 미치는 왜곡된 생각은 무수히 많지만, 특히 자주 나타나는 몇 가지 패턴이 있다. 결과에 대한 과잉반응, 우유부단, 갈등 회피, 변화에 대한 저항 등이 그런 패턴이다. 이제부터 설명해보겠다.

한두 차례의 결과로 자신을 평가하지 마라

성과에 가장 파괴적인 사고방식 중 하나는 특정한 결과를 너무 심하게 받아들이는 것이다. 다시 말해, 평범한 리더들은 특정 결과에 따라 자신을 평가한다. 특정한 결과로 자신의 능력, 나아가 자신의 삶 자체를 평가한다. 지난 분기의 결과나 대차대조표, 상사나 이사회의 인정 같은 기준에 따라 자신이 '충분히 훌륭한지'를 판단하는 것이다. 반면에 뛰어난 리더들은 결과를 받아들이고 책임을 지되, 결과를 통해 자신을 정의하지는 않는다. 단지, 결과에서 배울 뿐이다.

미식축구 선수 일라이 매닝Eli Manning은 가로채기를 당해도 자신을 '패배자'로 여기거나 3P 생각에 사로잡히지 않는다. 나중에 경기 녹화 영상을 보고 실수로부터 배울 뿐이다. 그의 정체성은 늘 가로채기를 당하는 선수가 아니다. 그는 그날 한 번 가로채기를 당한 선수일 뿐이다. 이것은 보통 큰 차이가 아니다. 일라이 매닝은 가로채기를 당한 실수에서 배우고, 다음번 시도에서 터치다운을 성공시키기 때문에 위대한 선수다.

어느 한 사건이나 결과로 자신을 정의하는 태도에 바운더리를 설정하라. 지난번의 나쁜 결과는 당신의 정체성이 아니다. 더 믿을 만한 척도를 보라. 어느 한 결과가 아닌 더 좋은 기준에 따라 자신을 평가하라. 매일 점수를 따지지 말고 자신이 정한 가치에 따라 행동하고 있는지를 확인하라. 자신의 행동이 여전히 목표와 잘 정렬되어 있는지를 확인하라. 실제로 목표 달성으로 이어질 행동을 하고 있는가를 기준으로 자신을 평가하라. 그리고 완벽이나 즉각적인 성공이 아닌 개선에 초점을 맞추라. 패배, 저조한 분기 실적, 손실, 평가, 제품 실패에서 완전히 자유로운 리더는 없다.

실패도 경기의 일부다. 실패를 거치지 않고 한 번에 성공하는 경우는 거의 없다. 중요한 것은 실패에서 배우고, 실패를 성장의 디딤돌로 삼는 것이다. 성장을 낳는 것들에 초점을 맞추라. 한 번 실패했다고 자신이 어떤 사람이라거나 자신의 잠재력과 미래가 어떠하다는 식으로 말하지 마라. 그렇게 하면 뇌의 기능이 변해 점점 더 낮은 성과를 낼 수밖에 없다.

앞서 3P를 살필 때 팀원들이 학습된 무기력의 사고 패턴에 빠지지 않도록 해야 한다고 말했다. 하지만 리더 자신도 같은 질병에 노출될 수 있다는 점을 이해해야 한다. 자신에게도 다음과 같은 질문을 던지라.

개인화 : 어떤 사건이나 사람으로 인해 자신과 자신의 능력을 의

심하기 시작했는가? 무엇이 혹은 누가 당신을 부정적으로 변하게 만들 수 있는가? 어떤 결과를 개인화하며 자신을 괴롭혔는가?

일반화 : 어떤 결과나 어떤 사람이 당신으로 하여금 회사와 업계 전체, 심지어 세상 전체를 암담하게 보게 만드는가?

영구화 : 어떤 결과나 어떤 사람이 상황이 다시는 좋아지지 못할 것이라는 절망감으로 당신을 몰아가는가? 무엇이 미래를 부정적으로 보게 만드는가?

리더가 이끌어야 할 첫 번째 사람은 '리더 자신'이라는 사실을 잊지 마라. 다른 사람이나 특정 결과가 당신의 생각을 지배하게 만든다면 방향타를 놓친 것이다. 매우 강력한 바운더리를 설정하여 남들에게 넘긴 통제권을 되찾으라. 6장에 소개된 프로그램을 자신에게 적용하고, 객관적인 시각을 제시해줄 사람들에게 자신을 열라. 최고의 리더들도 가끔 부정적인 태도에 빠질 수 있다. 그러니 당신이 그렇게 되었다고 해서 스스로를 이상하게 여기지 마라. 그냥 그 상황을 인정하고 생각의 통제권을 되찾기 위해 노력하라. 그리고 도움의 손길을 받아들이라.

두려움의 지배를 받지 마라

한 CEO가 내게 이렇게 말했다.

"변화가 필요하다는 걸 알면서도 너무 오랫동안 사람들에게 얽매여서 결단을 내리지 못했습니다."

"무엇이 두려운가요?"

내가 물었다.

"두려워하는 건지는 잘 모르겠습니다. 단지 팀원들에게 상처를 주고 싶지 않아요. 늘 그들을 보호하려고 노력했습니다."

"그런데 무엇이 두려운가요?"

나는 재차 물었다.

조금 시간이 걸렸지만 그는 이면에 깔린 두려움을 찾아냈다. 그는 팀원들이 고생하게 되는 상황이 두려웠다.

"혹시 뭔가를 잘하지 못해서 더 잘하는 법을 배워야 한다는 말을 들어본 적이 있나요?"

"물론이죠. 많습니다."

"그래서 어떻게 되었어요? 그 말이 큰 손해가 되었나요?"

"손해라뇨? 그런 말이 제 인생에 얼마나 큰 선물이었는지 모릅니다."

"그렇다면 그런 선물을 필요한 사람들에게 주는 것을 왜 망설입니까? 자, 어서 일을 시작하죠."

그는 결국 깨달았다. 하지만 상황을 분명히 보기까지는 자신의 발목을 잡고 있는 두려움을 파악해야 했다.

문제는 우리의 뇌가 고통스럽고 불안한 상황을 피하도록 설계되었다는 것이다. 남들이 힘들어하는 것을 두려워했던 이 CEO처럼 두렵거나 불안하게 만드는 것들을 계속해서 피하면 그것이 하나의 패턴으로 자리를 잡는다. 그리고 비슷한 상황이 오면 자동적으로 피하게 된다. 리더는 두려움과 회피의 패턴에 지배당해서는 안 된다. 실수를 두려워하면 과감한 행동을 할 수 없고, 사람들을 화나게 하거나 실망시킬까 두려워하면 제대로 성과를 내지 못하는 직원들을 다룰 수 없다. 리더는 두려움 '때문'이 아니라 두려움에도 '불구하고' 행동해야 한다.

내 경험상 위대한 리더들은 두려움을 다룰 때 3단계 과정을 거친다. 처음에는 두려워해서 미룬다. 그다음에는 두려움을 이기고 결단을 내리며, 그에 따른 고통을 겪어낸다. 마지막으로, 고통이 가시고 문제가 해결된 뒤에는 왜 진작 그렇게 하지 않았을까라고 생각한다. 이 단계들이 내면화되면 힘든 결단을 내리기가 훨씬 더 쉬워진다. 하지만 불편한 감정을 정면으로 돌파하기 전까지는 그 감정이 행동을 지배한다.

두려움을 극복하라. 두려움을 직시하며 두려운 이유를 알아내라. 실패에 대한 두려움인가? 인정을 받지 못할까 하는 두려움인가? 잘못을 지적하는 것에 대한 두려움인가? 누군가의 마음을 아프게 하는데 대한 두려움인가? 변화에 대한 두려움인가? 명심하라. 두려움을 느끼면서도 두려움에 굴복하지 않을 수 있다. 두려움에 지배를 받지 마라. 두려움을 느끼는 것은 정상이지만 두려움에 굴복하는 것은 문제다. 두려움으로 행동하는 리더는 최악의 리더다.

따라서 두려움을 느끼고 규명하고 받아들인 후에 신뢰하는 사람들과 상의하라. 그런 다음, 아무리 두려워도 해야 할 일을 하기로 선택하라. 사람들은 당신의 결단을 기다리고 있다. 진정한 리더십을 발휘하라. 두려움을 떨쳐내고 해야 할 일을 하라.

변화를 미루지 마라

리더가 설정해야 하는 가장 중요한 자기 바운더리 중 하나는 꼭 필요한 변화를 미루는 경향을 억제하는 바운더리다. 생각해보면 '기다림'과 변화를 미루는 것은 '더 많은 정보를 얻는 것'이나 '사전 작업을 완성하기까지 기다리는 것'과 별로 상관이 없다. 물론 정보를 수집하고 분석하는 과정은 반드시 필요하다. 하지만 '앎'과 '행동' 사이에 시간 간격을 너무 크게 두는 리더가 많다. 장소 이전, 인사 변경, 구조 조정, 중요한 투자, 거래처나 제휴업체 변경, IT 시설 변경, 브랜드나 전략 폐기, 사업 부문 매각이나 폐점 같은 변화에는 큰 여파가 따른다. 미국독립혁명과 남북전쟁도 엄청난 파장을 일으켰지만 그 결과로 상황이 훨씬 좋아졌다. 방아쇠를 당기기 위해서는 리더십이 필요하고, 리더의 결단이 필요하다.

중요한 투자와 관련해서 결정을 내려야 했던 일이 기억난다. 나는 투자를 해본 경험이 별로 없기 때문에 선뜻 큰돈을 투자하기가 망설여졌다. 이 방면의 전문가들이 도와주고 그들의 의견을 신뢰했음에도 나는 결정을 미루고 또 미루었다. 마침내 나를 돕던 투자 전문가 중 한 명이 내게 전화를 걸었다.

"지금 결정하지 않으면 할 수 없습니다. 어떻게 하실 건가요?"

"투자할 기업의 대차대조표에 관해서 지인에게 조금 더 물어본 뒤에 확답을 드리겠습니다."

"도대체 '구체적으로' 어떤 정보가 필요하신 건가요? '정확히' 무엇을 알아야 하나요? 모르는 것이 아직 있나요?"

그 말을 듣자 뭔가를 깨달았다. 내가 더 알아야 할 정보는 없었다.

나는 단지 좀 불안했을 뿐, 더 이상 정보는 필요하지 않았다. 이제 전문가들을 믿고 불안감을 떨쳐내며 결단의 방아쇠를 당겨야 했다.

"듣고 보니 맞는 말씀입니다. 뭘 더 알아봐야 바뀌는 건 없네요. 나는 아무 실체도 없는 걸 기다리고 있었습니다. 자, 추진하시죠. 오늘 바로 송금하겠습니다."

이처럼 결단을 망설이게 하는 상황을 관찰하라. 무엇이 내 발목을 잡고 있는가? 정보가 부족한 것인가? 아니면 실패에 대한 두려움 때문인가? '더 많은 정보를 얻어야 할 필요성'과 절대적인 확신에 대한 집착에 바운더리를 설정하라. 대부분의 큰 결정에서는 위험 요소를 100퍼센트 제거할 수 없다. 위험을 다루면서 전진해야 한다.

변화에 대한 또 다른 저항은 '모두를 승선시키려는' 욕구, 혹은 '합의'에 대한 집착이다. 이는 모두가 좋아해야 결정을 내리겠다는 뜻이다. 물론 충분한 정보를 얻는 것만큼이나 핵심 인물들이 변화를 위한 노력에 마음으로 동참하게 만드는 것이 중요하다. 하지만 모든 사람을 승선시키려고 하다가는 영원히 기다릴 수 있다. 어떤 결정을 모두가 반기는 경우는 극히 드물다. 사람들의 의견을 듣고 충분히 고려했다면 모두가 달가워하지 않더라도 결정을 밀고 나가야 할 때가 있다. 이것도 역시 리더십이다. 리더라면 팀원들에게 동의하지 않아도 따르라고 말할 수 있어야 한다. 매번 모두가 동의할 때까지 기다릴 수는 없다. 여기서 리더가 다루어야 할 또 다른 바운더리가 나타난다. 변화에 저항하는 힘들을 억제시키는 바운더리, 바로 그것이다.

변화를 추진하려고 하면 언제나 저항이 따르기 마련이다. 변화를 완성하려면 반대하는 힘들을 억제시키기 위해 좋은 바운더리를 설정해야만 한다. 변화 전문가 존 코터_{John Cotter}의 설명에 따르면 변화의 노력은 주로 세 가지 형태의 반응을 만난다. 한 그룹은 변화의 필요성을 이해하고 리더의 배에 승선한다. 리더의 역할은 그들을 규합하여 잠재적인 협력자들에게 좋은 영향력을 발휘하고 변화에 관한 긍정적인 메시지를 전하게 하는 것이다.

두 번째 그룹은 회의주의자들이다. 그들은 쉽사리 승선하지 않는다. 회의주의자들의 우려는 대개 합당하고 좋은 의도에서 비롯한 것이다. 따라서 그들을 설득해서 합류시켜야 한다. 그들이 회의론에 빠져들도록 허용하지 않으면 얼마든지 그들의 생각은 바뀔 수 있다. 그들을 포용하고 단계적으로 승선시키라.

세 번째 그룹은 변화를 거부하기로 단단히 작정한 무리다. 그들은 설득당할 가능성이 없기 때문에 전혀 다른 바운더리를 필요로 한다. 코터의 책 『위기감을 높여라_{A Sense of Urgency}』에 따르면 그들을 무시하는 것은 옳은 답이 아니다. 그들을 효과적으로 다룰 수 있는 몇 가지 방법이 있다. 그들의 관심을 다른 곳으로 돌리거나(그들에게 에너지와 관심을 쏟을 다른 것을 주라) 그들의 정체를 보여주거나(그들의 주장이 부정적인 저항일 뿐이라는 사실이 훤히 드러나도록 만들라) 그들을 제거하는 것이다.

어떤 경우든 그들이 남들에게 악영향을 끼치지 못하도록 바운더리를 설정해야 한다. 부정적인 자들이 뿌리를 내릴수록 변화의 노력은 실패할 가능성이 높아진다. 그들이 실제로 조직을 망가뜨릴 수 있으므로 그런 일이 벌어지지 않도록 바운더리를 설정해야 한다.

이해 관계자들에게
거리를 두는 것을 막아주는 바운더리

앞서 우리는 외부의 피드백이 반드시 필요하다는 이야기를 했다. 그런데 당신이 매우 부지런하게 피드백을 구해야 할 그룹이 또 있다. 바로 주요 이해 관계자들이다. 이들은 우리의 성과에 주된 영향을 받는 사람들이나 그룹이다. 당신이 무엇을 어떻게 하느냐가 이들에게 매우 중요하다. 그러므로 리더십의 바운더리 중 하나는 이들과의 접점에 시간을 적절히 배분하는 것이다.

이런 바운더리를 설정하지 않은 리더는 결국 대가를 치른다. 나는 그런 경우를 많이 보았다. 당신이 조직의 성과에 이해가 걸린 사람들을 잘 섬기고 있는지 파악하는 것이 핵심이다. 여기서 이해 관계자들이란 팀원들, 이사회, 투자자, 주요 고객과 공급업체, 전략적 파트너, 정부 기관 등을 말한다. 이들 대부분은 좋은 사람들이지만 당신이 깐깐하지 않다고 해서 이들도 깐깐하지 않으리라 생각해서는 곤란하다.

당신이 주요 이해 관계자들의 니즈와 기대를 잘 충족시켜주고 있는지 항상 점검하라. 조직 성과의 일부는 이들의 기대를 충족시켜주는 것이다. '그들에게' 중요한 것이 무엇인지 귀를 기울이고 그것을 제공한 뒤에 그들의 만족 수준을 늘 점검해야 한다. 아울러 그들도 자신들의 이해 관계자들을 만족시켜야 하는데, 그것을 어떻게 도울지도 알아내야 한다. 그들도 그들에게 중요한 사람들을 만족시킬 수 있도록 당신이 도우라. 때로는 그것이 당신의 성과에 달려 있다. 당신의 이해 관계자들이 그들의 이해 관계자들을 만족시키도록 당신이 돕는 것 역시 중요한 리더십 기술이다. 이런 바운더리를 관리하지 않으면 그들의 마음이 떠나가고 심지어 그들이 다른 세력과 규합하여 당신을 괴롭힐 수도 있다.

최근 내가 이사로 있는 조직의 CEO로부터 전화를 받았다. 점심 식사를 함께하자고 했다. 나를 보자고 한 이유를 알 수 없었지만 전략이나 프로젝트 내용을 함께 의논하려는 것으로 예상했다. 하지만 자리에 앉자 그는 예상 밖의 말을 했다.

"그냥 함께 식사를 하면서 이사로서 당신의 생각을 듣고 싶었습니다. 저희가 이사회를 잘 섬기고 있는지, 개선해야 할 점이 있는지에 대해 의견을 좀 주십시오."

보통 나는 정기 이사회 밖에서 대화할 때는 조심하는 편이다. 다른 이사들이 없는 자리에서 비밀리에 하는 말은 삼간다. 하지만 이번 경우는 그런 이상한 대화가 아니었다. 이사회를 비롯한 주요 이해 관계자들을 섬기고 싶다는 그의 말은 진심이었다. 그는 성과 개선안에 관한 우리의 피드백을 모아 정식 이사회에서 공식적으로 토론할 계획을 가지고, 이해 관계자들을 한 명씩 돌아가며 만나 의견을 구하는 중이었다. 그의 행동이 참으로 존경스러웠다. '정치적인' 공작의 느낌은 전혀 없었다. 그는 단지 이사회를 더 잘 섬기고 싶었을 뿐이었다.

밥 딜런Bob Dylan의 말처럼 우리는 "누군가를 섬겨야 한다." 자신의 성과에 큰 영향을 받는 사람들과 소통을 유지하는 것은 리더십에서 매우 중요한 부분이다. 무엇보다도 순수한 마음과 동기가 가장 중요하다. 편가르기를 하려고 정치적인 술수를 사용해서는 안 된다. 개인적인 영달을 위해 윗사람이나 아랫사람의 환심을 사려는 정치적인 사람들만큼 조직에 큰 해를 끼치는 이들도 없다. 그런 행동은 분열을 낳으며, 그 악취는 수 킬로미터 밖에서도 진동한다.

윗사람이나 아랫사람, 조직 외부의 사람들, 고객들과 접촉하는 것은 언제나 섬김의 정신으로 해야 한다. 어떻게 하면 그들을 더 잘 섬길 수 있을지, 그들이 내게서 무엇을 필요로 할지, 성과를 내기 위해 그들에게 무엇을 요청해야 할지를 알아내는 것이 목적이어야 한다. 그들의 유익을 추구해야지 자신의 출세를 추구해서는 안 된다.

"어떻게 하면 당신의 필요를 가장 잘 채워줄 수 있을까요?"

이것이야말로 모든 이해 관계자들이 듣고 싶어 하는 질문이다. 늘 이런 질문을 하면 자신의 성공은 알아서 찾아온다.

자신의 약점에 대한 바운더리

최근에 한 CEO의 회사를 컨설팅했다. 그는 내가 본 가장 똑똑한 사람 중 한 명이었다. 시장 상황이나 경쟁 환경, 제품을 보는 즉시 그 가치와 전망을 알아보는 재능을 지니고 있었다. 그의 판단은 대부분 옳았다. 문제는 그의 탁월한 지능이 항상 좋은 리더십으로 전환되지는 않았다는 점이다. 그는 팀원들을 매우 혼란스럽게 만들 때가 많았다. 그의 방식은 복잡한 계산식의 답을 툭 내놓는 식이었다. 어떤 사고로 그런 결론에 이르렀는지 전혀 설명하지 않은 채 불쑥 답을 내놓았다.

한 부사장은 이렇게 말했다.

"우리가 이해할 수 있도록 설명을 좀 해주시면 좋겠어요. 우리가 그 일을 어떻게 해야 할지 아직 파악하는 중인데 CEO는 빨리하라고 성화를 부리곤 합니다. CEO는 탈출 전문가일지 몰라도 우리는 열쇠가 있어야 자물쇠를 열 수 있습니다."

그러면 어떻게 해야 할까? CEO의 뇌에 제동을 거는 일은 절대로 하면 안 된다. 그의 뇌는 수십억 달러의 매출을 일으킬 수 있는 회사의 보물이다. 그런 뇌를 느리게 만들면 회사에 큰 손실이 생긴다. 대신에 부족한 소통 기술에 바운더리를 설정하도록 하고, 한 분야에서 자신의 강점이 다른 분야에서는 약점으로 작용할 수 있다는 사실을 그가 깨닫게 해야 한다. 그가 혼란스러운 상황을 만들지 않도록 하는 것이다.

결국 CEO는 이 점을 깨닫기 시작했다. 나는 그에게 팀원들이 이해를 하지 못한다고 타박하지 말고 그들의 피드백에 귀를 기울이라고 말했다. 한 사람이 당신을 당나귀라고 부르면 무시해도 되지만 다섯 사람이 그렇게 한다면 안장을 사라는 속담도 있다. 이처럼 리더라면 당연히 팀원들의 말을 경청해야 한다. 다행히 그는 자신의 문제점을 바로잡았다. 하지만 그러기 전에는 항상 머리를 긁적이며 다녔다. "저자들은 도대체 뭐가 문제야?"

그가 열린 시스템이 되기까지는 팀원들의 불평이 정당한 불평임을 알려주고 그 불평을 들을 수 있게 해줄 외부 사람이 필요했다. 이제 그는 "내 문제가 무엇인가?"를 물으며 머리를 긁적인다.

그의 변화를 모두가 느꼈다.

이처럼 CEO가 문제점을 깨닫자 그다음에는 누구든 나서서 "어떻게 이런 결론에 이르렀는지 모르겠습니다. 과정을 알려주세요"라고 말하면 그것을 '선물'로 여긴다는 팀 서약서를 만들었다. 전에는 "아둔하다"라는 말을 들을까 봐 아무도 나서지 않았지만, 이제는 팀의 혼란을 공개적으로 밝히는 팀원은 영웅이 되었다. 때로 누군가가 그렇게 하면 다른 사람이 "총대를 메줘 감사해요. 사실, 저도 잘 이해가 안 되었거든요"라고 말했다. 그러면 동감하는 사람들이 웃으며 한바탕 즐거운 순간이 찾아왔다.

그리고 마지막으로 팀의 소통을 책임질 팀원을 지정했다. 소통 책임자는 CEO의 아이디어를 실현시킬 행동 단계들을 파악해서 팀원들에게 전달할 책임을 맡았다. 효과는 두 가지로 나타났다. '통역사'가 CEO를 위해 추가적인 정보와 방향을 알려준 덕분에 더 이상 팀원들은 머리를 긁적이며 회의실을 나가지 않게 되었고, 서로 더 가까워지는 효과도 있었다. CEO가 자신의 약점을 보완하자 모든 것이 좋아졌다. 그러기 위해 그는 자신의 약점에 바운더리를 설정하고 약점이 팀에 미치는 영향을 최소화해야 했다.

내가 아는 또 다른 CEO는 영업의 달인이다. 그는 자신이 운영에 관여하지 않도록 방화벽을 쳐야 했다. 그가 운영에 손을 대기만 하면 대혼란이 찾아왔다. 하지만 영업만큼은 그를 따라올 사람이 없었기 때문에 그는 자신의 약점에 바운더리를 설정하고 자신의 강점에만 집중했다. 내가 컨설팅했던 또 다른 리더는 새로운 거래에 회사의 자원을 너무 많이 쓰는 경향이 있었다. 그는 새로운 형태의 지배 구조를 구축하여 그런 경향에 바운더리를 설정했다. 이사회는 이를 크게 반겼고, 이제 그는 회사 운영에 대한 걱정을 하지 않고 마음껏 자신의 재능을 발휘하고 있다.

시간과 에너지에 대한 바운더리

내가 좋아하는 활동 중 하나는 시간 감사Time Audit다. 시간 감사는 변명하거나 남 탓을 하지 않고, 문제점을 인정하고 바로잡는 것이다. 일의 우선순위를 정해놓고도 시간과 노력을 제대로 투자하지 못하는 사람이라면 누구나 이 활동의 도움을 받을 수 있다. 가령, 리더로서 새로운 시장을 개척하는 것을 가장 중요한 일로 정했는데 시간 감사를 해보니 그 일에 전체 시간의 10퍼센트만 사용하고 있는 것으로 드러날 수도 있다. 더 높은 자리로 올라갈수록 리더는 스스로 시간을 관리해야 한다. 높은 자리에는 어깨 너머로 감시해주는 사람이 없기 때문이다. 그래서 스스로 챙겨야 한다.

안타깝게도 자신이 자기 시간의 주인이 아닌 것처럼 행동하는 리더가 너무도 많다.

그러므로 시간 감사를 하라. 미리 정한 우선순위에 가장 많은 시간과 노력을 쏟지 않고 있다면 스스로에게 그 이유를 물으라. 어디로 시간과 노력이 빠져나가고 있는가? 누구의 부탁을 거절하지 못하는가? 분명한 계획을 세우지 않아서 그런가? 누구의 문제나 일을 대신 처리해주느라 정작 자신의 일을 소홀히 하고 있는가? 누구의 아우성에 온통 정신을 빼앗기고 있는가? 그것들에 바운더리를 설정하라.

그리고 '큰 돌 먼저'의 법칙을 기억하라. 항아리에 큰 돌들을 먼저 넣으면 작은 돌, 모래, 물과 같은 순서로 채워 넣을 수 있다. 하지만 작은 것들을 먼저 넣으면 큰 돌이 들어가지 않는다. 시간이 이와 같다. 당신의 비전을 이루는 데 무엇이 중요한가? 비전 실현에 중요한 일의 일정을 먼저 정하는가? 그런 일을 우선순위에 두고 실행할 수 있도록 먼저 시간과 장소를 할당하라.

중요한 일을 할 시간과 장소를 일정표에 적지 않으면 그 일이 다른 긴급한 문제에 밀려나기 쉽다. 예를 들어, 나는 경영자 컨설팅을 할 때 미팅 시간을 몇 개월 전에 미리 계획한다. 그 일이 중요하기 때문에 시급한 일이 끼어들기 전에 미리 일정표에 적는다. 분기별 경영진 오프라인 모임도 마찬가지다. 먼저 넣어야 하는 큰 돌이다. 경영진과 함께 분기별 오프라인 모임을 몇 번 해보면 하나같이 그것이 조직에 가장 중요한 구조라고 입을 모은다. 분기별 오프라인 모임의 가치를 한번 알고 나면 절대로 건너뛰지 못한다. 지금까지 컨설팅을 해오면서 본 바로는 팀 구축이나 전략적 프로젝트 같은 중요한 활동을 가장 먼저 일정표에 기입하고 변경하지 않는 리더들은 하나같이 큰 성공을 거두었다. 그들은 '시급한' 일이 아니라 중요한 일을 먼저 하는 습관을 실천하고 있다.

자, 당신의 '큰 돌'은 무엇인가?

일정표에 먼저 적어야 하는 '가장 중요한' 일정은 무엇인가?

나의 일은 네 개의 덩어리 혹은 범주로 이루어져 있다. 첫 번째 범주는 리더와 그의 팀들에 대한 컨설팅이다. 나는 이것을 '진짜배기'라고 부른다. 내가 하는 모든 일의 본질이기 때문이다. 이 일이 빠지면 다른 일은 모두 의미가 없어진다. 이 일을 하면 다양한 아이디어가 생기고 많은 지적 재산과 콘텐츠가 창출된다. 두 번째 범주는 이렇게 생산된 콘텐츠를 종합하여 워크숍, 훈련 프로그램, 당신이 지금 읽고 있는 것과 같은 책을 만들어내는 작업이다. 내 일의 상당 부분은 기업들의 리더십, 팀, 문화, 성과를 구축하기 위한 프로그램을 창출하는 것이다.

세 번째 범주에서 나는 리더십, 비즈니스, 성과에 관련된 콘텐츠로 콘퍼런스에서 강연을 하고 다양한 미디어를 통해 핵심 원칙과 통찰을 나눈다. 그리고 마지막 범주는 운영과 행사 예약 같은 경영 행정에 관련된 일이다.

나는 모든 범주의 일을 원활하게 하기 위해 적절한 시간을 할당한다. 그렇게 계획을 잘 세워 큰 돌을 먼저 집어넣지 않으면 시급한 것이 중요한 것을 밀어내는 불상사가 발생한다. 그래서 나는 콘텐츠 생산, 저술, 조직을 위한 훈련과 개발 프로그램에 각각 특정한 시간을 정해서 할당한다. 그리고 한 해 동안 컨설팅을 할 수 있는 시간은 정해져 있기 때문에 그 시간을 고수하고, 또 그 시간을 어떤 고객과 보낼지 신중하게 결정한다. 시간이 한정되어 있기 때문에 어떤 고객의 컨설팅 요청을 받아들이고 어떤 고객의 요청을 정중히 거절할지 잘 판단해야 한다. 이런 판단을 바탕으로 계획을 잘 세워야 콘텐츠 생산과 강연 같은 다른 범주의 일을 다 소화해낼 수 있다.

예산 관리와 마찬가지로 시간의 바운더리는 적절한 우선순위를 요구한다. 시간을 무한대인 것처럼 다루면 별로 중요하지 않은 수많은 일을 받아들이게 된다. 그렇게 하면 길을 잃는다. 하지만 자신에게 주어진 시간이 유한하다는 점과 그 시간이 얼마인지를 알면 시간을 전략적으로 사용할 뿐 아니라 정말 필요한 비즈니스 일정에 시간을 집중할 수 있다. 그래서 나는 주기적으로 특정 기간에 대한 시간 감사를 함으로써 내가 꼭 해야 하는 일들에 적정한 날수를 할당했는지 점검한다. 최근 250억 달러 규모 기업의 CEO 비서가 내게 이렇게 물었다.

"저희 대표님에게 거절하는 법 좀 알려주시겠어요? 항상 감당할 수 없을 만큼 많은 일을 맡아서 시간이 모자라거든요. 결국 나중에 설명하고 사과하는 일은 제 몫이랍니다. 저희 대표님은 시간이 무한하지 않다는 걸 모르는 것 같아요. 하나를 수락하면 다른 하나를 거절해야 한다는 걸 도무지 몰라요."

우리 모두가 들어야 할 말이다.

리더가 이런 부분에서 시간 예산을 세우기 시작하면 그의 발목을 잡고 있는 다른 문제들도 발견되는 경우가 많다. 가령, 자기 일을 제대로 하지 않는 사람에게 많은 시간을 빼앗기고 있다는 사실을 발견할 수 있다. 그런 사람은 코칭하거나 징계해야 한다. 혹은 누군가에게 위임해야 할 일을 자신이 해서 시간이 부족하다는 사실을 발견할 수도 있다.

주기적으로 시간 감사를 하며 어느 부분에서 시간이 빠져나가고 있고 누구에게 불필요한 시간을 빼앗기고 있는지 파악하라. 그리고 시간 감사를 통해 그냥 자리를 만들어 사람을 고용하면 될 것을 직접 하고 있지는 않는지 점검하라. 누군가가 자기 일을 제대로 하지 않고 리더가 대신 해주어야 하는 상황이라면 그를 해고해야 할 수도 있을 것이다. 시간 감사를 통해 시급하지만 중요하지 않은 일이 시간을 잡아먹고 있다는 사실이 드러나면, 그 일에 바운더리를 설정하여 전략적으로 목표를 충분히 달성할 수 있다.

에너지는 다른 문제다. 에너지는 우리에게 가장 중요한 자산 중 하나이므로 잘 관리해야 한다. 누가 그리고 무엇이 당신의 에너지를 소모시키는지 알아내라. 예를 들어, 당신의 비전에 매우 중요한 프레젠테이션이나 협상 직후에는 에너지를 소모시키는 그 어떤 일정도

잡지 마라. 리스크가 적고 강도가 낮은 활동을 하라. 프레젠테이션이나 협상이 끝난 순간에는 에너지가 바닥이기 때문에 중요한 일은 에너지 수준이 최고조일 때 해야 한다.

나는 책을 쓸 때도 집중할 수 있는 시간을 필요로 한다. 그래서 정신적으로 많은 에너지가 소모되는 일을 한 '후에'는 글을 쓰지 않는다. 당연히 나는 어떤 활동이 내 에너지를 소모시키는지 알고 있고, 창의력을 가장 많이 발휘해야 하는 시간 전후로는 그런 활동을 계획하지 않는다.

심한 갈등 상황에서 전화 회의를 해야 할 때도 마찬가지다. 컨설팅 일을 하다 보면 직접 만나거나 전화로 감정이 격앙된 모임을 자주 갖는다. 남들이 갈등을 다루고 협상하고 해결하도록 도와야 할 때가 많다. 이런 모임은 많은 에너지와 집중력을 필요로 한다. 사람들이 분노하거나 이해할 수 없는 행동을 할 때는 신중에 신중을 기해서 개입하기 때문에 정신적으로 크게 피로해진다. 그런 활동 직후에는 내 정신이 창의적으로 생각할 수 있는 상태가 아니다. 그럴 때는 충치를 치료하거나 달고 짠 음식을 실컷 먹으며 스트레스를 푼다. 당연히 도마뱀의 뇌 이상을 필요로 하는 창의적인 작업도 계획하지 않고 편안한 시간을 보낸다.

누구에게나 주변에 '충치'와 같은 사람들이 있기 마련이다. 그들 중에는 피할 수 없는 사람들이 있다. 그런 사람을 상대하면 정신적으로 피로해지기 때문에 전화 통화를 하거나 만나야 할 때는 전후로 에너지를 필요로 하는 일이 없는 시간에 하라. 뇌 과학에 따르면 고도의 사고는 실제로 육체적 에너지를 소모시킨다. 이런 활동 이후에는 마치 뜨거운 여름날 마라톤을 마친 것처럼 에너지를 충전할 수 있는 활동을 하며 당신의 뇌에 쉴 시간을 주라.

패턴에 대한 바운더리

대부분의 사람들은 문제를 알아보고 해결할 수 있다. 하지만 리더는 해결되지 않고 있는 문제를 문제 '이상'으로 볼 수 있어야 한다. 그 '문제'는 문제가 아니라 결국 조직을 망가뜨리는 패턴일 수 있기 때문이다. 바운더리를 설정해야 할 두 가지 종류의 패턴을 살펴보자.

첫 번째 패턴은 문제로 위장한 패턴이다. 그러니까 계속해서 반복되는 문제나 상황은 단순한 문제가 아니다. 패턴이다. 패턴은 사람들에게도 나타날 수 있다. 예를 들어, 회의 준비를 위한 재무 보고서 완성 마감일을 번번이 어기는 팀원, 성과를 내지 못하는 직원들을 다루지 않아 결국 당신이 개입해야 할 상황을 매년 만드는 팀원, 새로운 인수 대상을 찾으라고 부탁했는데 이번 분기의 매출 현황을 파악하는 것도 제대로 하지 못해 인수 표적을 하나도 찾지 못한 팀원, 회의장에서는 항상 웃으며 고개를 끄덕이지만 회의장만 나가면 서로 분열되어 프로젝트를 제대로 추진하지 못하는 팀, 이런 문제들은 단순히 한 차례의 문제가 아니라 반복되는 패턴이다. 위의 첫 번째 팀원을 살펴보자.

"마감일 문제를 전에도 지적한 걸 알죠? 2월에도 3월에도 그러더니 지금 4월에도 그러네요. 어떤 손해가 발생하는지 이야기했잖아요. 그래서 다시는 이런 일이 없도록 하겠다고 했죠? 하지만 또 이런 상황이 발생했네요. 이번에는 그냥 문제로 봐서는 안 될 것 같습니다. 이렇게 마감일을 번번이 어기는 건 문제가 아니에요. 문제 이상이에요. 이건 바로 패턴입니다. 그래서 더 이상 말로 하고 싶지는 않아요. 이 패턴을 끝내기 위해 뭔가 다른 방법이 필요합니다. 이런 상황이 계속 반복되도록 놔둘 수는 없어요."

이런 식으로 더 이상 현실을 부인하지 못하게 하면 대개 변화가 나타난다. 이것은 자신이 실제로 지킬 수 있는 새해 결심을 내놓는 것과도 비슷하다.

"단순히 다음 달까지 살을 빼겠다는 생각으로는 살을 뺄 수 없어. 뭔가 프로그램이 필요해."

더 강한 구조와 결과가 필요하다. 상황을 문제가 아닌 패턴으로 다루어 고통스러운 대가를 수반하는 구조적인 접근법을 취하면 상황이 해결될 가능성이 있다. 하지만 그렇게 하지 않고 패턴의 존재를 무시하는 것은 리더 스스로도 현실 부인에 빠지는 것이다. 이 팀원이 자신의 패턴을 다루기 위해서는 적절한 대가가 따라야 한다.[4]

하지만 리더 자신에게 나쁜 패턴이 있다면 어떻게 할까? 먼저 그 사실을 깨닫는 것이 급선무다. 패턴을 바꾸지 않으면 계속해서 발목이 잡힌다. 재능이 문제가 아니라 패턴이 재능의 길을 방해하는 경우가 있다.

약점이 드러나는 패턴은 강점이나 재능이 없는 분야를 말하는 것이 아니다. 자신의 약점이 아닌 강점에 집중하는 것이 중요하다. 예를 들어, 마이클 펠프스Michael Phelps는 골프가 아닌 수영을 해야 한다. 그가 골프를 잘 못한다고 해도 그것은 문제가 되는 패턴이 아니다.

---

4 내 책 『엔딩(Necessary Endings)』(New York : HarperCollins, 2011)을 참고하라.

우리 모두는 재능이 없는 분야를 피하고 강한 분야에 집중해야 한다. 여기서 약점의 패턴은 기질과 관련된 패턴을 말한다. 갈등을 회피하거나 충동적이거나 위험을 피하거나 집중하지 못하거나 감당할 수 없을 만큼 많은 일을 맡거나 윗사람을 지나치게 두려워하거나 사람들의 이목에 너무 신경을 쓰거나 어려운 결정을 잘 내리지 못하거나 실패를 두려워하는 기질 등이 약점을 드러내는 패턴이다. 이것들은 기질과 관련되어 강점이 빛을 발하지 못하게 만드는 패턴이다.

우리가 모든 재능이나 강점을 다 가질 수는 없다. 하지만 재능이 좋은 결과로 이어질 수 있도록 충분한 정서 지능은 갖추어야 한다. 좋은 성품은 반드시 필요하다. 마이클 펠프스가 이른 아침의 차가운 물이 싫다고 피하는 패턴을 길렀다면 그의 재능은 성공으로 이어지지 못했을 것이다. 이것은 재능의 부족이 아니라 약점의 패턴이다. 둘 사이에는 분명한 차이가 있다. 당신의 재능으로 메달을 딸 수 있도록 차가운 물의 두려움을 이겨내라.

남들을 다룰 때와 마찬가지로 자신의 현실 부인도 극복해야 한다. 앞으로는 더 잘하겠다고 스스로 다짐하지만 바뀌지 않는다면 그것은 패턴이다. 그렇다면 구조를 더하고 외부의 도움을 받아야 할 때다. 기억하는가? 열린 시스템만 변화할 수 있다. 구조를 더하고 외부의 도움을 받으면 변화를 만들 수 있지만, 자기 자신의 힘으로만 하려고 하면 똑같은 상황이 반복될 가능성이 높다.

실패를 원한다면 새로운 방식이 필요하지 않다. 예전 방식이 충분히 잘 통한다. 하지만 예전 방식을 다루지 않으면 계속해서 실패할 것이다.

가끔 이런 문제 패턴은 사업 자체와 관련이 있다. 회사가 시장의 변화를 한 번 놓치면 실수라고 부를 수 있다. 하지만 두세 번 연속으로 놓치면 그 반복 자체가 반드시 다루어야 할 패턴이다. 당신이 그 패턴을 다루지 않으면 당신 대신 이사회나 은행, 고객들이 나설 것이다.

대개 문제 패턴은 유명 배우처럼 알아보기 쉽다. 당신의 사업에 대해 주변에서 이런 말이 들리기 시작하는지 보라.

"저 업체는 항상 시장 변화를 따라가지 못해."

"저 업체는 완성되지도 않는 제품을 내놓는 경향이 있어. 좀 기다렸다가 다음 버전을 사는 게 좋겠어."

리더는 이런 종류의 패턴이 나쁜 평판으로 굳어지지 않도록 막아야 한다. 브랜드가 이런 패턴으로 알려지게 될 수 있다.

문제와 패턴의 중요한 차이점은 이렇다. 문제는 다루면 해결된다. 하지만 패턴은 당장 눈에 보이는 문제를 해결한다고 사라지지 않는다. 그런데 패턴의 문제를 팀원들이 알아서 해결하게 놔두는 리더가 너무도 많다. 그래서는 패턴이 사라지지 않는다. 팀원들에게 계속 더 잘하라고만 말해봐야 소용없다. 이면의 패턴을 다루지 않고 문제만을 다루면 변화는 나타나지 않는다. 때로는 직접 패턴을 다루어도 변화를 이끌어내지 못할 때가 있다. 그럴 때는 '엔딩(끝맺음)'이라는 바운더리가 필요하다. 패턴을 끝내려면 패턴을 끝내지 않는 데 대한 대가가 따라야 한다.

두 번째 종류의 패턴은 '같은 일을 반복하는 것'이다. 최소한 처음에는 리더만 할 수 있는 일이 있다. 그런데 그 일을 계속해서 같은 방식으로 반복하는 패턴이 생기면 다른 사람한테 넘길 때가 온 것이다. 일에 패턴이나 반복 가능한 공식이 생기면 그 일을 다른 사람에게 맡길 수 있다는 뜻이다. 리더는 그런 일을 조직 차트의 아래로 넘겨야 한다. 일에 정해진 방식이 있고 반복적이면 남들에게 가르칠 수 있다. 남들이 배울 수 있는 일이라면 리더가 자신만 할 수 있는 일, 즉 리더십에 전념하도록 그 일을 위임하는 것이 바람직하다.

때로는 인수 합병 추진 같은 고도의 활동도 반복 가능한 패턴이 될 수 있다. 리더가 이 일을 충분히 하고 나면 프로세스가 분명해져서 다른 사람에게 가르치고 위임할 수 있다. 그러면 인수 합병에 사용하던 시간과 노력을 더 중요한 다른 일, 리더의 철저한 개입을 필요로 하는 다른 일에 사용할 수 있다. 리더만이 할 수 있는 일을 찾아서 그것을 하라.

책임은 전적으로 리더에게

리더에게 전적으로 책임이 있다는 말은 그가 맡은 팀원들이나 조직에서 일어나는 일에 책임이 있다는 뜻만이 아니다. '자기 자신'에 대해서도 전적으로 책임이 있다는 뜻이다. 일의 관점에서 보면 세상에는 두 부류의 리더가 있다. 첫 번째 부류의 리더는 일에 끌려다니는 리더다. 두 번째 부류의 리더는 적극적으로 일을 만들어가는 리더다. 일을 적극적으로 만들어가는 리더는 먼저 자기 자신에 대해 책임을 진다. 자신이 어떤 사람이 될지 그리고 어떻게 일을 할지를 스스로 결정하고 관리하는 것이다. 그는 자기 리더십의 바운더리를 갖춘 사람이다.

다시 말해, 그는 단순히 일만 열심히 하는 사람이 아니라 자기 자신을 관리하는 리더다. 자기 자신을 관리하는 분명한 바운더리의 힘은 우리가 생각하는 것보다 훨씬 크다.

CONCLUSION

결론

BOUNDARIES

CONCLUSION

한번은 캘리포니아 주에서 시카고로 가는 비행기에서 은행 업계를 은퇴한 CEO와 나란히 앉게 되었다. 우리는 골프를 즐기고 돌아가는 중이었다. 함께 리더십에 관한 이야기를 나누던 중 그가 "리더십이 전부입니다"라고 강조하는 말을 들었다. 나는 비전과 전략, 성과를 창출하는 리더십 이야기가 나올 줄 예상하고 설명을 부탁했다. 그가 큰 은행을 밑바닥에서부터 일으킨 만큼 리더십에 대해 자신만의 견해가 있을 것이라고 생각했기 때문이다. 그는 자신이 일군 회사로 인해 여러 번 상도 받은 업계의 신화와도 같은 존재였다.

그런데 뜻밖에도 그는 다른 업계에 있는 한 지인의 안타까운 상황을 이야기했다. 그 지인은 회사의 가치를 크게 끌어올려 주주들과 직원들에게 막대한 이익을 안겨주었다. 그러고 나서 다른 사람에게 회사를 넘기고 은퇴했다. 그런데 새로운 리더가 지금까지 지인이 쌓아 온 회사의 모든 가치를 무너뜨려 회사를 '밑바닥까지 끌어내렸다.'

"새로운 리더가 무엇을 잘못했나요?"

내가 물었다.

"그는 '문화'에 초점을 맞추지 않았습니다."

계속해서 그는 무슨 뜻인지 설명했다. 문제는 새로운 리더에게 옳은 '계획'이나 '똑똑한 머리'가 없다는 점이 아니었다. 그는 그 사업을 잘 알았고 사업 운영에 필요한 지식과 전문성을 잘 갖추고 있었다. 사실 이 은퇴 CEO에 따르면 새로운 리더는 금융 사업에 정통한 지식과 명석한 두뇌로 인해 영입된 인물이었다. 당시 영입 프로세스에 참여했던 사람들 대부분은 그를 '최고의 인재'로 보았다.

따라서 지인의 회사가 몰락한 것은 새로운 리더의 지능이나 지식이 부족해서가 아니었다. 내가 이 책에서 설명한 이유들로 인해서 실패했다. 새로운 리더가 비전을 실현하기 위해 중요한 것에 집중하고 다른 것을 억제하는 문화를 구축하지 않았기 때문에 실패한 것이다. 그는 건강하고 긍정적인 감정 분위기, 서로 연결된 문화, 낙관적인 시각, 개인들로 강한 팀을 이루어 결과를 만들어내도록 지원하는 문화에 초점을 맞추지 않았다. '계획'과 '사업' 측면만 잘하면 모든 것이 알아서 잘 굴러가리라 예상하고, 계획 못지않게 '사람들'이 중요하다는 점을 놓쳤기 때문이다.

이 이야기가 보여주듯이, 그리고 이 책의 첫머리에서 살폈듯이 대부분의 리더는 계획에 관해서는 많은 생각을 하면서 사람들에 관해서는 충분히 생각하지 않는다.

당신은 같은 함정에 빠지지 않기를 바란다. 이 책을 통해 당신이 문화의 중요성을 깨달았기를 바란다. 인재들과 함께 실제로 성과를 거두기 위해 바운더리들을 핵심적인 리더십 도구로 사용하고, 똑똑한 인재들과 좋은 계획만 갖추었다고 무조건 성공할 수 있는 것은 아니라는 사실을 알아야 한다. 물론 좋은 인재와 계획도 중요하지만 그것만으로는 충분하지 않다. 그 이상의 것이 필요하다.

모든 것이 전적으로 리더의 책임이라는 점을 받아들여야 한다. 성장의 문화를 창출하고, 팀원들, 조직, 자기 자신의 성과에 대한 기준과 기대 사항을 설정할 책임은 바로 리더에게 있다. 똑똑한 인재들을 영입했는가? 훌륭한 계획을 세웠는가? 그래서 실패할 일이 없을 것 같은가? 그렇지 않다. 뇌가 원활하게 기능할 수 있는 문화, 사람들이 잠재력을 최대한 발휘하도록 격려하고 지원하는 문화를 창출하지 않으면 제아무리 뛰어난 인재와 멋진 계획이 있어도 실패할 수밖에 없다.

좋은 소식은 이런 종류의 문화를 창출하기 위해 당신이 할 수 있는 일이 많다는 사실이다. 사람들이 일하고 싶어 하는 곳, 그리고 당신도 일하고 싶은 곳, 그런 곳을 만들기 위해 당신이 할 수 있는 일이 많다. 조직을 어떤 곳으로 만들지 당신이 선택할 수 있다. 다음과 같이 하면 얼마든지 당신이 원하는 조직을 만들 수 있다.

- 팀원들이 중요한 것에 집중하고, 중요하지 않거나 해로운 것을 억제하고, 자신이 무엇을 하고 있는지 기억하도록 도우라.
- 잘못된 종류의 스트레스가 없는 감정적 환경을 조성하라.
- 깊이 연결된 팀을 구축하라.
- 팀원들이 낙관적으로 생각하도록 돕고, 비관론을 뿌리 뽑으라.
- 팀원들이 스스로 통제할 수 있는 것을 통제하도록 도우라.
- 잘 기능하는 훌륭한 팀을 구축하라.
- 팀원들이 높은 성과를 내도록 자기 자신에 대해 리더십을 발휘하라.

당신이 위에서 제시한 일을 하면 성과를 거둔다는 것을 과학이 뒷받침한다. 무엇보다도 '사람들'이 당신을 도울 것이다. 사람들은 인간의 가장 강한 욕구인 연결하고 창출하고 성장하는 욕구를 채워주는 환경을 원한다. 그래서 사람들은 그런 환경을 조성하는 리더를 위해서 최선을 다해 일한다. 이 욕구는 리더 자신에게도 있다. 연결하고 창출하고 성장하는 욕구에 따라 리더 자신이 성장하면 모두에게 유익하다. 그런 리더가 되라.

마지막으로 한 가지만 더 말하고 싶다. 새로운 아이디어를 수용하는 관점에서 보면 세 부류의 리더가 있다. 첫째, 우리가 이 책에서 다룬 문제들을 이미 깊이 인식하고 있는 리더들이 있다. 그들은 새로운 아이디어를 기꺼이 받아들이고 이런 도구를 즉시 활용할 줄 아는 이들이다. 그들은 내부와 외부에 도움을 구하고, 긍정적인 문화를 창출한다. 그리고 끊임없이 피드백을 구하고, 그렇게 늘 배우는 자세를 팀원들에게 전해준다.

그다음에는 내가 지금까지 소개한 개념들 대부분을 처음 접했지만 열린 자세로 듣는 리더들이 있다. 개중에는 다소 회의적인 태도를 보이는 이들도 있다. 그들이 보이는 반응은 꼭 이 개념들이 생소하기 때문만이 아니라 이런 개념을 잘 실행하는 사람을 본 적이 없기 때문이다. 그래도 그들은 열린 자세로 인해 이 개념들을 시도해볼 것이다.

마지막으로, 이 개념들을 아예 무시하고 거부할 리더들이 있다. 이것이 다 이론일 뿐이라고 코웃음을 칠 사람들이다. 아니라는 분명한 증거에도 불구하고 이들은 무조건 좋은 '계획'을 세우는 것이 답이라고 믿는다. 안타깝게도 세 번째 그룹의 생각이 바뀌리라고는 기대하지 않는다. 그들이 조금이라도 생각을 바꾸려면 크게 실패하는 수밖에 없다.

당신은 이 책을 여기까지 읽었으니 첫 번째 그룹, 적어도 두 번째 그룹에는 속하리라 생각한다. 그렇다면 당신은 무엇을 해야 할지 이미 알 것이다. 책임을 떠맡으라. 행동하라. 팀원들이 잠재력을 최대한 이끌어낼 수 있는 환경과 문화를 창출하라. 한번 해보라. 실망하지 않을 것이다.

전적으로 책임을 지는 리더가 되라.

바운더리

성과를 만드는 통제와 책임의 힘

초판 1쇄 인쇄 2022년 5월 30일
초판 1쇄 발행 2022년 6월 15일

지은이 헨리 클라우드
옮긴이 정성묵
발행인 권윤삼
발행처 (주)연암사

등록번호 제2002-000484호
주 소 서울시 마포구 월드컵로165-4
전 화 02-3142-7594
팩 스 02-3142-9784

ISBN 979-11-5558-104-9 03320

값은 뒤표지에 있습니다. 잘못된 책은 바꿔드립니다.

연암사의 책은 독자가 만듭니다. 독자 여러분들의 소중한 의견을 기다립니다.
트위터 @yeonamsa
이메일 yeonamsa@gmail.com